VERS UN NOUVEAU MODÈLE SOCIAL

Bernard GAZIER

VERS UN NOUVEAU MODÈLE SOCIAL

FLAMMARION

Ce livre a initialement paru sous le titre :
Tous « sublimes ». Vers un nouveau plein-emploi (Flammarion, 2003).

ISBN : 2-08-080119-8

À Rachel.

AVERTISSEMENT

Ce livre est une étape dans l'accomplissement d'un projet collectif. Il reprend et prolonge les acquis d'une recherche menée entre 1996 et 1999 dans le cadre d'un programme international financé par la Communauté européenne (DG XII, programme TSER), dont le nom de code était « Translam », pour « *Transitional Labour Markets* ».

Neuf équipes de recherche européennes, deux anglaises, une espagnole, une française, une irlandaise, trois hollandaises et une suédoise ont travaillé pendant trois années sous la coordination d'une dixième, l'équipe allemande du Wissenschaftzentrum Berlin (WZB), emmenée par Günther Schmid. J'ai eu le privilège de diriger l'équipe française (laboratoire MATISSE, université Paris-1 et CNRS) qui a participé à cette recherche. Günther Schmid et moi-même avons dirigé la publication de l'ouvrage scientifique principal qui en est issu[1].

1. Schmid G. et Gazier B. (dir.) 2002, *The New Dynamics of Full Employment. Social Integration Through Transitional Labour Markets*, Edward Elgar.

Parmi les chercheurs qui ont joué un rôle moteur dans cette élaboration, je désire mentionner Günther Schmid, Dominique Anxo, Peter Auer, Jacky O'Reilly, Ralf Rogowski, Klaus Schömann, Ton Wilthagen.

Les recherches se poursuivent. Pour les années 2003 à 2006 un réseau européen de 25 équipes s'est constitué sous le nom de « TLMnet ». Il inclut des pays de l'Europe de l'Est et vient d'être rejoint par des Canadiens et des Australiens. Il organise les échanges entre six groupes de travail sur les « transitions » et les meilleures manières de les gérer.

Quatre autres ouvrages sont issus de cette recherche : O'Reilly J., Cebrian I., Lallement M. (dir.) 2000, *Working-time Changes. Social Integration Through Transitional Labour Markets*, Edward Elgar, De Koning J. et Mosley H., (dir.) 2001, *Labour Market Policy and Unemployment. Impact and Process Evaluation in Selected European Countries*, Edward Elgar, Schömann K. et O'Connell P. (dir.) 2002, *Education, Training and Employment Dynamics. Transitional Labour Markets in the European Union*, Edward Elgar et O'Reilly J. (dir.) 2002, *Regulating Working Time Transitions in Europe*, Edward Elgar.

INTRODUCTION

Une poignée de travailleurs, en France à la fin du Second Empire, avaient choisi de s'appeler entre eux les « Sublimes ». À l'époque, le refrain d'une chanson moralisatrice faisait l'éloge du « gai travail » qui plaisait à Dieu, « ce sublime ouvrier ». Détournant la chanson, ils se baptisèrent eux-mêmes « sublimes ouvriers [1] ». Ils firent de cette appellation le porte-drapeau de leur dignité et de leurs valeurs. Il ne s'agissait pas d'un groupe organisé, ni même d'une bande. Ces ouvriers très qualifiés étaient par exemple des imprimeurs ou des mécaniciens. Alors que la société française de 1870 maintenait la plupart des travailleurs dans un état d'infériorité constante, ils revendiquaient leur autonomie et avaient entrepris de mener une

1. La vie des « sublimes » nous est connue par l'ouvrage de Denis Poulot, *Le Sublime, ou le travailleur comme il est en 1870 et ce qu'il peut être*, réédition en 1980 aux éditions Maspero. La chanson de Tisserand, « Le travail plaît à Dieu », avait pour refrain : « Enfants de Dieu, créateur de la terre/Accomplissons chacun notre métier./Le gai travail est la sainte prière/Qui plaît à Dieu, ce sublime ouvrier. » Les « sublimes » changeaient le dernier vers et chantaient : « Ce qui plaît à Dieu, c'est le sublime ouvrier. »

vie à leur guise, faite d'alternance de travail et de loisirs. Ce mode de vie était pour eux un droit, une philosophie.

Le « Sublime » était un travailleur émancipé, et qui voulait le faire savoir. Dans sa profession, comme il était très capable et demandé, il était devenu maître de sa mobilité et de ses engagements. Il n'admettait de travailler que pour une durée qu'il décidait lui-même, et il entendait choisir son patron. Une fois sa période de travail achevée, le « Sublime », qui avait touché une paye substantielle, allait dépenser son argent dans les guinguettes et les estaminets. Et ne retournait au travail que la bourse vide et le cœur léger.

Aujourd'hui, les travailleurs par projets de l'économie « high tech » semblent être l'équivalent des « Sublimes ». Ils ont le même type d'autonomie et de pouvoir. Ils sont dans l'électronique, dans les biotechnologies... Très qualifiés et désireux d'accroître sans cesse leurs compétences, ils choisissent leur entreprise parmi celles qui leur paraissent prometteuses pour leur propre progression de carrière. Une fois engagés, ils ne veulent rester que le temps d'accomplir le projet qui les a motivés. Ils abandonnent leur entreprise pour une autre dès lors qu'un autre projet se dessine qui leur paraît plus prometteur encore. Ils cultivent un réseau de relations professionnelles et se soucient de leur cotation, de leur valeur sur le marché. Ils investissent en eux-mêmes sans relâche, toujours à l'affût de la dernière innovation, hantés par la crainte de ne pas être au courant et de perdre pied. Ils ne prennent pas de congés. Et ils se préoccupent peu de leurs proches ou de leurs loisirs. L'aristocratie du surmenage a pris la place de la fierté du professionnel qui valorise ses compétences avec mesure.

Par bien des côtés, les « Sublimes » témoignent d'une époque révolue. Mais ils représentent une des premières figures optimistes de la résistance ouvrière, et cette subversion tranquille a beaucoup à nous apprendre aujourd'hui. Voici l'ouvrier, professionnel de haut niveau, qui choisit son patron et qui décide de la durée de son engagement, parce qu'il entend profiter de la vie et de ses loisirs. Ce type de travailleur est très qualifié et très demandé, donc il peut opter pour une succession d'emplois qui le satisfont. Et il arrive à équilibrer sa vie professionnelle et sa vie personnelle, en organisant lui-même une alternance de périodes de travail et de congés. Pour le « Sublime », l'instabilité de l'emploi n'est pas un problème : c'est la solution. Et il défend à la fois des valeurs de solidarité et d'émancipation individuelle. En dépit de sa forte compétence, il appartient au monde ouvrier. Il est naturellement solidaire des premiers syndicats, qui, historiquement, sont apparus chez les travailleurs qualifiés.

La disparition des « Sublimes » a été rapide. Outre le fait qu'ils agaçaient les employeurs (c'est peu dire), ils furent marginalisés par le machinisme et par l'apparition de techniciens plus nombreux, plus dociles et moins solidaires du monde ouvrier. La résistance ouvrière a bien sûr continué, mais elle a pris d'autres voies. Préoccupée de luttes syndicales et politiques, les plus actifs des militants ouvriers ont délaissé l'hédonisme insolent de leurs aînés.

Des carrières désirées et variées, des alternances de périodes de travail et de vie personnelle, la conciliation entre projet personnel et la solidarité collective : l'équilibre du « Sublime » avait quelque chose de miraculeux. Il a été largement perdu par la suite. Dans leur effort d'intégration des travailleurs de base et de leur famille, les créateurs de la

Sécurité sociale ont érigé en règle l'emploi permanent et se sont peu préoccupés de la qualité de l'emploi ou de sa compatibilité avec des besoins jugés « privés ». L'homme au travail en continu, la femme à la maison pour élever les enfants, tel était le partage qui a suivi, et dont nous dépendons encore.

Social-démocratie et État-providence sont les deux piliers de notre société. La confrontation entre patrons et ouvriers, et les jeux politiques entre partis réformistes, conservateurs et révolutionnaires ont permis de construire tout au long du XXe siècle un capitalisme aménagé et transformé de l'intérieur. Représentation syndicale, droit du travail, impôt progressif sur le revenu, salaire minimum et Sécurité sociale, ces grandes institutions typiques des pays développés, et notamment de l'Europe, sont la marque d'un compromis intégrateur et protecteur fondé sur l'intervention de l'État. En attendant, beaucoup pouvaient le croire, une étape ultérieure où le capitalisme céderait la place à une autre société, socialiste ou communiste.

Cet horizon s'est évanoui. La plupart des grands pays européens subissent la croissance ralentie et la persistance du chômage à des niveaux inacceptables. En ce début du XXIe siècle, le capitalisme semble régner sur un monde fait de marchés généralisés et en interconnexion croissante. Il y a trente ans, les populations qui vivaient hors de l'économie de marché étaient, et de loin, les plus nombreuses sur notre planète. Il y avait le monde communiste (URSS, Chine) et les pays du tiers-monde, largement dominés par une agriculture de subsistance. Les sociétés communistes se sont effondrées et les économies de subsistance se sont rétractées. Désormais, cinq milliards d'hommes sur les six que compte la Terre dépendent, selon des modalités très variées, il est vrai, des échanges monétaires, des marchés et des mouvements de capitaux. Et les pays en voie de développement subissent l'égoïsme des pays nantis tout autant que le désordre d'une globalisation sans véritable régulateur. Cette victoire de l'économie de marché a été obtenue par abandon des opposants plus que par persuasion directe. L'air du temps est devenu puissamment hostile à l'État.

Dans ce paysage dévasté, l'Europe apparaît sur la défensive. Tout fonctionne dans ce continent prospère, mais si mal. Bien des observateurs le voient fossilisé dans sa protection sociale, incapable de prendre des initiatives politiques ou de remettre en balance le poids des intérêts acquis. Notre système actuel d'emploi et de protection sociale a perdu de son efficacité, et plus encore de sa légitimité. En France, la montée du sentiment de précarité affecte même les travailleurs les plus qualifiés. Nous constatons l'arrivée en rafale de plans sociaux quand la conjoncture se dégrade, et même quand elle s'améliore. Une fatalité semble river le taux de chômage aux alentours de 9 %. Les difficultés d'insertion que rencontrent les jeunes les conduisent à penser que l'on n'a pas besoin d'eux. Et cela en dépit d'une armada d'institutions telles que les caisses de Sécurité sociale, le RMI, et des milliards d'euros qu'elles prélèvent et redistribuent.

Face à cette situation, deux réponses s'affrontent et tendent à monopoliser le débat. L'une est pragmatique et gestionnaire, l'autre est protestataire. Prenant acte des bouleversements actuels, la plupart des responsables politiques cherchent à préserver l'existant en le rendant compatible avec l'emprise croissante des marchés et des actionnaires. État modeste, politiques de privatisation et de flexibilisation constituent ainsi l'agenda de l'adaptation. Il met en cause la protection sociale, jugée trop chère et démotivante. L'autre réponse est celle du front antimondialisation. Elle consiste à rassembler les forces du tiers-monde qui refusent la politique menée par le Fonds monétaire international et la Banque mondiale, les groupes qui s'opposent aux licenciements et à la domination des marchés financiers, ceux qui militent en faveur de l'écologie et du « développement soutenable », qui luttent contre les manipulations génétiques… Devant l'ampleur des défis, ce débat entre gestionnaires et contestataires est bien court. La vieille social-démocratie européenne est à bout de souffle d'abord parce qu'elle manque de projets. Maintenir l'existant, cela n'a jamais constitué un bon tremplin vers l'action.

Une seule proposition de renouvellement de la vieille social-démocratie a été vraiment élaborée et a fourni la base d'une application politique concrète. C'est la « troisième voie » du social-libéralisme proposé au Royaume-Uni par Tony Blair depuis les années 1990. Anthony Giddens, son principal inspirateur, cherche à dépasser « à la fois la social-démocratie à l'ancienne et le néolibéralisme [1] ». Il affirme la promotion de l'initiative individuelle dans un monde plus instable et plus risqué. Chacun, et notamment chaque bénéficiaire de la protection sociale, doit se prendre en charge davantage. C'est le passage de la « protection passive » à la « sécurité active ». Il s'agit d'« équiper les gens » pour qu'ils puissent affronter le marché. La « troisième voie » britannique consiste ainsi à développer la formation professionnelle. Mais elle tolère

1. Anthony Giddens et Tony Blair, *La Troisième Voie*, Seuil, 2002.

un fort niveau d'inégalités parce qu'elles sont perçues comme inévitables dans un monde qui se transforme.

Et si l'on cherchait plutôt à « équiper le marché » pour qu'il puisse servir les gens ? Cette inversion des priorités revient à construire un ensemble structuré de droits et d'institutions, et d'initiatives collectives. Un projet de société social-démocrate renouvelé, et non pas un projet social-libéral. Un projet centré sur la promotion des travailleurs et des activités utiles à la société, et sur la négociation collective. Il ne s'agit pas d'un rêve. En Europe, sous nos yeux, ce nouveau projet social-démocrate est en train de se construire. Il est au point de convergence de très nombreuses initiatives, prises dans tous les pays de l'Union, et qui restent encore dispersées. Un principe simple en constitue la base : créer et donner un ensemble de nouveaux droits aux travailleurs et aux citoyens. Ces droits doivent être systématiquement organisés, pour être exercés par tous. Ils doivent permettre de choisir son entreprise et sa profession, de construire des carrières voulues, de concilier vie professionnelle et vie personnelle, de faire progresser l'égalité entre les hommes et les femmes, et de développer, si elles sont souhaitées, les activités bénévoles ou militantes.

Il est inspiré par de nombreux acquis obtenus dans les pays nordiques. Même si elles rencontrent des limites, trois expériences nationales y ont été menées avec un succès tel que l'on a pu parler de « modèle » : le « modèle hollandais », fondé sur le temps partiel et sur la « flexicurité », mélange de flexibilité et de sécurité ; le « modèle danois », fondé sur l'utilisation intensive des politiques de l'emploi ; le « modèle suédois », plus ancien, mais en plein rebond, illustré notamment par de grandes avancées en matière d'égalité entre hommes et femmes. Les pays de l'Europe du Sud apportent aussi des éléments essentiels, mais qui n'ont pas été condensés dans des « modèles nationaux » ; c'est le cas des réseaux associatifs et de la gestion municipale des temps.

Les événements récents montrent l'actualité d'une telle démarche, qui ne puise pas son inspiration dans les acquis et les réformes du capitalisme anglo-saxon, mais dans d'autres traditions de l'Europe continentale : la concertation, la négociation collective et l'économie solidaire. La grande vague ultralibérale des années 1980-1990 se retire, victime des excès de la bulle Internet. Les doutes sur la sincérité des comptes des plus grandes firmes cotées en Bourse sont venus, en 2002, renforcer la conviction que le capitalisme avait besoin de garde-fous, de contre-poids et, plus encore, d'autorités capables de contrôler et de sanctionner. Moins d'État, peut-être, mais on recherche des règlements, des lois, des juges.

Ceux-ci sont sans doute nécessaires, mais ils ne suffiront pas. C'est à autre chose qu'aspirent les personnes, de plus en plus nombreuses, qui cherchent à concilier leur développement personnel et la solidarité collective. Il existe une autre piste que l'adaptation à la loi du marché. Elle consiste à centrer la société sur les besoins et les apports de la grande masse des individus, et sur la promotion de valeurs égalitaires.

Ce nouveau modèle social-démocrate repose sur une redéfinition de l'objectif traditionnel du plein-emploi. D'abord, il s'agit d'un plein-emploi « socialement soutenable ». Directement traduite de l'anglais, l'expression veut dire : permettant une vraie conciliation entre temps consacré au travail rémunéré et temps consacré aux autres tâches sociales utiles. Les horaires, les périodes de travail et les congés des hommes et des femmes doivent rendre possible le soin des enfants. Ils doivent être aménagés de manière à rééquilibrer les carrières et le temps passé aux tâches domestiques par les représentants de chaque sexe. Ensuite, la recherche du plein-emploi dans ce modèle est indissociable de la recherche de la qualité de l'emploi. Les emploi sales, dangereux, excessivement fatigants, ou encore pas formateurs, débouchant sur la routine, sans perspective d'avancement, ou encore durablement mal rémunérés, doivent petit à petit être éliminés.

Cela est possible parce que le modèle entend, au fond, non pas changer la vie, mais affirmer le droit de changer d'avis. Il redonne des marges de manœuvre aux personnes notamment en ce qui concerne leur orientation professionnelle. Il y a plus de trois cents ans, Blaise Pascal constatait : « La chose la plus importante à toute la vie est le choix du métier. Le hasard en dispose[1]. » Les choses ont-elles tellement changé de nos jours ? Êtes-vous sûr(e) aujourd'hui de faire et d'avoir fait exactement ce qui vous convient ? Notre société doit davantage prendre en compte le fait que les jeunes peuvent, et même doivent tâtonner avant de trouver, pour un temps, leur orientation professionnelle et personnelle. Et qu'il doit être possible de changer de métier. On connaît les itinéraires rectilignes des personnes qui ont toujours su ce qu'elles voulaient et pouvaient faire, et se bornent à actualiser leurs compétences à travers divers recyclages. Voici rendues possibles et normales les « vies obliques » de celles et ceux qui goûtent

1. Blaise Pascal, 1656-1662, *Pensées*, Livre de Poche, 2000, fragment 527, p. 358.

à plusieurs filières et s'enrichissent des reconversions. Et les pauses des personnes qui veulent profiter de leurs enfants, prendre le temps du recul. Selon des procédures à définir, et à partir de cofinancements à construire, les séquences de toute vie doivent pouvoir être choisies dans un ensemble riche d'options disponibles pour tous. Se mettre à son compte, participer à tel ou tel projet, changer de région ou de chef… ces choix que les plus favorisés des travailleurs sont seuls à pouvoir effectuer dans de bonnes conditions, il s'agit de les ouvrir à tous.

Par une ironie de l'Histoire, nous pourrions ainsi redécouvrir et généraliser la philosophie des « Sublimes ». Il nous faut inventer le « Sublime » du XXIe siècle. Pas seulement pour les travailleurs high-tech : pour tous. Tous « Sublimes ». Le modèle social qui se dessine est ainsi une société égalitaire et entreprenante, celle de travailleurs de plus en plus qualifiés et autonomes construisant leurs itinéraires comme autant d'aventures personnelles et de découvertes de soi. Les entreprises quant à elles y sont soumises à la nécessité de recruter et retenir des employés qui ont des alternatives et sont plus exigeants. Mais le financement de leurs obligations nouvelles sera négocié avec d'autres apporteurs (notamment les collectivités locales, ou encore les réseaux associatifs). Il ne s'agit pas de les étouffer, ni d'introduire ou de favoriser un étatisme rampant ou galopant. Le but est de parvenir à un nouvel équilibre entre des entreprises efficientes et innovantes et des travailleurs très qualifiés, qu'ils soient salariés ou indépendants.

Le principal levier de cette transformation est simple. En instaurant et en organisant pour les travailleurs et pour les candidats à l'emploi des droits à la mobilité d'une entreprise à une autre, d'un emploi à un autre, d'une tâche à une autre, on agit sur la relation entre employeurs et employés, et on la transforme dans un sens jugé plus conforme aux intérêts à long terme de la société. En somme, agir sur le « dehors », sur les itinéraires et les droits des personnes qui changent d'entreprise ou d'emploi, permet d'agir sur le « dedans » : les conditions de travail, d'emploi et de rémunération dans les entreprises.

Ce modèle social se situe ainsi au point de jonction entre les préoccupations de la première et celles de la seconde génération de mouvements sociaux que nous connaissons. Il y a d'abord eu, à la fin du XIXe siècle et dans la première moitié du XXe, les syndicats et les partis politiques ; ont suivi depuis 1960 les mouvements féministes, écologistes, ceux de protection des consommateurs, en faveur du commerce équitable, de défense des minorités ethniques, culturelles, sexuelles... Le modèle vise à concilier et valoriser, au cours d'une existence, les activités de travail rémunéré et les tâches non rémunérées bénévoles ou militantes, la progression d'une carrière et les temps des choix de vie personnels, ; il est construit sur la recherche de la qualité de l'emploi et sur l'égalité entre les hommes et les femmes.

Une patiente élaboration collective, faite d'intuitions, de rencontres et de travaux, a rendu possibles les premières formulations. À l'origine, on trouve un groupe de chercheurs européens rassemblés depuis 1995 autour d'un concept scientifique au nom quelque peu déconcertant, qui va devenir le noyau central du modèle social-démocrate renouvelé : les « marchés transitionnels du travail ». Mélange de pragmatisme et d'utopie, cette idée est née à Berlin, dans une équipe de recherche dirigée par un économiste et politologue spécialiste des « politiques de l'emploi », Günther Schmid. Avec un autre chercheur, Peter Auer, il a montré dès 1995 que dans une société en innovation constante on ne pouvait garantir l'emploi mais qu'il fallait garantir la possibilité de retrouver un emploi, par une série d'accords négociés. Et qu'il était possible de généraliser la démarche.

Lentement mûrie, l'idée est désormais dans l'air du temps. Deux traditions politico-intellectuelles sont présentes ici. Un premier parrainage est celui de l'économiste réformateur suédois Gösta Rehn. Celui-ci a été, avec Rudolph Meidner, durant les années 1950-1960, l'un des pères du « modèle suédois ». Dès cette époque, il avait fait des politiques publiques de formation, de placement et subvention de l'emploi la clé d'un modèle d'économie solidaire. Au début des années 1970, il avait prolongé sa réflexion et proposé qu'une série de « droits de tirages sociaux » permettent aux travailleurs de prendre divers types de congés et de mieux gérer leur temps de travail tout au long de leur vie. Chaque travailleur dispose d'un contingent d'années de formation ou de congé qu'il peut utiliser quand bon lui semble. Vision centralisée, alors que les « marchés transitionnels », on le verra, conduisent à proposer plutôt des négociations décentralisées. Demeure l'intuition de nouveaux droits portant sur la mobilité, c'est elle qui passe aujourd'hui au premier plan.

Pour la France, une ligne de pensée parallèle trouve son origine dans certains travaux de Jacques Delors (qui avait été proche de Günther Rehn durant les années 1960), se précise durant les années 1990 dans le rapport Boissonnat, et s'épanouit dans les élaborations européennes proposées en 1999 par le rapport Supiot[1]. Le maître mot est alors « activité » : contrat d'activité pour Boissonnat et statut d'activité désormais pour le juriste Supiot. Dans les deux cas, il s'agit d'élargir l'assise de la protection sociale en prenant en compte non la seule activité professionnelle rémunérée dans un emploi régulier, mais plus généralement la participation à des activité sociales utiles ou jugées souhaitables. La version très générale d'Alain Supiot converge largement avec nos propositions.

Même s'il a été déjà largement testé en Europe, ce renouveau de la social-démocratie n'est pas aujourd'hui assez visible pour qu'on puisse le discuter. Il devient urgent de faire le passage des travaux spécialisés et des expériences isolées vers l'affichage d'un modèle alternatif. La pression du modèle social-libéral, dans ses multiples déclinaisons, est désormais mondiale et très forte. Il a des atouts que l'on aurait tort de méconnaître, et surtout une formidable capacité d'adaptation. Mais celle-ci a une contrepartie simple : malheur aux faibles. Et la séduction du social-libéralisme s'alimente aux difficultés persistantes que rencontre notre vieux modèle de protection sociale.

Ce livre entend développer une vision alternative et présenter, illustrer ce nouveau modèle européen en cours d'élaboration : expliquer ses fondements, son fonctionnement, ses conséquences. Il sort de son statut de « pointillés » et prolonge les traits en continu pour obtenir une vision d'ensemble identifiable et pour ouvrir le débat social. L'Europe doit cesser d'être sur la défensive. Nous avons les bases d'un modèle social solidaire pour le siècle qui commence, nous devons le faire connaître et le mettre en œuvre.

1. Jean Boissonnat, *Le Travail dans vingt ans*, Odile Jacob, 1995 ; Alain Supiot, *Au-delà de l'emploi*, Flammarion, 1999.

CHAPITRE I

MOURIR GUÉRIS ?

Pour le plus grand plaisir du spectateur, il est des films d'espionnage qui racontent comment une fine équipe d'agents secrets vient à bout d'une « mission impossible ». En France, nous avons inventé, sans vraiment nous en apercevoir, la mission impossible pour le plus grand nombre. Mais cela ne fait plaisir à personne. L'innovation s'est produite bien innocemment, lors de cet interminable débat que nous tenons sur la réforme des retraites. Devant le déséquilibre entre les recettes et les dépenses, l'idée a été admise officiellement de faire passer la durée normale de cotisation, celle qui permet d'obtenir une pension à taux plein, de 37 années et demie à 40 années. Quoi de plus naturel ? Si les gens cotisent plus longtemps et partent en retraite plus tard, le déficit de l'assurance-vieillesse pourra se résorber.

Le problème est que cela devient impossible pour la majorité des cotisants. La durée de leur vie professionnelle ne cesse de se raccourcir. De 1969 à 2001, l'âge moyen d'entrée dans la vie active est passé de 18 à 21 ans, cependant que l'âge moyen de sortie est passé de 62,4 à 58 ans. Trois ans de moins d'un côté, quatre de l'autre, en moyenne la vie active s'est raccourcie de sept ans. La tendance est au raccourcissement général, en Europe et dans l'OCDE, du temps que l'on consacre au travail durant sa vie. Le compte est vite fait : de 21 à 58 ans, la durée moyenne de cotisation est aujourd'hui de 37 ans. La barre étant mise à 37,5 ans, atteindre la pension normale est devenu difficile pour la moyenne des gens. Avec une barre mise à 40 ans, cela devient désormais une rareté, et même une récompense.

Pis encore. Le chômage et les emplois précaires frappent surtout les jeunes et les plus âgés. Après une entrée tardive dans la vie active, les jeunes subissent très souvent l'alternance de chômage et de petits boulots. Pour les statisticiens, il y a formation de deux « zones grises », avant et après l'âge adulte au sens restreint, durant lesquelles la plupart des travailleurs sont tantôt en emploi, tantôt bénéficiaires de dispositifs publics visant à les aider, les insérer, les indemniser : éducation, préretraites, stages… Ces zones « intermédiaires » durent désormais à peu près quinze ans chacune ! En effet, entre 15 et, disons, 30 ans, tout comme entre 50 et 65 ans, l'accès à l'emploi et l'accès à la retraite sont largement faits de parcours codés, contrôlés par la collectivité et surtout par les dispositifs mis en place par l'État. Entre intégration assistée et relégation subventionnée, la durée de l'emploi normal à temps plein se réduit.

Tout cela est finalement très organisé. Les pouvoirs publics déploient de grands efforts pour généraliser la prise en charge, étendre le réseau des protections et laisser le moins de monde possible en dehors. Il en ressort une impression cotonneuse et bizarre, surtout pour les jeunes qui attendent, l'arme au pied, d'accéder à leur premier emploi. On les protège *et* on les repousse. En psychologie, l'injonction contradictoire consiste à demander quelque chose et son contraire en même temps. Par exemple, l'ordre « Sois spontané » ne peut pas être exécuté, car obéir à un ordre est le contraire de la spontanéité. La personne qui reçoit un tel ordre peut en éprouver une vive souffrance, parfois sans que son entourage s'en aperçoive. Notre système d'emploi et de protection sociale produit des injonctions contradictoires.

La fin d'un contrat social

L'État-Providence fait tellement partie de notre vie qu'il nous semble évident. Il s'est bâti séparément dans chaque pays et visait à garantir un ensemble cohérent de protections. Les versions nationales pouvaient différer. Mais partout le système apportait un ensemble de protections reconnues avant tout *aux travailleurs*, à travers le droit du travail et par les programmes de sécurité sociale. Ces droits venaient contrebalancer ceux dont bénéficiaient les entreprises. Maladie, maternité, chômage, retraite, il instaurait une solidarité et une mise en commun des risques entre groupes sociaux et au sein d'entre eux. Les personnes qui demeuraient inactives bénéficiaient de l'« assistance », une aide publique souvent minimale il est vrai.

Le système reposait avant tout sur un échange, la production contre la protection. En bref : travaille (dans un emploi régulier), et tu seras protégé. La clé de l'accès à la protection contre la maladie, la vieillesse, le chômage… se trouvait ainsi dans l'emploi, et cette position sociale apportait l'ensemble des sécurités collectives au titulaire de l'emploi. La protection a été immédiatement étendue à l'épouse du travailleur et à ses enfants. Au regard de cet engagement, l'engagement du travailleur devait lui aussi être total. L'*emploi à temps plein* est à la fois normal et souhaitable, c'est une position sociale réglementée, ouvrant des droits en tant que telle. Il est le statut central de notre société, le sésame ouvrant seul l'accès à une sécurité véritable et à la considération sociale. La grande responsabilité des politiques étatiques nationales est dans ce cadre de garantir un emploi régulier à temps plein pour tous ceux qui le recherchent, et en priorité pour les hommes chargés de famille.

Le « plein-emploi », entendu en ce sens restrictif, était la clef de voûte d'un grand accord collectif implicite : un contrat social passé entre les différents groupes de la société, classes ouvrières, moyennes, dirigeantes. Il fournissait un horizon d'intégration pour les plus pauvres, une perspective de partage des richesses produites pour les plus pauvres et les classes moyennes, et des règles du jeu pour tous. Tout semble depuis s'être peu à peu déréglé.

L'emploi s'est lourdement enlisé, dans les pays de l'Europe continentale en tout cas, avec les longues périodes de chômage de masse inaugurées lors des deux choc pétroliers de 1974 et 1979. En France, de 1980 à 2000, le taux de chômage a pratiquement toujours atteint ou dépassé 10 %. Les cotisations de l'assurance-chômage, trop coûteuses aux yeux des entreprises affrontant la concurrence mondiale et se restructurant, ont été délibérément plafonnées. Il en est résulté une moindre protection des chômeurs. L'équilibre d'ensemble de la Sécurité sociale a été remis en cause par l'apparition simultanée de recettes amoindries (moins de cotisants) et de dépenses accrues (plus de besoins). Souvent appelé comme pompier, l'État lui-même ne pouvait indéfiniment accroître sa participation. Il en est résulté une forme d'auto-amputation du système. C'est au moment où les situations de pauvreté et de précarité se multiplient que le système est contraint de réduire ses interventions. Il se contente de maintenir, amoindries, les anciennes protections pour les travailleurs centraux, ceux qui ont cotisé depuis longtemps. Pour celles et ceux qui n'ont pas cette chance, d'autres protections sont mises en place. Le plus souvent financées par l'impôt, elles sont aussi souvent de qualité bien moindre.

Mais le problème semble plus profond encore. Au tournant du siècle, la situation de l'emploi s'est améliorée, et très nettement en France et en Europe. Le chômage a reculé. On a même recommencé à parler de plein-emploi. Celui-ci semble pourtant se dérober. « Plein-emploi, l'improbable retour », titre un très bon connaisseur du marché du travail en France. « Plein-emploi précaire », diagnostique un autre économiste, plus pessimiste encore [1].

L'emploi que nous vivons aujourd'hui et le plein-emploi que nous tâchons de restaurer ne sont plus les mêmes que ceux d'il y a trente ans. Notre appareil de protection sociale s'est adapté à cette nouvelle situation tant bien que mal, et finalement plutôt mal. Atteint à la tête (l'emploi), et affaibli dans ses dispositifs protecteurs (la Sécurité sociale), notre modèle social joue de plus en plus mal le

1. Olivier Marchand, *Plein-emploi : l'improbable retour*, Gallimard/*Le Monde*, 2002 ; Thomas Coutrot, « Une nouvelle période pour la conflictualité sociale », *Cahiers français*, « Les nouvelles questions de l'emploi », n° 304, 2001, p. 49.

rôle intégrateur qui lui était dévolu. Il tend à mettre sous pression un nombre grandissant de travailleurs et travailleuses « normaux », sans garantir l'intégration des plus pauvres. En somme, notre contrat social se défait lentement.

Quelques bonnes nouvelles bien connues… et quelques autres

Si l'on interroge les Français sur l'évolution récente de l'emploi, ils sont le plus souvent pessimistes. Pour beaucoup, la croissance crée aujourd'hui plus d'emplois précaires que d'emplois stables, les emplois précaires se sont tellement répandus chez nous qu'ils tendent à devenir le lot commun, la durée moyenne d'occupation des emplois se raccourcit sans cesse, et il y a de plus en plus de travailleurs indépendants, « *free lance* », à leur propre compte. Tout cela est pourtant faux.

Entre 1994 et 2000, le taux de chômage de l'Union européenne est passé de 11 % à 8 %. La baisse française est du même ordre, plus tardive et plus rapide. Elle a démarré seulement en 1997 et a permis de passer de 12 % alors à moins de 9 % en 2000 – le chiffre tend il est vrai à remonter depuis mai 2001. S'agit-il d'emplois précaires, de « miettes d'emploi » ? Pour partie, oui, mais seulement pour partie. Globalement, le « bon » emploi a nettement plus progressé que le « mauvais ». En France, entre mars 1997 et mars 2001, le nombre d'emplois salariés a augmenté de 1,8 million, dont 400 000 sous la forme d'emplois temporaires et 1,4 million sous la forme d'emplois à durée indéterminée. Le temps partiel est resté à peu près stable, autour de 16 % des emplois. Les emplois temporaires ont certes continué leur progression : ils étaient ainsi 1,32 million en 1990, 1,83 million en 1997 et 2,21 millions en mars 2001 [1].

La population active française occupée, c'est-à-dire l'ensemble des individus qui ont un emploi, est à la même date de 23 millions. La précarité au sens strict – les emplois intérimaires, les contrats à durée déterminée, les stages variés – ne concerne en France, hors départements d'outre-mer, « que » 10 % des emplois. Il faut ajouter le temps partiel « subi » ou « contraint », c'est-à-dire imposé à des gens qui souhaiteraient travailler davantage. On estime qu'en France un tiers des personnes à temps partiel sont dans ce cas, soit 1,23 million en mars 2001. Mais il n'est pas possible d'additionner directement les 2,21 millions de précaires et les 1,23 million de temps partiel contraints, car une partie des emplois temporaires sont eux-mêmes à temps partiel : de l'ordre de 200 000. Conclusion : au total, l'emploi précaire est de l'ordre de 3 millions, soit un peu moins de 15 % des emplois.

Ce décompte ne donne qu'une partie de l'histoire, parce qu'il est statique comme une photo, alors que tout bouge. En termes de flux, on sait que les emplois précaires ont précisément pour caractéristique de ne pas durer longtemps. Il paraît raisonnable, pour fixer les ordres de grandeur, de considérer que chaque année 5 millions de personnes, soit 25 % de la population française en emploi,

1. Cette discussion s'appuie sur le dossier signé par Denis Clerc, *Alternatives économiques*, mars 2002.

sont concernées par la précarité, vont et viennent entre des « petits boulots » et le chômage. Des données européennes portant sur l'année 2000 indiquent un ordre de grandeur comparable : 30 % de la population européenne en emploi ne sont pas titulaires d'un emploi permanent à temps plein[1]. C'est considérable, mais cela signifie aussi que 70 ou 75 % sont encore dans des conditions d'emploi que l'on ne peut pas qualifier – selon ce critère juridique – de précaires.

Les statisticiens ont confirmé d'un autre point de vue cette coupure entre les « stables » et les « précaires », et la majorité de « stables ». Ils se sont intéressés à l'ancienneté moyenne d'occupation d'un emploi, ce que les Anglo-Saxons appellent « *job tenure* ». Ils ont trouvé des résultats eux aussi déconcertants, car ils ne permettent pas de dire que, selon le critère de leur durée, les emplois seraient devenus plus instables dans les pays développés depuis une dizaine d'années. Plutôt le contraire !

La résistance des chiffres et des faits est patente[2] : en France, en 1992, cette ancienneté moyenne était de 10,4 ans, elle est passée à 10,7 ans en 1995, et 11,3 en 1998. Les titulaires d'un emploi l'occupent donc, en moyenne, de plus en plus longtemps ! Quelques ordres de grandeur complémentaires montrent que le monde pré-

1. Raymond-Pierre Bodin, « Hétérogénéité des formes de travail et d'emploi en Europe. État des lieux et défi pour les acteurs », in Peter Auer et Christine Daniel (dir.), *L'Avenir du travail, de l'emploi et de la protection sociale. De nouvelles sécurités face à des incertitudes croissantes,* Bureau international du travail, 2001.

2. Peter Auer et Sandrine Cazes, « L'emploi durable persiste dans les pays industrialisés », *Revue internationale du travail,* vol. 139 (2000), n° 4, p. 427-459. En 2002, cette ancienneté est de 11,2 ans pour la France.

sente un tableau contrasté, mais qu'il obéit au même schéma. Les États-Unis, durant la même période, restent entre 6,6 et 6,7 ans ; le Royaume-Uni, autour de 8,2 ans ; l'Allemagne, entre 10,7 et 10,4 ans. Le Japon, la Belgique et le Portugal, pour prendre trois pays bien différents, sont à 11,6 ans en 1998.

Pour bien interpréter cette tendance à l'allongement des durées moyennes dans l'emploi, il ne faut pas conclure hâtivement à une sécurité croissante. La tendance doit être immédiatement reliée à une autre tendance de fond, celle de l'augmentation de l'âge moyen des travailleurs, elle-même reflétant le vieillissement général de la population dans les pays développés. Or les travailleurs « seniors » ont moins tendance à bouger que les jeunes. On doit en conclure que la tendance à la précarité se serait, à âge constant, plutôt légèrement renforcée, mais le vieillissement a rendu le processus invisible. Ce constat a un corollaire : l'instabilité croissante pèse sur les plus jeunes, qui sont contraints à de plus en plus de va-et-vient entre emplois de courte durée. Autre considération qui peut jouer, la peur de ne pas retrouver d'emploi si l'on quitte le sien fait que les démissions volontaires se raréfient.

Une dernière pièce est à verser au dossier, l'évolution du travail indépendant. Assisterait-on à une érosion du salariat, et à une montée du travail à son compte, souvent caractérisé par des horaires très longs et des revenus aléatoires ? En France, il y a bien une montée, lente, du travail indépendant dans les services, mais elle est plus que compensée par le déclin de l'emploi agricole. L'emploi non salarié est passé de 3,46 millions en 1990 à 2,58 millions en 2001. 900 000 emplois indépendants ont disparu, les deux tiers dans l'agriculture. Quelles que soient les conditions de travail des indépendants, il n'est pas possible de dire qu'ils tendraient à devenir le modèle professionnel dominant.

En somme, le problème n'est *pas* un problème de précarité généralisé. Ce qui apparaît est bien plus, à ce stade de l'enquête, une question de répartition inégalitaire du fardeau que représentent les transformations des conditions de l'emploi dans nos sociétés. Les uns semblent être à l'abri pendant que les autres semblent condamnés au circuit des perdants, et victimes du « chômage de rotation » qui les fait aller de petit boulot en petit boulot.

La galaxie de la flexibilité

Celles et ceux qui, précisément, sont dans l'emploi non précaire ne sont pas pour autant à l'abri. Il faut aussi regarder ce qui se passe dans l'emploi lui-même, les conditions de travail, de notation, d'avancement et de rémunération, au regard des responsabilités et de l'autonomie qui sont accordées aux travailleurs. Les entreprises font coexister des bataillons d'intérimaires, de stagiaires et de collaborateurs occasionnels, avec un noyau de salariés « réguliers ». Les pratiques d'« externalisation », c'est-à-dire d'abandon de certaines activités jugées peu rentables, qui sont confiées à des sous-traitants extérieurs à l'entreprise rendent possible une dispersion des traitements accordés aux travailleurs même dans le cas des salariés « réguliers ». Chaque entreprise sous-traitante est libre des avantages qu'elle accorde ou non à certains de ses collaborateurs. L'externalisation vient ainsi cacher et renforcer la balkanisation des conditions faites au personnel.

Il y a même des externalisations d'externalisations, combinant les sous-traitants en cascade, avec une dilution croissante des responsabilités entre les différents employeurs [1]. Le donneur d'ordres principal se borne à acheter des prestations, et se met ainsi à l'abri des contraintes qui pourraient résulter de l'embauche de certaines catégories de travailleurs. Il peut se concentrer sur ses points forts, et éventuellement choisir de bien rémunérer ses propres collaborateurs centraux, en évitant de répercuter ces avantages sur d'autres salariés dont les compétences lui sont moins essentielles. C'est ainsi que l'on a pu sous-traiter des fonctions jugées secondaires telles que la restauration, la documentation, la fourniture de pièces détachées, mais aussi, même si cela paraît plus surprenant, le service de paie et gestion du personnel...

Cet éclatement de l'entreprise elle-même va sûrement trouver ses propres limites, sous la forme de coûts de coordination alourdis, de perte de confidentialité, de délais de réaction accrus en cas de coup dur. Mais la tendance est patente, et elle manifeste une recherche plus générale, multiforme, de flexibilité. Rechercher la flexibilité [2], c'est chercher à aligner le plus étroitement possible les conditions d'utilisation des travailleurs sur les fluctuations des besoins ressentis par les entreprises. D'abord en imposant aux travailleurs ou à d'autres unités économiques les ajus-

1. Rachel Beaujolin, *Les Vertiges de l'emploi*, Grasset, 1998.
2. Jean-Claude Barbier et Henri Nadel, *La Flexibilité du travail et de l'emploi*, Flammarion, 2000.

tements des effectifs et des horaires. Une entreprise a besoin de plus ou moins de travailleurs selon l'état du carnet de commandes ou selon les calendriers commerciaux, par exemple elle ouvre un supermarché jusqu'à 22 heures à l'occasion d'une veille de fête, ou encore elle doit faire face à une commande supplémentaire. La réponse peut être de mobiliser les salariés sous la forme d'heures supplémentaires, mais il y a des limites légales et c'est coûteux. Elle peut tirer parti de l'annualisation des temps de travail, ce qui permet, dans certaines limites, de compenser par des congés en période creuse cette mobilisation particulière. Ou encore elle demande à une agence d'intérim de lui fournir des missions. Ou elle recrute des collaborateurs sous contrats à durée déterminée. Ou elle combine tout cela… Il y a alors rejet de la charge d'adaptation sur les salariés de l'entreprise, moyennant compensation éventuelle, et sur d'autres salariés d'autres entreprises.

Le processus joue bien évidemment à l'envers lorsque les besoins en travailleurs et en heures se contractent. On ne renouvelle pas les missions d'intérim, ni les contrats à durée déterminée, on met fin aux contrats de sous-traitance – ce qui est moins coûteux et moins conflictuel que de licencier du personnel central. Du reste, les politiques publiques peuvent elles aussi jouer un rôle majeur dans ce processus en créant ou autorisant des formes d'emploi précaires, par exemple des « stages » en entreprise, très faiblement rémunérés.

D'autres formes de flexibilité sont très différentes et s'adressent à tous les salariés, centraux et périphériques. Il y a par exemple la polyvalence, qui permet d'utiliser un même salarié à des tâches différentes, sur des machines différentes ou sur une même machine. La limite, vite rencontrée, est que les machines polyvalentes sont lourdes et coûteuses, et que les salariés qui sont capables d'opérer sur des machines vraiment différentes sont rares.

Il faut s'arrêter quelque peu sur une seconde tendance, très affirmée, à l'individualisation des rémunérations. Au départ, une simple histoire de panne. Les outillages devenant de plus en plus coûteux et complexes, le coût d'une panne éventuelle devient rédhibitoire pour l'entreprise si elle se prolonge. L'arrêt d'une ligne de production, en attendant l'arrivée des techniciens, des réparateurs et de la hiérarchie, est devenu la pire solution, celle du dernier recours, en cas de panne grave qu'on ne peut ni prévenir ni réparer tout de suite. Les incidents moins importants doivent pouvoir être affrontés et résolus par les opérateurs eux-mêmes. La recherche de flexibilité s'accompagne d'une exigence de réactivité. Il y a ainsi dans les entreprises d'aujourd'hui une tendance à responsabiliser leurs collaborateurs, y compris en bas de l'échelle. Elle se retrouve dans l'individualisation des rémunérations, qui prend la forme d'un poids croissant des primes et des parties variables du salaire au détriment de la composante fixe. Elle se traduit aussi par l'amoindrissement du rôle joué par l'ancienneté dans l'avancement. Ce mécanisme automatique et collectif décline au profit de promotions justifiées par le mérite et la performance individuelle.

Cette tendance rencontre évidemment des résistances. Dans le cas de travail en équipes ou de travail extrêmement spécialisé, il est très difficile, pour la hiérarchie, d'isoler l'apport individuel d'un salarié à la production ou à la qualité. Les salariés qui se voient traités différemment sans justification explicitée et légitime peuvent ressentir un très fort sentiment d'injustice et se révolter. On a vu en mars 2002 une très grande entreprise plutôt connue jusqu'à présent pour ses pratiques sociales favorables aux salariés se faire violemment critiquer pour avoir instauré des pratiques de notation individuelle de ses salariés. IBM avait instauré une cotation en quatre niveaux, dont le dernier semblait le prélude à un licenciement. Un vif mouvement d'opinion a critiqué ces pratiques, que la firme a finalement abandonnées. Mais il y a fort à parier que d'autres prendront leur place.

Ces résistances ne peuvent toutefois pas arrêter la tendance, et encore moins l'inverser. D'autant que les pressions en faveur de plus d'autonomie, en faveur d'horaires modulables et de traitements différenciés des salariés convergent dans une même direction dont on commence à avoir une idée. Il y a une trentaine d'années, deux cas polaires étaient possibles. Le salarié avait échangé sa subordination contre la sécurité d'un emploi et d'une rémunération, et il appartenait à un groupe d'employés mis à la disposition de l'employeur. L'indépendant, lui, travaillant à son compte individuellement, assumait l'ensemble des risques et des profits associés au fait de travailler, en étant à la fois entrepreneur et exécutant.

Les façons de travailler qui prévalent aujourd'hui viennent brouiller cette polarisation simple[1]. Dans le cas du salarié, l'exigence croissante d'autonomie et de responsabilité se manifeste par l'individualisation et la variabilité croissante de la rémunération. Ce qui vient remettre en cause l'échange traditionnel de la subordination contre la sécurité, et rapproche le salarié de l'indépendant. Autre

1. Voir l'analyse de M.-L. Morin, *Prestation de travail et activité de service*, La Documentation française, 1999.

écart par rapport à la condition initiale du salarié, le travail par projets tend à se répandre. Les deux écarts se cumulent pour donner naissance à une nouvelle figure du salarié, un travailleur responsable de projets successifs, dont l'entreprise tente d'évaluer et de rémunérer l'engagement personnel.

À l'autre bout du spectre, l'indépendance de l'indépendant est souvent bien mal en point. Il peut par exemple être pris, en tant que sous-traitant, dans une succession de contrats avec le même donneur d'ordres, qui devient en quelque sorte son employeur. Ou encore il peut intervenir au sein d'un collectif de travail qui lui fournit ses contraintes de travail comme ses opportunités de gains. Tel est le cas de certains installateurs de « gondoles » dans les grandes surfaces. Ils interviennent individuellement mais dépendent de la structure commerciale qui les fait travailler et sont rémunérés en fonction de la vente de leurs produits.

À l'individualisation du travail salarié répond ainsi la collectivisation des contraintes et des modalités d'exercice du travail indépendant. Tout cela ne converge pas vers un statut unique, mais tend à rendre moins forte l'opposition entre les deux statuts polaires. Il y a désormais un salarié que l'on pousse à la prise de risque et de responsabilité individuelle, et un indépendant pris dans des réseaux de dépendance.

De l'éclatement à la mise sous pression

Dans son bilan sur quarante années de transformations de l'emploi en France, Olivier Marchand conclut ainsi à l'« éclatement des statuts et des situations d'activité entre l'emploi et le chômage ; éclatement des durées et des rythmes de travail ; éclatement des modes de rémunération ; éclatement des unités productives [1] ».

Il en résulte une montée assez générale de la pression ressentie par les travailleurs. Il y a d'abord le stress associé au fait de travailler. Les recherches sur les conditions de travail révèlent le poids croissant de la charge nerveuse. Des enquêtes américaines ont montré qu'entre 1977 et 1997 la proportion des travailleurs rapportant qu'ils devaient « travailler très vite » est passée de 55 % à 68 %. Au cours de la même période, la proportion de ceux qui disaient « n'avoir jamais assez de temps pour terminer leur travail » est passée de 40 % à 60 %. En Europe, la proportion des personnes déclarant « avoir à travailler très vite » est passée de 35 % à 43 % entre 1991 et 1996 ; celle des personnes déclarant avoir « des échéanciers serrés » est passée de 38 % à 45 % [2].

D'autres soulignent le rôle important tenu par l'imprévisibilité des horaires. L'enquête 2000 de la Fondation de Dublin sur les conditions de travail en Europe compare ainsi la situation des salariés et des indépendants [3]. Les deux groupes se distinguent clairement en ce qui concerne

1. Olivier Marchand, *op. cit.*, p. 17.
2. Michel Neboit et Michel Vézina (dir.), *Stress au travail et santé psychique*, Octares, 2002, p. 26.
3. R.-P. Bodin, *op. cit.*, p. 64.

la variabilité des horaires quotidiens : 66 % des indépendants, 28 % des salariés sont sujets à des horaires variables. Mais les deux groupes ont l'un et l'autre 24 % de leurs membres qui subissent un ou plusieurs changements du nombre d'heures au cours du mois ; 90 %, des deux côtés, n'ont pas été prévenus à l'avance en cas de changement d'horaire et le découvrent le jour même. Ils ne sont que moins de 5 % à en prendre connaissance avec plus d'une semaine d'avance.

Une seconde menace vient de l'évaluation. La tendance au classement des travailleurs selon leur « employabilité » aux yeux de leurs employeurs s'affirme à toutes les étapes de leur vie. Autrefois il fallait faire la preuve de ses capacités pour décrocher une place. Le déroulement de la carrière se faisait ensuite à l'ancienneté pour une large majorité de salariés. Tout cela a changé pour faire place à un examen permanent des capacités et des performances de chacun. Si des « gagnants » apparaissent et sont de mieux en mieux payés et reconnus, la masse des travailleurs peuvent avoir le sentiment d'être mis sous pression, et menacés en permanence de rejet ou de relégation. On comprend l'inquiétude qui saisit un(e) salarié(e) lorsque son entreprise lui propose ou lui impose un bilan de compétences. Comment ne pas y voir la première étape d'un processus d'évaluation négative, puis de rejet ?

Les femmes sont ici en première ligne. Elles ont pourtant été les grandes bénéficiaires de l'expansion du tertiaire, et on ne peut pas dire qu'elles sont rejetées par le monde du travail et de l'emploi. Bien au contraire, leurs aptitudes, leurs compétences, leur réputation (à tort ou à raison !) d'être moins syndiquées et plus dociles, en ont fait des recrues prioritaires aux yeux des employeurs, alors que s'effaçaient les gros bataillons de l'emploi masculin et industriel. Mais la tradition du « salaire d'appoint » est encore vivace, et elle conduit nombre d'employeurs à considérer, implicitement ou explicitement, que l'emploi féminin est par nature plus flexible et moins payé que l'emploi de l'homme adulte pouvant être chargé de famille. Les femmes sont donc massivement représentées dans les emplois précaires, les horaires variables, elles occupent 80 % des temps partiels, et les carrières qui sont les leurs sont plus aisément discontinues. Les politiques qui prétendent les protéger vont parfois contre leurs intérêts. C'est ainsi qu'au nom de la famille notre pays avait interdit le travail de nuit des femmes, empêchant ainsi certaines d'entre elles qui pouvaient le souhaiter de bénéficier des avantages associés à ce type d'horaires… en mettant à part toutefois le cas des infirmières ! Le travail de nuit des femmes est interdit, sauf lorsqu'on a besoin d'elles et qu'elles ne sont pas en concurrence avec des hommes… Depuis lors, l'évolution des lois a remis en cause cette interdiction, sans que l'on soit parvenu à combattre vraiment, pour les hommes comme pour les femmes, la multiplication des horaires de soirée ou de nuit.

La partie immergée de l'iceberg est ainsi à la fois compliquée et inquiétante. Derrière les chiffres qui montrent la persistance de l'emploi stable en France, et plus généralement dans le monde développé, de multiples tendances, pratiques, politiques sont à l'œuvre qui viennent mettre à mal le sentiment d'intégration et de stabilisation que pouvaient ressentir la grande masse des travailleurs.

En France, le groupe très important des fonctionnaires, centraux et locaux, et celui des travailleurs les plus qualifiés et les plus intégrés continuent à bénéficier de la sécurité de l'emploi et de statuts privilégiés. Ils peuvent toutefois eux aussi être soumis à des pressions grandissantes en direction de l'individualisation de leur performance et de leur notation. Le kaléidoscope de l'emploi laisse aussi subsister dans le privé des salariés inefficients que l'entreprise conserve : cadres dans des placards, « bras cassés » ou dépressifs.

Une illusion rétrospective consisterait à idéaliser le passé. Les emplois instables ne datent pas d'aujourd'hui ni même d'hier, ils n'avaient simplement pas la même forme. Avant 1936, les travailleurs avaient peu de droits en France [1]. La nouveauté du jour est triple, dans le sentiment de conquêtes peu à peu grignotées au lieu d'être généralisées, dans l'usure nerveuse, et dans l'accompagnement public, en quelque sorte officiel, de multiples « transitions » plus ou moins bien vécues. Au travers de multiples changements, la concurrence entre les travailleurs, entre les candidats travailleurs, et entre les travailleurs et les candidats travailleurs, s'est diversifiée et durcie, et elle tend à s'exercer en permanence.

Un système de protection sociale ébranlé

En face de ces bouleversements et de ces pressions, les digues sont a priori nombreuses. Elles comprennent le droit du travail, l'encadrement de la liberté de contracter,

1. Robert Castel, in *Les Métamorphoses de la question sociale*, Fayard, 1995, replace ces conquêtes dans le temps long de l'histoire du salariat, et en éclaire l'effritement actuel.

la protection syndicale, les accords et conventions collectives ; et un ensemble de garanties qui devait couvrir les différents « risques » sociaux, autrement dit les situations caractérisées par un écart entre des besoins spécifiés et des revenus soit insuffisants, soit interrompus : maladie, maternité, chômage, retraite… plus un filet de sécurité pour ceux qui ne peuvent ou ne veulent travailler.

Selon les pays, les architectures de la Sécurité sociale ont pu différer considérablement à partir de son principe de base. Le spécialiste danois Gösta Esping-Andersen a proposé une typologie célèbre des grands régimes de protection sociale[1]. Il distingue deux cas polaires. D'abord, le régime « libéral » anglo-américain, fondé sur la fiscalité et délibérément restrictif : la solidarité passe principalement par l'impôt et fonctionne uniquement en faveur des plus démunis. La redistribution y est sélective et limitée. L'alternative est le régime « social-démocrate » des pays du nord de l'Europe, beaucoup plus développé et généreux, qui coûte cher mais propose une très large batterie de programmes, de services et d'interventions. Il ne s'agit pas seulement de lutter contre la pauvreté et le chômage, mais aussi d'assurer un revenu à tous et de promouvoir une société égalitaire. Les cas français et allemand, avec leurs différences, appartiennent selon lui à une troisième variété : l'État-providence « conservateur-corporatiste », caractérisé par des ressources issues des cotisations sociales qui protègent avant tout les travailleurs ayant cotisé, complété par une assistance assez développée en faveur des non-cotisants.

1. Gösta Esping-Andersen, *Les Trois Mondes de l'État-providence* (1990), trad. fr., PUF, 1999.

Esping-Andersen voit dans ce dernier cas de figure une situation intermédiaire, politiquement fragile et finalement peu légitime. En effet, les classes moyennes des pays nordiques peuvent avoir le sentiment de payer beaucoup (par impôts ou cotisations), mais de recevoir aussi beaucoup ; les classes moyennes anglo-saxonnes peuvent avoir le sentiment inverse, de payer peu et recevoir peu. Du reste, leurs membres complètent cette protection minimale par des dispositifs d'assurance privée. Dans les deux cas, de ce point de vue politique, tout est en ordre, tandis que les États européens continentaux privilégient les salariés réguliers et oublient les autres, c'est leur côté corporatiste. Dans la crise de l'emploi, les classes moyennes voient fondre les protections et croître les prélèvements. Outre sa faible légitimité, cette configuration est donc peu stable et sujette à des problèmes récurrents de financement.

Ce pronostic peut être testé sur le système français. De très nombreuses difficultés l'ébranlent. Il s'est toutefois assez largement adapté – mais en renonçant à certaines de ses missions et en développant dans les faits une protection « à deux vitesses ». Ici encore, certains chiffres, parfaitement exacts et avérés, pourront donner l'impression que tout va bien. Mais le propre des exclus et des insatisfaits n'est-il pas qu'ils sont difficiles à voir ? Ce calme trompeur se dissipe lorsqu'on va plus loin et qu'on confronte le visible, souvent satisfaisant, au moins visible, nettement plus inquiétant.

Outre la crise de l'emploi, plusieurs grandes transformations économiques et sociales, initialement non prévues, sont venues prendre à revers le dispositif de protection sociale patiemment construit en France au siècle précédent. Il y a d'abord le vieillissement général de la population, qui est l'occasion de nouvelles dépenses alors que le rapport entre le nombre des cotisants et celui des bénéficiaires se dégrade. Dans les cinquante années à venir, il est prévu que la proportion des personnes de plus de 60 ans dans les pays industrialisés va doubler, passant de 20 % à 40 %. Le rapport entre la population retraitée et la population active va se détériorer, passant de 4-5 actifs pour un retraité à 2 actifs pour un retraité en 2050. La base de prélèvement se réduit alors que les progrès de la médecine permettent à de plus en plus de retraités de vivre plus longtemps, avant de bénéficier de soins qui peuvent être coûteux. Une telle évolution, en soi très bénéfique, représente un facteur de déstabilisation des systèmes de protection sociale, qui doivent être réformés pour y faire face. Mais d'autres transformations ont des effets plus indirects.

Par exemple, la « globalisation ». Les économies nationales deviennent de plus en plus dépendantes les unes des autres. Cela découle avant tout de l'interconnexion accrue des marchés financiers et monétaires. Les décisions d'achat, de vente ou d'emprunt d'un opérateur en Australie peuvent affecter instantanément Tokyo, Paris ou New York, et réciproquement. Il ne s'agit pas du tout d'un processus indifférencié qui affecterait toutes les relations économiques. Cette intégration grandissante de certains marchés est relayée par l'émergence de firmes transnationales qui choisissent ou non d'investir dans tel ou tel marché et raisonnent uniquement à l'échelle planétaire. Au gré de leurs intérêts, elles peuvent donc délaisser une zone géographique et en privilégier d'autres.

Dans un tel contexte, les règles du jeu se sont fortement alourdies et complexifiées pour les États nationaux. Ils doivent inspirer confiance aux investisseurs étrangers, se montrer vertueux en matière de stabilité des prix et de fiscalité. Leurs marges de manœuvre et leur légitimité se réduisent d'autant, notamment quand il s'agit d'utiliser la panoplie traditionnelle, largement issue des propositions keynésiennes, des politiques visant à garantir le plein-emploi par la relance et le déficit budgétaire. Celle-ci fonctionnait d'autant mieux que l'économie d'un pays vivait avec peu d'échanges extérieurs. Ce n'est plus le cas aujourd'hui.

Ère du soupçon pour les choix nationaux. Les avantages des grandes zones économiques telles que l'Europe sont manifestes. Elles fonctionnent comme de gigantesques amortisseurs face aux à-coups de l'économie mondiale. Mais elles s'accompagnent de contraintes nouvelles pour les États-nations, notamment ceux de taille moyenne comme la France. Le plein-emploi, d'« ardente obligation » qu'on espérait satisfaire à court terme, est devenu un objectif de long, voire très long terme. Davantage de chômage et davantage de contraintes, égale moins de ressources pour le système de protection sociale.

Le processus d'adaptation à la globalisation qui est engagé un peu partout dans le monde n'en est du reste qu'à ses débuts. La montée en puissance de régulateurs mondiaux, en matière d'abord financière (le Fonds monétaire international et les institutions financières mondiales), puis commerciale (l'Organisation mondiale du commerce), témoigne d'une prise de conscience parallèle et encore incomplète. Aujourd'hui manque cruellement une autorité régulatrice mondiale qui aurait compétence en matière sociale. En dépit du rôle joué actif par le Bureau international du travail, elle reste à construire.

L'accroissement du pouvoir des actionnaires est une troisième tendance de fond. Il est des chiffres magiques.

Au tournant du millénaire, les gestionnaires de nombre de fonds de placement, notamment américains, ont réclamé « du 15 % », ce qui signifie que les fonds investis devaient rapporter à leurs investisseurs un bénéfice annuel égal à 15 % du capital engagé. Ces 15 % sont devenus, durant quelques années, une norme de rendement, ce qu'il est normal d'exiger, faute de quoi les actionnaires (ou leurs mandants) vendent les titres. Beaucoup de publicité a été faite sur ce nouveau capitalisme tellement plus rentable que l'ancien. Cette norme exorbitante est apparue dans le contexte d'euphorie boursière consécutif à la bulle de la « nouvelle économie », celle de l'Internet et de la téléphonie[1]. Si la croissance d'un pays atteint 5 %, ce qui est déjà rapide et semble actuellement hors de portée, rémunérer les capitaux à 15 %, c'est évidemment à terme programmer l'accaparement de l'intégralité du revenu d'un pays par les actionnaires. Les gains demandés ne pouvaient donc venir que de la montée des cours boursiers ou d'anticipations mirifiques sur des profits, comme on y a cru un moment pour les réseaux téléphoniques.

Il y avait derrière cette norme folle autre chose : l'affirmation d'un pouvoir considérable reconnu aux actionnaires, parce qu'ils brandissaient la simple menace d'aller investir ailleurs. La norme a disparu avec la bulle spéculative qui l'a portée. L'effondrement boursier de 2002 n'a toutefois pas fait disparaître le rapport de forces en faveur des actionnaires. Car demeure un processus bien plus ancien, qui date du début des années 1980 : l'essor du « capitalisme patrimonial ». Le capitalisme inflationniste

1. Pour un bilan critique, voir J. Gadrey, *Nouvelle Économie, nouveau mythe ?*, Flammarion, 2001.

des années 1970, qui permettait de s'endetter et de rembourser dans une monnaie au pouvoir d'achat amoindri, a cédé la place à une exigence de « gouvernance d'entreprise » où la priorité est la « création de valeur » pour les propriétaires. Deux expressions qui conduisent à une troisième, plus directement provocante : les « licenciements boursiers », dont l'annonce par une entreprise fait monter le cours de ses actions.

Notre système social était bâti sur un ensemble de droits et d'obligations qui visait notamment à équilibrer les pouvoirs des entreprises et de leurs travailleurs. Les actionnaires dans ce cadre étaient une des composantes, mais pas la seule, de la coalition d'intérêts que constituait une firme. Celle-ci comprenait les salariés, bien sûr, et aussi les managers. Les firmes pouvaient aussi assumer une responsabilité sociale plus large dans leur bassin d'emploi ou leur région. Aujourd'hui, les firmes, à la recherche de résultats financiers immédiats, tendent à se soustraire à ces responsabilités sociales, ce qui contribue à déséquilibrer l'assise de l'État-providence. Par exemple lorsqu'elles se délocalisent sans souci du tissu économique dévasté qu'elles laissent derrière elles. Ou lorsqu'elles utilisent des salariés sans payer le coût complet de leur rémunération, en rejetant sur la collectivité leurs frais de formation.

L'effet CAMIF

Mais il ne s'agit pas de l'apparition, qui serait peu explicable au demeurant, d'un soudain « égoïsme sacré » qui aurait saisi les entreprises. Le processus est plus complexe et profond, et il s'alimente à une quatrième transformation, qui se manifeste, pas seulement dans le travail, mais dans la société tout entière. Elle est bien plus diffuse et n'obéit pas au même calendrier. C'est la tendance à l'individualisation.

Le temps n'est plus des classes relativement homogènes et clairement clivées. Le regroupement des ouvriers du monde industriel, partageant les mêmes modes de vie et les mêmes valeurs, avec des préférences politiques marquées, et en opposition à d'autres classes, a cédé la place à des appartenances plus dispersées. Ce n'est pas là dire que les classes sociales, ou les ouvriers, ont disparu ! Ce discours souvent entendu est vide de sens. Si l'on additionne le groupe des ouvriers, en régression relative, et la grande masse des employé(e) s dont l'horizon de vie matériel est assez proche, on obtient toujours une nette majorité de la population des pays développés.

Mais il y a un déclin des grandes identités socioprofessionnelles qui faisaient que les groupes sociaux se distinguaient les uns des autres par des modes de vie et des valeurs propres. On assiste à l'affirmation de projets de vie très variés au sein d'un même groupe social. L'exemple des instituteurs est ici parlant. Ils constituaient vers 1950-1970 en France un groupe très homogène, jouant le rôle de notables locaux et recherchant un mode de consommation et de vie les rapprochant des classes moyennes. Un témoignage très concret de ces aspirations, mais aussi de leur évolution, est le « catalogue CAMIF ».

La CAMIF est une coopérative de consommation réservée aux instituteurs et par extension aux enseignants. Elle est une entreprise sans but lucratif, qui reverse ses éventuels excédents sous forme de ristourne à ses sociétaires. Elle fonctionne essentiellement sur la base de la vente par correspondance, avec son célèbre catalogue. Durant ces années d'après-guerre, le catalogue, qui n'était pas très fourni, présentait surtout des produits d'équipement ménager, tels que des cuisinières, des machines à laver, des meubles aussi. Quelques produits pour des vacances sportives et en plein air complétaient la présentation : des caravanes, des skis. Avec une caractéristique : ces produits, pas spécialement bon marché, étaient méticuleusement testés et inusables.

À mesure que le temps a passé, le catalogue s'est épaissi et a présenté un gros rayon de vêtements, d'appareils photo, de chaînes stéréo, et beaucoup plus tard d'ordinateurs. Des sous-catalogues spécialisés ont fait leur apparition. Puis un rayon beauté a été introduit, avec toutefois des produits simples et naturels. Finalement, les sociétaires de la CAMIF ont eu droit à un rayon lingerie fine. Ce qui ne cadre plus avec l'image traditionnelle que des millions d'écoliers ont pu avoir de l'institutrice !

Les consommations de ce groupe se sont en fait fondues dans celles des classes moyennes. Mais en perdant leur unité de valeurs et de modes de vie. Les instituteurs traditionnels, notables locaux, existent toujours. Ils coexistent avec d'autres groupes, par exemple des jeunes « baba-cools » recherchant une vie rurale et détendue, et d'autres « branchés » soucieux de vie urbaine et culturelle intense. L'unité sociologique du groupe des instituteurs en est très affaiblie. Une importante conséquence de cette dispersion des aspirations et des modes de vie a été l'éclatement du syndicalisme enseignant, fractionné en plusieurs organisations rivales.

Un peu partout en France, on constate des processus analogues et un déclin de la solidarité spontanée qui liait les membres d'un même groupe. Un autre mécanisme a joué dans le même sens. La croissance économique a ralenti. À la longue, lorsque s'évanouit la perspective d'un accroissement collectif rapide du niveau de vie, alors les pressions apparaissent en faveur de la différenciation des rémunérations. Récompenser les meilleurs au détriment des moins habiles ou des moins motivés devient logique, aussi bien pour les salariés que pour leurs employeurs.

Les firmes, dans leur recherche de la performance financière, favorisent la réactivité maximale de leurs employés. Les marchés sont devenus moins prévisibles, et les machines sont devenues de plus en plus sophistiquées. La « solution », c'est souvent, comme on l'a vu, l'accroissement des responsabilités reconnues ou imposées au salarié individuel. Individualisation des responsabilités, des performances, et finalement des rémunérations. L'individualisation gagne ainsi du terrain, dans l'entreprise et en dehors.

C'est alors le principe même de notre Sécurité sociale qui est ébranlé. Elle reposait en effet sur l'idée d'assurance, de compensation des heurs et malheurs, en posant que la solidarité entre les plus riches et les plus pauvres, entre les moins chanceux et les mieux lotis, devait largement jouer. On ne voulait pas, pour une bonne part, savoir ou voir qui trimait dur et qui se laissait vivre. Voici maintenant des firmes soucieuses de la seule performance productive, commerciale et finalement financière, et des salariés moins spontanément solidaires. Apparaît ainsi une tentation, en cas de déséquilibre budgétaire, celle de maintenir les garanties pour celles et ceux qui peuvent payer, et de limiter à un strict minimum les aides réservées aux non-cotisants.

La dernière tendance à prendre en considération est la mutation de la famille. Le système de protection sociale s'est appuyé sur l'unité que constituait la famille traditionnelle du XIXe et du XXe siècle, et sur une perspective « industrialo-masculine ». Une de ses idées fortes était d'« accrocher » les droits sociaux à l'homme chef de famille, supposé seul en activité professionnelle, bénéficiant de la carrière la plus continue possible et procurant à son épouse et ses enfants le revenu nécessaire. Elle est désormais totalement obsolète. Elle devient même insupportable au regard de la part croissante que prennent les femmes dans l'emploi, et de l'exigence de l'égalité entre les hommes et les femmes. Les familles se sont largement recomposées depuis les années 1970. Le processus s'alimente partiellement à la tendance à l'individualisation évoquée ci-dessus, mais ne se confond en aucune manière avec elle. La montée de l'activité féminine, les préoccupations d'égalité pure et simple entre les deux sexes, la mise en commun d'enfants issus de plusieurs unions, l'apparition de couples homosexuels... : ces configurations marquent l'irruption de nouvelles exigences et un renouveau de la solidarité.

Mais elles faussent le système actuel de protection sociale et le rendent impuissant, voire hostile. La démultiplication des arrangements familiaux peut laisser sans protection de bonne qualité, parfois sans protection du tout, des personnes dont le seul défaut est d'agir ou de vivre en dehors de l'épure initiale. Les réactions des gens face à cette situation sont variées : du recours à l'auto-assurance pour les plus riches à la recherche de solidarités privées, à l'attentisme et à la dissimulation pour d'autres.

Avec une dernière conséquence assez évidente et tragique, dont on n'a pris conscience que progressivement en Europe : la mise en danger du futur par la baisse de la fécondité. Cela fait des années que nous vivons le déclin démographique du Vieux Continent. Quelle autre réponse serait en effet plus aisément disponible ? Un rapport récent sur la protection sociale en Europe y insiste à juste titre[1]. Face aux contraintes et aux conflits entre temps parental et temps professionnel qui résultent de la situation faite aux femmes, celles-ci n'ont guère d'autre solution que de limiter le nombre de leurs enfants, voire de renoncer à en avoir.

Vieillissement, globalisation, affirmation du pouvoir des actionnaires, individualisation et recomposition de la famille sont à des degrés divers des facteurs de déstabilisation pour notre système de protection sociale. Construit dans un monde de croissance rapide où l'État pouvait jouer un rôle régulateur fort, reposant sur un équilibrage des pouvoirs au sein des firmes qui prenait en compte un ensemble d'acteurs, et pas seulement les actionnaires, et mettant en œuvre une vaste péréquation des risques en partant de la famille traditionnelle, le système que nous connaissons n'a pas été conçu pour affronter la conjonction de ces cinq transformations.

1. Gösta Esping-Andersen, Duncan Gallie, Anton Hemerijck et John Myles, *A New Welfare Architecture for Europe ? Report Submitted to the Belgian Presidency of the European Union*, septembre 2001.

Un système réformé qui tient bon ?

Ces défis ont frappé tous les pays développés, avec des intensités et des calendriers différents selon les systèmes. Partout des réformes ont été effectuées, sont en cours ou doivent être engagées. De grands chantiers sont ouverts, ou vont l'être, inévitables. Par exemple la réforme des retraites, déjà acquise dans de nombreux pays européens, n'a pas encore été réalisée en France. « Répartition » et/ou « capitalisation », dans quelles doses et selon quelles modalités ? Quelles que soient les solutions adoptées ou rejetées, il faudra bien rééquilibrer les comptes dans notre contexte de vieillissement durable.

La réputation de la France est de se complaire dans des situations de blocage complet. En témoignent la chronique des déficits récurrents, les polémiques permanentes et les multiples plans, souvent restés lettre morte, qui devaient transformer le système. Il y a là pourtant une illusion d'optique de plus [1]. L'arrivée de nouvelles prestations et de multiples changements montrent que la Sécurité sociale française ne mérite pas sa réputation d'être figée dans l'immobilisme. En dépit de blocages effectivement nombreux, de grandes initiatives telles que le RMI en 1988 et au tournant du siècle la Couverture maladie universelle et la Prestation dépendance, ont été prises pour affronter les nouveaux besoins. Ces ajouts ne s'embarrassent pas de l'architecture antérieure. L'orientation donnée à ces prestations nouvelles est d'inspiration universaliste, c'est-à-dire qu'elles viennent compléter, à partir de res-

1. Très complète, une analyse récente permet de s'en affranchir : voir Bruno Palier, *Gouverner la Sécurité sociale*, PUF, mars 2002.

sources issues de l'impôt, les dispositifs de protection des travailleurs qui étaient principalement alimentés par les cotisations sociales. Au regard de la typologie d'Esping-Andersen, il s'agit d'une hybridation délibérée puisque la base de notre système français est conservée, avec l'introduction de prestations nouvelles financées hors des prélèvements sociaux, et gérées non pas de manière paritaire mais par le seul État. Ces transformations montrent ainsi la plasticité relative du système.

La situation des plus pauvres fournit une pierre de touche pour en apprécier l'efficacité. Le Revenu minimum d'insertion s'adresse à ceux qui n'ont rien. Ceux-ci étaient peu ou pas couverts par l'aide sociale, largement facultative et discrétionnaire. Ces groupes, peu recensés par les administrations, vivaient complètement à l'écart du système de protection sociale centrale et ne pouvaient en bénéficier. L'idée, en 1988, était d'établir non pas une prestation qui viendrait supprimer et remplacer les apports du système défaillant, mais bien une prestation subsidiaire, terminale en quelque sorte, qui vient compléter le niveau de protection des plus pauvres lorsque l'addition préalable des apports des autres prestations (notamment assurance-chômage et allocation logement) ne suffit pas à placer le bénéficiaire au-dessus d'un certain niveau de revenu. De surcroît, une préoccupation « citoyenne » s'était fait jour : aider les plus pauvres ne devait pas s'arrêter à leur garantir un revenu minimal, mais la collectivité avait le devoir de les accompagner dans leurs démarches de retour à une vie moins en marge et mieux insérée dans la communauté. On doit reconnaître que le dispositif est indéniablement venu combler un vide. Il aide, chichement mais effectivement, un grand nombre de personnes qui sans lui auraient basculé dans le dénuement le plus complet. Depuis l'année 2000, les effectifs du RMI sont stabilisés autour du million d'allocataires, ce qui fait, en tenant compte des familles, environ 2 millions de bénéficiaires [1].

Il ne s'agit là que d'une prestation considérée isolément. Tous dispositifs confondus, au regard des nouveaux défis, faisons-nous mieux ou moins bien que nos voisins en matière de lutte contre la pauvreté ? Des chiffres récents et encore peu diffusés permettent de prendre la mesure de la performance française dans les années 1980 et 1990. Des statistiques comparatives ont en effet été calculées dans un rapport remis en septembre 2001 à la présidence belge de l'Union européenne [2]. Ce rapport définit la pauvreté, classiquement, en termes de revenus relatifs. Sont « pauvres » les ménages qui gagnent, après redistribution, moins que la moitié du revenu médian, c'est-à-dire le niveau de revenu qui permet de diviser une population en deux parties égales, la moitié gagnant plus et l'autre moitié gagnant moins. L'étude prend en considération les ménages, et isole le taux de pauvreté des ménages avec enfants.

Au milieu des années 1980 comme des années 1990, le niveau de pauvreté en France est resté stable entre 7 et 7,5 %. Cette performance situe la France juste après les pays nordiques, qui ont des taux allant de 2 à 7 %. Les taux américains sont de 18 puis 21,4 %, britanniques, 8,2 et 14,3 %.

1. En 2001, les RMistes reçoivent par mois : 397,69 euros par adulte isolé, et 596,64 euros pour un couple (835,16 pour un couple avec deux enfants).

2. Gösta Esping-Andersen *et al.*, 2001, *op. cit.*, chapitre 1, tableau 1.2.

Il y a plus. Ces chiffres mettent en évidence, pour certains pays, un fort accroissement des inégalités durant les années 1990 par rapport à la situation des années 1980. C'est par exemple le cas de l'Allemagne (ici limitée à l'Allemagne de l'Ouest pour ne pas fausser la comparaison avec l'arrivée de l'Allemagne de l'Est), qui passe, pour les ménages avec enfants, de 4,1 % à 14,3 %, et de l'Italie. Les performances des pays nordiques n'en ressortent que mieux : non seulement leurs taux de pauvreté sont faibles, mais ils continuent à baisser en général, et les ménages avec enfants sont souvent mieux protégés que la moyenne.

Ces bons chiffres, qui rapprochent les évolutions françaises des performances des pays d'Europe du Nord, ne prennent en compte toutefois que les situations de pauvreté les plus fortes. Lorsque le seuil de pauvreté relative est placé à 60 % du revenu médian, ce qui est le seuil quasi-officiel européen, les chiffres montent et la performance française est plus banale : le taux de pauvreté de notre pays est en 2001 à 15 %, ce qui est exactement la moyenne européenne, beaucoup plus loin de l'égalitarisme des pays nordiques.

Inefficiences et injustices

Ici encore, les jeux du très visible et du moins visible, voire de l'implicite et du latent, vont intervenir. Avec la reprise de l'emploi observée entre 1997 et 2000, les taux de pauvreté (à 50 ou 60 % du revenu médian) s'étaient améliorés. Désormais ils se dégradent très lentement en

France[1]. Mais ces statistiques peuvent ne pas couvrir tous les « exclus ». Et surtout, elles ne disent rien de la répartition des revenus *au sein* de la pauvreté, qui a pu devenir nettement plus inégalitaire, avec au-dessous du seuil toujours autant de monde, mais un nombre grandissant de très pauvres, qui n'ont rien du tout.

Personne ne sait avec précision ce qui détermine les bonnes ou mauvaises performances d'un système de protection sociale en matière de lutte contre la pauvreté. Tant d'éléments sont en cause. Par exemple : les solidarités familiales sont-elles encore fortes ou les politiques publiques doivent-elles les compenser ? Quelle est l'intensité des ruptures familiales et des recompositions qui les suivent ? Y a-t-il de plus en plus de personnes qui vivent seules ? Et dans les couples, trouve-t-on souvent les situations dans lesquelles les deux conjoints sont au chômage ? Autant d'éléments qui interviennent et rendent des prestations telles que le RMI ou les Allocations familiales tantôt efficaces, tantôt inefficaces.

Dans un rapport récent remis au Commissariat général du Plan et centré sur la précarité[2], Jean-Michel Belorgey, un des « pères » du RMI, et ses collaborateurs s'interrogent à plus long terme sur le fonctionnement d'ensemble du système français, et ils constatent que les inefficiences et les injustices se multiplient. Le navire porte beau, mais il prend l'eau.

Dans son principe, le système d'indemnisation du chômage doit tout couvrir. Il est alimenté par des cotisations

1. Voir le rapport 2003-2004 de l'Observatoire national de la pauvreté et de l'exclusion, La Documentation française.

2. Belorgey J.-M., *Minima sociaux, revenu d'activité et précarité,* La Documentation française, 2000.

versées par les entreprises et les salariés (« assurance »), complétées par un apport de l'État pour les chômeurs qui n'ont pas pu cotiser ou n'ont pas assez cotisé (« solidarité »). À l'issue de multiples réformes, il a été volontairement limité et allégé, pour ne pas peser trop sur les comptes des entreprises et ne pas alourdir les dépenses publiques. Les conséquences sont, dans leur sécheresse, d'une violence extrême. En 2000, 42 % seulement des chômeurs ont été indemnisés, et à hauteur de la moitié de leur salaire antérieur. La raison en est simple. Sont exclues du dispositif la plupart des personnes qui ont des itinéraires professionnels discontinus et subissent des alternances de chômage et d'emplois précaires. Et voici un des signes de bonne santé qui laissent penser que nous allons mourir, sinon guéris, du moins prospères : l'assurance-chômage dégage parfois des excédents ! Ceux-ci témoignent d'une bonne gestion par les partenaires sociaux sur laquelle il serait mal venu d'ironiser. Mais cet équilibre est bâti sur le rejet de celles et ceux qui auraient le plus besoin d'être protégés.

Une telle situation a pu être acceptée dans notre société, grâce à la capacité d'innovation du système. En effet, il n'y a pas seulement deux étages à l'indemnisation du chômage, mais trois : l'assurance-chômage, la solidarité, et le… RMI. Le RMI vient largement compléter, pour les chômeurs et les chômeuses, le dispositif officiel, en prenant en charge précisément celles et ceux qui n'ont plus de droits ou qui n'ont rien. Fort bien, la société ne les oublie pas complètement. Mais ce satisfecit ne tient pas. Cette « solution » n'est pas satisfaisante pour la majorité des chômeurs. Ils et elles sont traité(e)s comme des « cas lourds » de pauvreté persistante, on leur fait signer des « contrats d'insertion » par lesquels ils s'engagent à rechercher activement du travail, on leur construit des itinéraires de resocialisation, alors que ce qu'ils demandent est une perspective crédible de retour à l'emploi (ce qui n'est pas rien !) et, en attendant, des conditions de vie qui ne soient pas dégradantes. Le grand échec de notre société, la persistance du chômage de masse, conduit ainsi à un dévoiement du RMI, qui n'avait pas été conçu pour cela. Le chemin de l'enfer est pavé de bonnes intentions.

Les responsables des politiques sociales ont rapidement pris conscience du problème, et notamment des risques de stigmatisation du « RMiste ». Parmi les solutions trouvées, il y a l'intégration dans les politiques « normales » de l'emploi, dans les programmes de formation et de placement gérés par l'Agence nationale pour l'emploi à l'intention des chômeurs « normaux ». Ce qui est effectivement une bonne idée, surtout lorsqu'on constate que certains RMistes sont de niveau bac + 5 »… mais qui ne peut neutraliser les conséquences du dévoiement initial.

Mise en œuvre depuis le 1er juillet 2001, une réforme de l'assurance-chômage, beaucoup plus ambitieuse, cherche à stimuler la recherche d'emploi et stipule que l'on doit offrir à toute personne au chômage l'accès à un bilan de compétences et à divers programmes d'aide[1]. Mais elle n'améliore que marginalement la couverture et la proportion de chômeurs indemnisés. L'écart entre les principes et la réalité continue à peser cruellement sur les chômeurs et les chômeuses non indemnisés, le système de protection

1. C'est le Plan d'aide au retour à l'emploi (PARE), mis en œuvre depuis le 1er juillet 2001.

sociale étant censé protéger aussi bien les personnes qui ont cotisé que celles qui n'ont pas pu le faire. Il y a bien ici une société à deux vitesses.

Il en va de même pour les droits sociaux. Soit une personne qui durant vingt ans a deux mi-temps, l'un salarié et l'autre comme indépendant(e). Ou encore qui travaille dix ans comme salarié à temps plein, puis dix ans comme indépendant(e). Quels droits à la protection sociale découlent de ces carrières plurielles qui équivalent bien sûr à un plein temps pendant vingt ans ? La plupart du temps, nettement moins de droits que si elle était vingt ans à temps plein, notamment salarié(e). En effet, les modalités de calcul des droits privilégient souvent des seuils à partir desquels les droits s'ouvrent. Les montants des protections eux-mêmes sont liés à ces seuils, à la durée d'accumulation préalable. Et encore, ces deux exemples sont les cas les plus favorables, puisqu'on a supposé un travail à temps plein sans interruption. Des carrières non seulement plurielles, mais aussi discontinues, ouvrent encore moins de droits. Apparaît alors un processus de « mitage » des droits sociaux. Les miettes de l'emploi irrégulier génèrent les miettes de la protection sociale. Il n'y a pourtant rien de mécanique ici. Certains cas ont été répertoriés dans lesquels la coexistence régulière de deux mi-temps différents ouvrait non pas moins, mais davantage de droits !

Tout cela peut sans doute être corrigé, et du reste commence à l'être[1]. La seule solution est la neutralité : obtenir

1. Le « rapport Belorgey » (*op. cit.*) fait plusieurs propositions en ce sens.

des droits qui soient effectifs quel que soit le statut professionnel, et le plus possible, dans le cas des retraites par exemple, strictement proportionnels au temps passé à travailler. Des droits qui ne pénalisent pas les gens passant du temps complet au temps partiel, ou du salariat à la mise à son compte comme indépendant. Mais la question demeure pour l'ensemble des précaires qui, depuis les années 80, vont de petit boulot en petit boulot. À terme, quelle retraite auront-ils, et surtout auront-elles ? Il y a ici une véritable bombe à retardement. Les retraites ne posent pas qu'une question de financement, elles posent aussi une question de justice qui va devenir dramatique.

Dans son diagnostic, Esping-Andersen a donc à la fois raison et tort. Les fondements de notre système peuvent apparaître en effet de plus en plus « corporatistes » et étroits, limités aux mieux intégrés des travailleurs. Mais la France, en inventant d'autres prestations, a créé un hybride qui semble viable, au moins à court et moyen terme. La menace est d'aboutir à une Sécurité sociale à deux vitesses. Une protection sociale coupée en deux, entre le monde des cotisants réguliers et celui des assistés.

Effet de seuil et « course de rats »

Le fossé entre ces deux mondes est fait d'incompréhensions réciproques. Un salarié qui gagne le salaire moyen dispose en 2000 d'approximativement 1 700 euros net par mois. De quel œil peut-il considérer le nombre et la complexité des revenus minima qui sont apportés à différentes catégories d'assistés ? Il existe en France pas moins de huit revenus minima, qui sont destinés à différentes clientèles, des handicapés aux RMistes en passant par les mères pauvres élevant de jeunes enfants. Il existe de surcroît un vaste ensemble de subventions à l'emploi pour les moins qualifiés, qui s'arrêtent à 1,3 fois le SMIC. D'autres allocations ne fonctionnent qu'au-dessous d'un certain revenu, par exemple les allocations logement. La plupart de ces « conquêtes » ne s'adressent pas, ou peu, au salarié moyen. Le travailleur régulier du bas de l'échelle, qui gagne sa vie en emploi, ne bénéficie de rien de tout cela. Dans cette armada de prestations, certaines peuvent se cumuler. Le grand public ne sait pas lesquelles et oublie que, par exemple, le RMI est une prestation différentielle, qui vient compléter le revenu une fois prises en compte les autres prestations possibles. Ces divers seuils de déclenchement, tous justifiés en eux-mêmes, définissent en creux une catégorie de non-bénéficiaires par là même peu satisfaits : les personnes qui gagnent un peu plus que le seuil de revenu garanti et qui n'ont droit à rien. Loin d'avoir le sentiment d'être un nanti, le travailleur régulier du bas de l'échelle peut avoir le sentiment que bien des choses sont faites pour les personnes qui ne travaillent pas, et que rien n'est fait pour lui, dont la vie de cotisant régulier n'est peut-être pas aussi rose qu'on pourrait le penser.

Aux frustrations qui découlent des effets de seuil vient s'ajouter une concurrence de plus en plus dure entre salarié(e)s au sein de l'entreprise. Ce que l'on a pu appeler la « course de rats » pour souligner son potentiel absurde et humiliant. Au départ, elle découle de l'existence de hiérarchie et de promotions dans les entreprises, qui se justifient de manière plutôt amusante. Les salariés d'un groupe donné se posent parfois une question sacrilège à propos de leur chef : si mon supérieur hiérarchique gagne deux fois plus que moi, serait-ce vraiment parce que cette personne est deux fois plus productive que moi ? Ne serait-ce pas parce que nous sommes dix dans le service à espérer « devenir calife à la place du calife », et qu'ainsi je travaille davantage ? Cette mise en concurrence entre salariés d'un même niveau hiérarchique a l'intérêt pour l'entreprise de combiner incitation et sélection. L'espoir fait vivre. Tous et toutes travaillent mieux, et il est possible de sélectionner la personne la plus efficace.

Cette mise sous pression n'est pas nécessairement malsaine, si les règles sont connues, s'il existe un nombre suffisant de promotions crédibles et si d'autres choix sont possibles pour les personnes qui ne veulent pas s'engager dans la lutte. Mais cette mécanique de la carotte peut se dérégler. D'abord, c'est chacun(e) pour soi. Tout cela n'incite guère à partager les informations, ni à aider celui ou celle qui ne s'en sort pas. Ensuite, si les promotions deviennent plus rares et sont très valorisées, par exemple avec la remise de primes importantes ou de stock-options, la concurrence se durcit. La compétition peut alors abandonner le fair-play et jouer sur les registres de l'intimidation ou de l'intoxication. Des réactions de cette nature sont par exemple apparues dans la concurrence entre les hommes et les femmes. En général, les hommes « trustent » les postes de responsabilité. Face à la concurrence de nouvelles venues souvent très diplômées, ils ont tendance à valoriser leur disponibilité totale, par exemple le fait de pouvoir rester à des réunions tard dans la soirée. Cette disponibilité dont ils savent pertinemment que leurs collaboratrices ne peuvent l'obtenir qu'au détriment de leurs enfants et de leur vie familiale. Dernier cran dans la montée du sadisme : la concurrence peut devenir perverse lorsque l'enjeu n'est plus la promotion mais le fait d'échapper au licenciement. Alors la « course de rats » peut carrément détruire la vie personnelle de certains salariés.

Devant les effets de seuil de la protection sociale et la pression grandissante de la « course de rats », les travailleurs réguliers au bas de l'échelle n'ont guère lieu d'être satisfaits. Le système s'efforce d'un côté de protéger et de stimuler dans l'emploi des gens qui travaillent et sont pris dans une compétition sans fin pour obtenir un poste de responsabilité ou pour ne pas être licenciés. De l'autre, il s'efforce d'interdire l'emploi et de garantir un revenu à des relégués, le plus souvent soumis à la portion congrue : préretraités, handicapés, bénéficiaires des minima sociaux… Entre la « course de rats » et la mise à l'écart, il ne s'écoule dans certains cas qu'une journée, celle du pot de départ donné en l'honneur du licencié ou de la retraitée.

Ce qui va et ne va pas dans notre système de protection sociale et notre pacte social, n'est pas ce qu'en retient l'opinion. Les emplois précaires ne sont pas en train de devenir majoritaires dans notre pays, et, au moins selon certains critères bien admis, le nombre de pauvres ne tend pas à augmenter. Mais ces indicateurs pas si mauvais sont doublés d'autres plus inquiétants. Lorsque se ferme ou se restreint dans de grandes proportions l'accès au sésame de l'emploi régulier à temps plein, les personnes privées de ce statut tendent à être soit oubliées, soit rejetées, soit traitées comme des pauvres. Le système a pu garder sa logique de base paritaire et contributive, la plupart du temps en durcissant les conditions d'accès aux meilleures protections. Il l'a complétée par d'autres dispositifs, gérés sous la seule férule de l'État, et financés par l'impôt, nettement moins favorables.

Un monde dans lequel les uns sont crispés sur la peau de chagrin de leurs droits traditionnels, et les autres ne bénéficient que de droits « mités » ou d'une protection sociale moindre, est un monde injuste et inefficace.

CHAPITRE 2

LA MACHINE À TRIER

Certaines statistiques font froid dans le dos. La mortalité des chômeurs en France est actuellement trois fois supérieure à celles des personnes en emploi. La mortalité des femmes au chômage, deux fois « seulement [1] ». Pour les statisticiens, un tel résultat pose un problème classique d'interprétation. La surmortalité des chômeurs peut résulter de l'angoisse et de la pauvreté qu'ils vivent. Elle peut aussi s'expliquer parce que les personnes vulnérables, malades ou fragiles sont plus facilement victimes du chômage. La causalité peut jouer dans les deux sens. Peu importe ici cette décomposition glaciale. Le chômage est pour beaucoup une des épreuves les plus dures qui soient. Lorsque l'épreuve se prolonge, elle isole, appauvrit, démoralise et fait douter de soi. Et pourtant, notre société multiplie les prises en charge et les mesures censées permettre de retrouver un emploi. En pure perte ?

1. Annie Mesrine, « La surmortalité des chômeurs : un effet catalyseur du chômage ? », *Économie et Statistique*, n° 334, 2000.

Les politiques de l'emploi, une seconde chance pour les chômeurs ?

Les chômeurs bénéficient largement, dans la plupart des pays de l'OCDE, des « politiques publiques de l'emploi ». L'arsenal des mesures destinées à les aider a un coût important, qui peut dépasser 5 % du Produit Intérieur Brut. En France, en Allemagne, en Italie, 3,5 % pour l'année 2000. En Suède, 5 %, et au Danemark, plus de 5 %. Mais seulement 0,5 % aux États-Unis. Une distinction classique et discutable oppose les mesures « actives » et les mesures « passives ». Les mesures « passives » correspondent aux dépenses d'indemnisation et aux dispositifs qui cherchent à limiter le nombre de candidats à l'emploi : préretraites, incitations au retour au pays pour les chômeurs immigrés… En somme, ces mesures prennent le manque d'emplois comme une situation dont il faut compenser les effets, neutraliser les répercussions. À l'opposé, les politiques « actives » cherchent à augmenter le nombre de personnes qui retrouvent un emploi, ou à accélérer ce retour : efforts de placement, subventions à l'embauche, emplois publics, programmes de formation des chômeurs, telles sont les quatre mesures « actives » les plus connues. Toutes ces politiques existent depuis bien longtemps, et sous leur forme actuelle depuis au moins trente ou quarante ans. Ce qui change, c'est l'échelle d'utilisation des différents programmes et leur éventuelle combinaison.

On pourrait ainsi estimer que nos sociétés offrent une « seconde chance » aux chômeurs, en leur fournissant non seulement une aide financière, mais aussi et surtout une batterie de services destinée à les appuyer ou les stimuler dans leur recherche. Le sens du recours à ces politiques dépend toutefois du contexte. Dans une situation de croissance accélérée, les créations d'emplois sont nombreuses et ne dépendent pas ou peu des politiques de l'emploi. Celles-ci sont utilisées pour faciliter le reclassement de salariés d'entreprises ou de sites en reconversion, ou encore pour faire face à des pénuries de travailleurs, par exemple de travailleurs qualifiés.

Dans un contexte de croissance ralentie, le recours aux politiques publiques de l'emploi a un sens différent. Elles passent au premier plan, mais leur mise en œuvre est en fait un *compromis*, adopté en large partie faute de mieux. On aide les chômeurs d'abord parce qu'ils sont là et sont sans ressources. C'est l'indemnisation. Et on tente de « peser » sur les décisions d'embauche des employeurs, de manière qu'ils embauchent davantage. C'est le volet « actif ».

Ces choix, qui ont très souvent prévalu en Europe depuis la fin des années 1970, sont des choix par défaut. Durant les années 1960, les politiques keynésiennes traditionnelles de relance par la demande globale apparaissaient comme l'arme absolue contre le chômage. Elles n'ont plus ce rôle. Pour beaucoup d'économistes, ce qui demeure de nos jours est un pilotage conjoncturel plus modeste s'efforçant de maintenir une certaine croissance, mais sans fournir un horizon immédiat de résorption du chômage [1]. Cependant, le débat reste ouvert, d'autres économistes plaident pour un keynésianisme renouvelé et montrent que les bons résultats obtenus récemment par certains pays

1. Voir sur ce point les analyses de J. Pisani-Ferry, *La Bonne Aventure*, La Découverte, 2001.

européens s'expliquent principalement par des politiques macroéconomiques expansives [1].

En complémentarité ou non avec des politiques de soutien de la demande, les gouvernements se sont tournés vers des interventions directes sur le « marché du travail » lui-même. Intervenir, oui, mais comment ? Une solution violente et simple serait de « déréguler », de démanteler tous les règlements qui encadrent les relations de travail et d'emploi, et de réduire la protection des chômeurs à un minimum. Ainsi, on pourrait enclencher la baisse de leurs prétentions salariales et une baisse plus générale des salaires censée rééquilibrer le « marché »… Cette thérapie de choc ultralibérale reste, heureusement, une hypothèse d'école. Outre les protestations qu'elle pourrait susciter, elle court le risque de « casser » la demande et de « casser » la confiance, deux ingrédients clés d'un bon fonctionnement économique et social. Les gouvernements ont la plupart du temps choisi des interventions « douces » et éclectiques, les politiques publiques de l'emploi telles que nous les connaissons.

Leur « menu » est a priori assez varié. Par exemple, on peut agir du côté du nombre de postes disponibles en créant des emplois publics. On peut accroître la qualification des chômeurs par des mesures de formation, on améliore ainsi la qualité du travail offert. Autre exemple encore, on peut agir sur le coût du travail, en proposant une subvention à l'emploi payée aux entreprises qui recrutent. Les « politiques de l'emploi » peuvent faire tout cela,

1. Conseil d'analyse économique, *Réduction du chômage : les réussites en Europe*, La Documentation française, 2000, contribution de Jean-Paul Fitoussi et Olivier Passet.

et le font plus ou moins, à des dosages variés. De nos jours, elles insistent de moins en moins sur la création directe de postes disponibles. La plupart des gouvernements répugnent à créer des emplois publics, surtout depuis qu'ils sont censés combattre les déficits publics et réduire le poids de l'État dans l'économie. Demeurent donc surtout des interventions sur les activités de placement, la réduction du coût du travail et la formation des travailleurs.

Ces interventions sont mises en œuvre à des échelles très différentes. Les choix danois et suédois, pays dans lesquels en permanence 10 % des travailleurs bénéficient de programmes massifs de subventions à l'emploi, de reclassement ou de placement, s'opposent radicalement à la discrétion américaine, pays dans lequel la prise en charge des chômeurs est singulièrement plus limitée. D'un côté, le « marché du travail » est orienté, canalisé, purgé, jugulé, pourrait-on dire. Et notamment les subventions à l'emploi, souvent réservées à l'embauche de personnes faiblement qualifiées ou en grande difficulté, sont très généreuses, puisqu'elles peuvent couvrir de 50 à 80 % du coût de l'emploi. De l'autre, quelques interventions ponctuelles laissent fonctionner un jeu bien moins organisé de rencontres entre offreurs et demandeurs.

Au regard de cet éventail de possibilités, notre pays se situe dans une position médiane assez activiste. Et cela quelle que soit la couleur des gouvernements qui se sont succédé depuis le début des années 1980. La France consacre à ces politiques un budget global tout à fait significatif, qui ne la met toutefois pas dans la catégorie des grands dépensiers. Son originalité tient à trois traits principaux. Tout d'abord, le recours à très grande échelle, et très persistant, à des mesures limitant directement ou indirectement le nombre des personnes présentes sur le marché du travail, notamment aux deux extrémités de la vie active. Ensuite, et surtout depuis les années 1990, est appliquée une stratégie multiforme mais constante de baisse du coût du travail non qualifié. Une troisième originalité est constituée de l'action sur le temps de travail. En 1998 et 2000, les lois « Aubry 1 » et « Aubry 2 », ont en effet instauré les « 35 heures », d'abord pour les entreprises de plus de 20 salariés, puis pour l'ensemble des entreprises. Une série d'aménagements décidés entre 2002 et 2004 ont permis aux gouvernements Raffarin de stopper l'application aux PME, puis de vider progressivement ces lois de leur contenu.

Le chemin de l'« activation » est pavé de bonnes intentions

Depuis les années 1980, un déploiement diversifié d'efforts est ainsi en place, qui se heurte à la persistance du chômage. À mesure que le temps passe, toutefois, les préconisations vont peu à peu se transformer. Le bon sens ici encore semble de la partie. Une question apparaît et passe au premier plan. Le « cocktail » entre mesures « actives » et « passives » est-il le bon ? Si les dépenses pour l'emploi sont faites d'un côté de dépenses d'indemnisation et de l'autre de dépenses qui aident au retour à l'emploi, alors les secondes doivent être prioritaires. Beaucoup de responsables ont ainsi voulu s'inspirer de la Suède. Ce pays réussit à ne consacrer qu'un tiers de ses dépenses aux dépenses

« passives », et deux tiers aux dépenses les plus utiles, les dépenses « actives ». Et sa performance durant les années 1980 avait été remarquable. Le chômage était resté à un niveau très bas, de l'ordre de 2 à 3 %. En toute rigueur, il aurait fallu observer que le faible niveau de chômage était précisément ce qui permettait de comprendre le faible niveau de dépenses « passives » : si les chômeurs sont peu nombreux, ils ne coûteront pas cher à indemniser… Mais qu'importe ce détail : la priorité à l'« activation » était née. Investissons dans les « politiques actives de l'emploi », c'est grâce à cette réorientation de l'effort que le chômage pourra baisser.

Une seconde priorité s'est imposée dans ce contexte, et elle a été puissamment relayée par la Communauté européenne : la prise en charge précoce. Au lieu d'attendre que les problèmes des chômeurs s'accumulent, avec l'arrivée à leur terme de leurs droits à indemnisation et la perte de motivation qui découle d'une recherche infructueuse, établissons dès leur entrée au chômage un diagnostic et un plan d'action. L'Europe, depuis 1997, a établi des « lignes directrices » censées harmoniser les politiques de l'emploi des pays membres. Le processus n'est pas contraignant, mais déclaratif. Chaque pays doit établir un « plan d'action pour l'emploi » annuel, afficher ses objectifs au regard des normes et des domaines proposés par la Commission et expliquer d'année en année où il en est. Mais l'absence de contrainte n'est pas l'absence d'influence, car le processus conduit chaque pays à présenter ses efforts et justifier ses résultats. Notamment, la « ligne directrice numéro un » prévoit que tout jeune chômeur doit se voir proposer, avant le sixième mois, un emploi, une action de formation ou une période d'expérience professionnelle. Le même objectif existe pour les chômeurs adultes de plus d'un an d'ancienneté dans le chômage.

Toutefois, la tendance à l'activation peut correspondre à des processus plus agressifs. Devant la résistance du chômage, une partie de l'opinion publique va mettre en doute l'efficacité du mélange « doux » et éclectique. Elle va demander son durcissement. Par exemple en *limitant* les dépenses « passives » d'indemnisation, au profit des dépenses « actives » qui sont censées enclencher directement le retour à l'emploi. Cette logique d'« activation » ne correspond donc pas à des efforts accrus, mais à la mise en cause des dépenses et programmes d'indemnisation. Les chômeurs, eux, doivent accomplir plus d'efforts, non seulement se mobiliser, mais aussi renoncer au confort supposé des allocations généreuses et durables.

Vieux réflexe. Nous retrouvons ici, réactivée, une des plus vieilles obsessions, une des hantises de l'histoire occidentale. Sous couvert d'aider les chômeurs, leur indemnisation ne risque-t-elle pas de les pousser à rester passivement dans cet état ? L'économiste anglais Malthus avait jeté la suspicion, dès l'aube du XIXe siècle, sur les premières et timides mesures d'assistance à la pauvreté. Selon sa thèse célèbre, les « lois des pauvres » anglaises créent des pauvres, qu'elles assistent... Elles leur permettent de se multiplier parce qu'elles leur rendent l'existence moins difficile. Aujourd'hui, non plus pour ces raisons démographiques, mais simplement parce qu'elles seraient démotivantes, les politiques de l'emploi sont suspectes.

Alors l'« activation » devient un compromis qui permet de conserver les politiques de l'emploi tout en limitant leur coût et en combattant les tendances à la passivité des chômeurs : le compromis du compromis. Devant la persistance du chômage de masse et la croissance ralentie, l'« activation » rassemble aujourd'hui une série de pratiques socialement bien admises : « mettre la pression » sur les chômeurs, les mobiliser et chercher à obtenir, plus ou moins en douceur, leur adaptation aux nouvelles conditions du « marché ». La palette actuelle de l'« activation » s'enrichit ainsi de deux côtés. Des traitements sur mesure et des actions de remotivation, et d'autre part des contrôles, des convocations à des entretiens, et éventuellement des sanctions (limitation des paiements, voire exclusion) en cas de refus d'accepter un entretien, un emploi ou une formation. La carotte et le bâton.

Certaines mesures d'« activation » peuvent aussi se révéler un substitut progressif à la dérégulation du « marché du travail », en poussant les travailleurs à accepter des salaires moindres, des déclassements. Un tel résultat peut être obtenu notamment en insistant sur la responsabilité individuelle des chômeurs, et en les contraignant à accepter des offres d'emploi qui ne correspondent pas à leur niveau de qualification ou à leur orientation professionnelle. C'est un fonctionnement « vers le bas », qui tire à la baisse le niveau général des salaires.

Il y a aussi une « activation » qui fonctionne « vers le haut ». Améliorer la qualification d'un travailleur (sa qualité) en maintenant constantes ses prétentions salariales (son prix de vente, en quelque sorte) *équivaut* à une baisse des salaires puisque les employeurs vont pouvoir trouver à meilleur compte des salariés aux compétences accrues. Cependant, ce n'est pas la même chose que précédemment : cela peut conduire à une sortie par le haut, puisque le salarié est mis sur une trajectoire ascendante de qualification croissante. Cette politique ne pèse pas, ou du moins pas directement, sur les salaires des autres travailleurs. Toutefois, elle est bien plus exigeante. Elle suppose de multiplier aussi les opportunités pour les chômeurs peu qualifiés ou peu productifs qui ne peuvent être formés, par exemple grâce à des emplois complètement financés ou massivement subventionnés par l'État. C'est un choix coûteux et qu'ont retenu seulement certains pays sociaux-démocrates du nord de l'Europe.

Pour les autres pays, et notamment la France, le compromis de l'« activation » le plus fréquent est d'agir sur tout l'éventail. Ne pas améliorer les conditions d'indemnisation en dehors d'un dernier filet de protection, mieux former les chômeurs, les stimuler dans leurs recherches, les pousser à accepter un déclassement, subventionner les emplois faiblement qualifiés. Nous combinons ces cinq manières d'« activer » les politiques de l'emploi. Une voie médiane qui, dans notre pays, ne recourt pas prioritairement aux sanctions[1], mais s'accommode durablement de voir de nombreux chômeurs et chômeuses non indemnisés. Si leur situation s'éternise, ils et elles sont alors renvoyés au RMI comme ultime protection.

Les tris sur le marché du travail : la dictature de l'amont

Qu'en est-il de l'efficacité de ces politiques ? On pourrait en effet admettre qu'elles se déploient dans un monde

1. Dont l'inefficacité est prouvée par la plupart des travaux d'évaluation.

fait de compromis, et même de suspicions, si leur effet était clairement positif et établi. Les évaluations plus générales des politiques de l'emploi, « actives » et « passives », et combinées sont légion et elles constituent un immense champ de pratiques et de recherches [1]. Dans les pays de l'OCDE et ailleurs, des milliers d'études ont été réalisées, avec des objets et des méthodes très variées. Certaines essaient simplement de savoir si les participants à une action de politique de l'emploi, par exemple une formation d'un groupe de chômeurs, en ont profité d'une manière ou d'une autre. On peut aussi être plus systématique et appliquer la méthodologie désormais standard d'évaluation d'une politique sociale. On compare alors la trajectoire des membres de deux groupes statistiquement équivalents, l'un bénéficiant d'une mesure de politique de l'emploi, l'autre n'en bénéficiant pas. On peut enfin tenter des évaluations macroéconomiques et introduire les effets d'un ensemble de mesures dans une maquette représentant le fonctionnement d'ensemble de l'économie, ce qui permet notamment de prendre en compte les effets combinés de leur coût et de leurs apports à l'échelle d'un pays.

De toute manière, c'est plutôt la douche froide. Les évaluations des politiques de l'emploi sont, la plupart du temps, peu encourageantes. Parmi les mesures qui semblent souvent faiblement efficaces, voire inefficaces, se trouvent la formation des chômeurs et les subventions à l'emploi. Les politiques de l'emploi qui fournissent les

1. Voir, parmi de très nombreux travaux, la synthèse récente de C. Erhel, « L'évaluation des politiques de l'emploi », in J. Allouche (dir.), *Encyclopédie des ressources humaines*, Vuibert, 2003.

meilleurs résultats sont les actions de placement et de suivi individualisés, et les formations très professionnalisantes.

L'interrogation rebondit alors. Comment comprendre la persistance de politiques dont on a vu qu'elles sont assez mal acceptées et dont on vient de dire qu'elles sont à tout le moins d'une efficacité peu avérée ? À quoi servent-elles, en définitive ?

La réponse se trouve dans ce qui est susceptible de déterminer le succès ou l'échec d'une personne qui se présente à une entreprise pour se faire embaucher, dans le fonctionnement même de tout « marché du travail ». On ne le remarque pas assez, le recrutement de leurs salariés par les firmes est un processus très peu satisfaisant. Choisir un collaborateur ou une collaboratrice, c'est faire de toute manière un pari sur le futur. Quelles que soient les compétences, les garanties, et quels que soient les diplômes, personne ne peut prévoir comment telle nouvelle recrue s'intégrera dans l'entreprise, prendra ou non des initiatives, sera efficace ou non. À mesure que le temps passe, l'employeur en saura davantage, en bien ou en mal, sur les personnes qu'il a recrutées. En revanche, il ne saura, sauf exception, rien des personnes dont il a écarté les candidatures.

Il résulte de cette situation [1] deux tendances assez naturelles du côté des employeurs : tendance à recruter indéfiniment un même type de salarié qui a déjà donné satisfaction, et tendance à se fier à certains « signaux » émis par les postulants. Par exemple, un diplôme sans contenu professionnel mais difficile à obtenir est un « signal » favorable,

1. François Eymard-Duvernay et Emmanuelle Marchal, *Façons de recruter*, Anne-Marie Métailié, 1997.

de même qu'un habillement soigné. Autrement dit, il y a un problème de choix, qui pousse les employeurs à sélectionner certains critères plus ou moins arbitraires, à instaurer des routines de recrutement et à s'y tenir. S'en tenir à une tranche d'âge, éviter de recruter telle ou telle catégorie, par exemple des femmes… Ce dernier exemple est évidemment de la discrimination pure et simple. Elle a un motif, ou plutôt un prétexte, bien connu des économistes. Si les employeurs sont convaincus qu'en moyenne les femmes sont moins productives ou moins régulières au travail que les hommes (par exemple parce qu'elles prennent des congés pour garder leurs enfants malades), alors ils peuvent décider de ne plus en recruter, quelles que soient leurs qualifications. C'est ce que l'on appelle la « discrimination statistique ».

Il existe, il est vrai, des sources additionnelles d'information qui peuvent aider les recruteurs. Par exemple, supposons un employeur avec un emploi à pourvoir, qui fait face à une multiplicité de candidatures. Un renseignement supplémentaire lui signale qu'un(e) candidat(e) est vraiment excellent(e). Mais va-t-il le croire si c'est le beau-frère de cette personne qui le dit ? L'information a bien plus de valeur si elle provient de quelqu'un qui n'a aucun intérêt à faire croire en la qualité de la personne candidate. Par exemple, un client de l'entreprise à laquelle appartenait précédemment la personne candidate. L'employeur ne sera incité à recruter cette personne que dans le second cas.

D'autres éléments encore peuvent contribuer au succès ou à l'échec d'une candidature auprès d'une entreprise. Et évidemment l'état général de l'économie. Si les affaires tournent fort, les entreprises sont moins exigeantes sur le niveau des diplômes et des aptitudes. Inversement, en cas de ralentissement de la conjoncture, les entreprises peuvent se permettre de « hausser la barre » et de multiplier les critères d'élimination.

Nous en savons assez pour saisir cette vérité simple : le tri effectué par les entreprises est, par nécessité, partiellement aveugle et arbitraire. Les refus éventuels propagent leurs effets et tendent à devenir cumulatifs. Si une personne n'a pas pu être recrutée durant sa première année de recherche, les recruteurs auxquels elle s'adresse lors de la seconde année risquent fort d'être méfiants. Que peut bien valoir une personne qui n'a pas pu convaincre un employeur depuis si longtemps ? Les chômeurs voient ainsi s'amonceler les difficultés. Et ils ne bénéficient que rarement de l'appartenance à des réseaux efficaces. Ils tendent au contraire, et c'est notamment le cas des chômeurs de longue durée, à souffrir de l'isolement social et à voir se rétrécir le champ de leurs rencontres. C'est pourquoi certains travaux récents, au rebours de l'air du temps, montrent que des mesures « passives » généreuses, combinées à des mesures « actives » diversifiées, se révèlent un bon investissement[1].

Au-delà du recrutement, ce qui se passe au sein même des entreprises est parfois tout aussi défavorable et déséquilibré. Elles ont à la fois leurs salariés réguliers, un éventuel volant de salariés précaires et un flux des candidatures. La position des précaires est ici un peu meilleure, au moins à première vue. En effet, ils sont dans l'entreprise et peuvent en principe réellement faire montre de leur talent et de leur motivation. Mais qui les observe, dans quel cadre,

1. C'est l'argumentation de Peter Auer, *La Reprise de l'emploi en Europe*, BIT, 2002.

et pour quelles tâches ? S'ils sont cantonnés dans des tâches subalternes et dans un établissement périphérique, ils auront du mal à faire valoir leurs capacités.

Cela va alors dépendre des secteurs et des entreprises. L'emploi est plus ou moins stable ou instable, et il offre ou non des perspectives de promotion. C'est ce que l'on appelle la « segmentation » du marché du travail. Nous retrouvons alors les mises en concurrence et sous pression que nous évoquions dans le chapitre précédent. Selon les secteurs d'activité et les choix des firmes elles-mêmes, elles sont plus ou moins intenses et laissent subsister plus ou moins de sécurité. Les travailleurs qui ont la chance d'être intégrés dans un secteur ou une entreprise qui stabilise sa main-d'œuvre peuvent bien avoir été recrutés sans qualification particulière et bénéficier pourtant de carrières aménagées. D'autres, initialement aussi peu qualifiés mais moins chanceux, subissent au contraire des emplois moins stables et sans perspective de promotion. La possibilité de changer de filière ou d'activité va dépendre à son tour de la capacité d'initiative et de reconversion dont font montre les salariés « piégés » dans des emplois de mauvaise qualité. Elle va dépendre aussi, et de manière cruciale, des informations et réseaux dont ils disposent. Avec un rôle rapidement nocif du temps et de l'irréversibilité. Si ces salariés ne s'engagent pas rapidement sur une trajectoire de requalification, ils risquent d'être plus ou moins rapidement considérés comme obsolètes ou trop coûteux à mettre au niveau et à reconvertir.

Ainsi, d'autres catégories viennent grossir le rang des non-recrutés ou non-recrutables. Par exemple, des salariés peu, voire très peu, qualifiés, que leur firme a embauchés longtemps auparavant mais n'a pas formés, peuvent vers l'âge de 50 ans se révéler tout à fait inadaptés à de nouvelles machines qui viennent d'arriver. Si la firme s'en sépare, elle renvoie sur le marché du travail des salariés qui sont très peu « employables » et qui cumulent les signaux défavorables. Ils sont faiblement qualifiés, ils ont été rejetés, ils sont jugés, à tort ou à raison, faiblement adaptables du fait de leur âge et de leur trajectoire[1].

C'est de cette manière que se forgent la dictature de l'amont et des préjugés qui finissent par se solidifier en cercles vicieux, en désavantages cumulatifs. Les « politiques de l'emploi » prennent en charge des situations qui résultent de ces multiples choix effectués plus ou moins à l'aveuglette, et elles affrontent un mélange d'arbitraire et d'irréversibilités.

Il existe pourtant des expériences – pas du tout marginales – de retour à l'emploi réussi pour des chômeurs de longue durée ou des RMistes. Leur contribution dans les entreprises qui n'ont pas eu peur de les recruter (et qui ont souvent cherché à bénéficier des subventions venant encourager leur recrutement !) est jugée selon la plupart des témoignages tout à fait comparable à celle de travailleurs de qualification équivalente…. Il est donc possible de surmonter les préjugés. Ce qui fait non pas une mission impossible, mais une mission singulièrement difficile, dans laquelle les efforts de formation et de placement des politiques de l'emploi partent avec une série de handicaps. Manifestement, il ne suffit pas d'intervenir, il faut

1. Pour une analyse plus approfondie dans le cas de la France, voir Jérôme Gautié, « Déstabilisation des marchés internes et gestion des âges sur le marché du travail », *Document de travail du CEE*, 2002, n° 15.

intervenir avec constance, détermination, et des moyens puissants.

De l'« écrémage » au redoublement du tri

En attendant, les politiques de l'emploi doivent affronter la situation telle qu'elle résulte de l'empilement de ces décisions et blocages. Elles arrivent de toute manière trop tard. Le chômeur a en quelque sorte a priori mauvaise réputation. La personne qui a déjà un emploi et en cherche un autre est autrement plus rassurante ! Mais nous n'avons pas encore atteint le fond du problème. La prise en charge des politiques de l'emploi est, elle aussi, et quasiment *en elle-même,* porteuse d'effets qui viennent nuire à son efficacité.

Mettons-nous dans la posture de l'évaluateur, et prenons le cas d'un programme de formation des chômeurs [1]. Il y a donc deux groupes de chômeurs, qui sont au départ le plus équivalents possible. L'un bénéficie du programme, l'autre non. L'évaluation consiste, deux ou trois années après, à comparer le destin des deux groupes pour voir si le groupe des « formés » a mieux réussi sur le marché du travail.

Une série d'effets défavorables se liguent contre le groupe des « formés ». La simple *annonce de la formation* a

1. Voir sur ce point G. Schmid, « L'activation des politiques de l'emploi. Combiner la flexibilité et la sécurité dans les marchés du travail transitionnels », in J.-P. Touffut (dir.), *Institutions et croissance. Les chances d'un modèle économique européen*, Albin Michel, 2001, p. 101-105.

pour effet de suspendre ou à tout le moins de ralentir la recherche de ses bénéficiaires. Ceux-ci, se destinant à cette formation, se sont donc en quelque sorte retirés du marché du travail avant même de bénéficier du programme, alors que les personnes qui ne bénéficieront pas du programme continuent leurs recherches. Ensuite, durant le déroulement même du programme de formation, les bénéficiaires continuent de *ne pas rechercher du travail*. Les raisons en sont multiples. Par exemple, il y a des sanctions si l'on ne suit pas l'intégralité des cours, et ne pas recevoir en fin de course la certification serait l'échec de toute cette période d'investissement. À l'issue de la formation, le chômeur a *distendu les liens avec les différents milieux* dans lesquels il cherchait du travail. Et la qualification dont il bénéficie peut aussi faire apparaître sa situation de chômeur initialement faiblement qualifié : effet de *stigmatisation* qui peut affaiblir encore sa candidature. Un programme de formation des chômeurs, si bien conduit soit-il, affronte ainsi pas moins de quatre effets qui viennent entamer son efficacité, au regard des activités de recherche directes d'un groupe-témoin qui n'en bénéficie pas. Les services publics de l'emploi sont, quels que soient leurs moyens, généralement en mauvaise posture pour rivaliser avec les réseaux déjà en place.

Une vieille tentation vient parachever le tableau. Tout comme les enseignants ont souvent tendance à aider les meilleurs pour qu'ils deviennent encore meilleurs, les services publics de l'emploi ont tendance à sélectionner les chômeurs qu'ils jugent les plus « employables », à les faire profiter des services les plus efficaces et à les placer en priorité. C'est la tentation bien connue de l'« écrémage ». Elle se justifie simplement par le désir de bien faire, d'améliorer les performances de l'institution.

Normalement, cette tentation ne devrait pas jouer. Fidèles à leur mission qui est d'aider les chômeurs les plus en difficulté, les agences publiques pour l'emploi créent des dispositifs uniquement en leur faveur. Ce classement, cette « catégorisation » génèrent d'ailleurs des effets de stigmatisation. Mais la tendance à l'« écrémage » se retrouve à l'intérieur des catégories et des programmes par catégories. Dans le groupe ainsi constitué, les agents du service public de l'emploi auront tendance à aider ceux dont les chances de retrouver un emploi semblent les plus fortes…

Voici lancée la mécanique du tri redoublé. Les personnes qui ont été rejetées par le marché du travail peuvent bien bénéficier de l'aide publique destinée à compenser leur handicap, elles sont engagées dans un processus de filtrage compliqué qui risque fort de reproduire, et même de renforcer, leur mauvais classement antérieur. La gare de triage a d'ailleurs prévu une voie de sortie pour les cas les moins « employables » : la relégation, via l'inscription en tant que handicapé, ou la dispense de recherche d'emploi.

Le « profilage » et la rationalisation du tri antérieur

Les politiques de l'emploi, même sans beaucoup d'espoir ou d'effets, ne sont tout de même pas conçues pour écraser ou démotiver leurs bénéficiaires. Et elles sont censées s'opposer aux évaluations faites sur le marché du travail, pour requalifier et remotiver. C'est bien ce qu'elles font, mais dans un cadre sélectif qu'elles affrontent à chacune de leurs démarches. Une voie de sortie est actuellement explorée. Elle consiste à faire effectivement et explicitement le classement des chômeurs. Et à affecter les moyens des politiques de l'emploi, par priorité, à celles et ceux qui en ont le plus besoin, les plus éloignés de l'emploi. Les plus « employables » quant à eux peuvent alors se débrouiller seuls, en utilisant les seuls services de base.

Une telle procédure semble devenir l'arme absolue contre l'écrémage. Elle est actuellement mise en œuvre aux États-Unis, à un moindre degré en Hollande, mais rencontre de fortes réticences en Europe, et notamment en France[1]. Elle porte le nom de « profilage » ; en effet, il s'agit d'une technique statistique qui établit des « profils ». À l'arrivée, dans les services de l'emploi, une série de données sont collectées à propos des chômeurs : données personnelles tout d'abord, telles que l'âge, le sexe[2], la qualification, l'expérience professionnelle antérieure… et données plus générales ensuite, telles que le taux de chômage de la région, les perspectives d'embauche du secteur d'activité dans lequel l'emploi est recherché. Ces données qui résument en quelque sorte le profil de chaque individu sont ensuite introduites dans un modèle statistique qui

1. Voir P. Weinert *et al.*, *L'Employabilité, du concept aux politiques*, Peter Lang 2001, et B. Gazier, « L'employabilité », in J. Allouche (dir.), *Encyclopédie des ressources humaines*, Vuibert, 2003.

2. Aux États-Unis, ces données sont jugées discriminatoires et ne sont pas prises en compte. Mais de multiples données légitimes permettent de disposer quand même de l'information : par exemple, le nombre d'années de formation et d'expérience professionnelle permet de reconstituer l'âge.

calcule la probabilité de retour à l'emploi dans un délai donné[1]. Il en résulte ainsi non pas un score absolu, mais un classement par ordre décroissant d'éloignement de l'emploi : d'abord les personnes les plus éloignées de l'emploi, ensuite celles qui en sont les plus proches.

Dès lors, tout semble pouvoir revenir en ordre. En adoptant le « profilage », les politiques de l'emploi vont enfin pouvoir être déployées systématiquement en faveur de celles et ceux qui en ont le plus besoin.

Les limites de cette technique sont pourtant nombreuses. D'abord, elle ne vaut que dans des situations proches du plein-emploi, lorsqu'on peut identifier sans trop de mal les déterminants individuels des succès ou des échecs en matière de retour à l'emploi. En situation de chômage massif, les caractéristiques individuelles perdent une bonne part de leur pouvoir d'explication, et de très nombreuses personnes se retrouvent avec le même mauvais classement. Ensuite, à supposer qu'il puisse être réalisé, le classement issu du profilage dépend d'un mélange complexe de caractéristiques personnelles et de données de contexte. Il doit donc être révisé périodiquement, faute de quoi il fige les personnes classées dans un rang qui est susceptible de devenir faux. C'est pourquoi les Hollandais, qui ont instauré le « *kansmeter* », ou mesureur de chance – « chançomètre » –, se bornent à établir quatre degrés de distance à l'emploi. Les évaluations sont refaites périodiquement. Notons enfin que classer les chômeurs heurte la culture d'égalité des citoyens devant le service public. Le fait qu'ils aient des besoins différents et que les politiques

1. Aux États-Unis, on calcule la probabilité que le chômeur (la chômeuse) reste jusqu'à la fin de ses droits à indemnisation, soit six mois.

de l'emploi doivent tenir compte de ces degrés d'urgence ne doit pas conduire à établir une quelconque hiérarchie entre eux. On voit ainsi des arguments éthiques et politiques renforcer des arguments techniques à l'encontre du « profilage ».

En prenant un peu de recul, il est patent qu'il n'a rien d'une technique miraculeuse pour lutter contre le chômage. Une fois le classement effectué, il faut procéder à des entretiens, et le choix des services intensifs qui pourront bénéficier aux chômeurs sera fait par les agents du service de l'emploi. Ils le font en établissant des bilans personnels et professionnels tout à fait classiques, et en mobilisant leur propre expérience et leur propre savoir-faire.

Surtout, le « profilage » ne fait qu'entériner le résultat des évaluations et tris antérieurs tels qu'ils résultent du fonctionnement du marché du travail et de l'empilement des évaluations dont chaque chômeur a déjà été l'objet. Ensuite, le désavantage étant mesuré, donc rendu objectif, une action compensatoire est lancée. Cette procédure en deux temps a l'inconvénient d'individualiser les trajectoires et les responsabilités.

Deux injustices au moins se combinent ici. L'une est de se fonder sur les signaux étroits et arbitraires utilisés par les entreprises existantes ou passées afin de classer les individus. L'autre est de prendre ce classement comme guide pour l'action, alors qu'il dépend très largement de la conjoncture et, en quelque sorte, du nombre de places disponibles à un moment donné dans l'économie. Ce contexte est pris comme une donnée, alors que le poids des ajustements tend à reposer très largement sur les chômeurs et les travailleurs, individuellement. À eux de s'adapter. Et tant pis pour eux si l'étau se resserre. Le « profilage » est une indiscutable rationalisation du tri auquel se livrent, ensemble, le marché du travail et les politiques de l'emploi. Il n'en supprime pas l'arbitraire.

CHAPITRE 3

L'ÉGALITÉ DU XXIe SIÈCLE

En juin 1987, j'ai eu l'occasion d'effectuer un bref séjour aux États-Unis, à la recherche de documentation sur une notion qui commençait à faire parler d'elle : l'« employabilité ». L'Agence nationale pour l'emploi se demandait alors s'il fallait l'utiliser. Dans un contexte de chômage durable, les chômeurs sont de plus en plus difficiles à remettre dans l'emploi. Que peut-on dire alors d'un chômeur que l'on a recyclé et remotivé, et qui, sans trouver immédiatement un emploi, a accru ses chances de retrouver un emploi dans un avenir pas trop lointain ? Est-il légitime d'affirmer que l'on a accru son employabilité, et comment mesurer cela ? Certains dirigeants de l'ANPE pensaient que le recours à ce terme permettait de valoriser ses activités. L'ANPE n'a pas pour vocation de créer des emplois, mais elle pourrait avoir pour métier de créer de l'employabilité, ce qui est plus positif que de gérer des chômeurs.

Je savais en arrivant que les États-Unis avaient abondamment utilisé le terme, notamment durant la Grande Crise des années 1930. Certaines personnes étaient à l'époque restées au chômage pendant une dizaine d'années et n'avaient plus rien, ni logement ni ressources. Une armée de vagabonds était sur les routes. Le réflexe de certains responsables administratifs américains était de dire qu'ils étaient devenus « inemployables ». Leurs statistiques faisaient une distinction simple, binaire. D'un côté les « employables », c'est-à-dire les personnes adultes, valides et non chargées du soin d'enfants, et de l'autre les « inemployables », soit les enfants de moins de 15 ans et les personnes de plus de 65 ans, les invalides et les mères avec au moins deux enfants en bas âge. Cette coupure à la hache permettait de diriger les premiers vers des emplois publics temporaires, essentiellement des travaux d'aménagements routiers, cependant que l'on donnait aux autres de quoi se nourrir et un abri pour la nuit. Aux uns des pelles et des pioches, aux autres des couvertures et du café.

J'avais choisi la richissime bibliothèque du Congrès, à Washington, pour tenter de retrouver des documents sur cette notion. Et, de fait, j'ai été servi. Le terme était controversé, les uns disant qu'il était utile pour aider les chômeurs à retrouver un emploi et les autres disant qu'il permettait essentiellement d'imputer les problèmes de l'emploi à des déficiences individuelles, et donc de masquer les responsabilités collectives.

Une découverte m'attendait : un document sur l'employabilité était formé d'une liasse poussiéreuse de rapports successifs portant sur les années 1935 et 1936. Ils examinaient ce que devenaient les chômeurs dans une série de villes sélectionnées. Ils n'avaient probablement pas été consultés depuis ces années-là. Sur la couverture du premier de ces rapports, un tampon avait été apposé : « Secret. Ne pas diffuser. » Dans ces moments, tout chercheur fait une brusque poussée d'adrénaline.

Pourquoi mettre au secret des statistiques sur les chômeurs ? La raison était contenue dans le principal résultat affiché. Le rapport distinguait classiquement les « employables » et les « inemployables ». Oui, mais voilà. En six mois, 7 % des « inemployables » avaient trouvé un emploi. Ce qui se comprend bien. Lorsque les temps sont durs, des personnes de plus de 65 ans, des personnes atteintes d'un handicap et évidemment des mères chargées d'enfants en bas âge cherchent du travail, et certaines finissent par en trouver. Et heureusement.

On peut tirer deux leçons de cette histoire. D'abord, les gens et les sociétés sont élastiques et ne se laissent pas enfermer dans des catégories statistiques ou administratives. Ensuite, les idées sont souvent en retard sur la réalité. Il faut trouver le bon langage pour parler et pour agir. L'employabilité des années 1930 aux États-Unis n'avait pas été correctement définie, et elle était en quelque sorte en crise. Des « employables » qui ne retrouvaient pas de travail, et des « inemployables » qui en retrouvaient… Ce dernier point surtout chiffonnait les statisticiens. L'espoir hors des sentiers battus était devenu inconvenant.

L'heure de l'employabilité ?

En 1987, j'avais, dans mon rapport, finalement mis en garde l'ANPE contre le recours au terme d'« employabilité ». Bien sûr, entre 1937 et 1987, d'autres définitions avaient été formulées et utilisées. Elles n'étaient plus du type « employable/inemployable », et comportaient désormais des degrés. Améliorer l'employabilité devenait surtout : améliorer les qualifications de quelqu'un. Mais j'estimais qu'il restait dangereux d'utiliser l'idée d'employabilité pour en faire le but et le critère d'action de l'ANPE. Certaines définitions conduisaient à insister surtout sur les initiatives et les aptitudes individuelles des chômeurs, donc à abandonner une part de la responsabilité collective en ce qui concernait l'emploi. D'autres travaux allaient dans le même sens, et le débat a rapidement tourné court. L'usage du terme est resté circonscrit en France à la fin des années 1980.

Ce n'est plus le cas aujourd'hui. Le terme d'« employabilité » connaît une belle fortune. Ce n'est pas que les oppositions désarment à son endroit. Ce terme hérisse encore aujourd'hui nombre d'acteurs sociaux en France, et notamment certains syndicalistes. Ils lui reprochent de fournir un prétexte au patronat pour se défausser de ses responsabilités en matière de reclassement et de formation, chacun devant veiller à son employabilité et prendre la responsabilité de se reconvertir. Ou alors le terme suscite l'ironie. Quoi de plus virtuel, en effet, qu'une simple aptitude à obtenir un emploi, au lieu d'avoir, tout simplement, un emploi ? Le plus employable des employables est celui qui a trouvé un emploi et le conserve.

En fait, l'employabilité est désormais un terme qui résume les problèmes de notre temps. Dans notre monde fait de compétences et de tâches évolutives, l'intégration traditionnelle par la sécurité de l'emploi, on l'a bien vu, tend à devenir plus problématique. Définissons l'employabilité, provisoirement, comme la capacité à obtenir et à conserver un emploi. Si l'on raisonne en termes de trajectoires et de carrières, et non plus de postes et de statut, alors la sécurité de l'employabilité est logiquement appelée, aujourd'hui, à remplacer la sécurité de l'emploi comme objectif majeur des gouvernements.

Il ne s'agit plus seulement des chômeurs. En effet, garder quelqu'un dans l'emploi alors même que ses compétences vieillissent ou se dégradent, c'est le laisser perdre pied et dégrader ce qui lui permettrait d'évoluer dans sa carrière, c'est donc dégrader son employabilité, au sein même de l'emploi. L'insistance que l'on met de plus en plus sur les capacités d'adaptation, d'initiative et de recyclage va aussi dans ce sens. L'employabilité, c'est la capacité à demeurer autonome dans un développement de carrière, la capacité à intéresser successivement plusieurs employeurs, à changer de voie, à forger son itinéraire professionnel.

Cette évidence s'impose peu à peu. Certes, elle a tout de suite été mise au service d'un discours patronal agressif qui a été magnifiquement résumé aux États-Unis dès 1994. Un vice-président d'Intel déclarait alors à ses salariés : « Vous possédez votre propre employabilité », ce qui donne en anglais : « *You own your own employability.* » Autrement dit : à vous de jouer, vous êtes responsables de vos carrières. Chacun pour soi et le marché pour tous !

Mais d'autres formulations ont fait une place explicite à la dimension collective. Alors l'employabilité dépend étroitement du contexte dans lequel évoluent les travailleurs et suppose une action associant les services publics de l'emploi et les partenaires sociaux. En 1997, la « stratégie européenne pour l'emploi », formulée lors du sommet de Luxembourg, a retenu une version de ce type. Le but est bien d'agir par la formation et par des services de bilan professionnel et de placement. La stratégie européenne insiste sur l'intérêt d'une prise en charge précoce.

Toute personne arrivant au chômage doit, très rapidement, faire l'objet d'un diagnostic personnel et d'un suivi individualisé. D'autres actions, portant sur les entreprises, complètent le dispositif : en faveur de l'investissement, de l'adaptation des travailleurs dans l'emploi et de l'égalité entre les sexes. Dans cette version, les responsabilités collectives sont clairement posées et elles passent par l'implication des partenaires sociaux.

Nous allons en réalité vers un changement d'horizon plus vaste encore. Dans un petit ouvrage incisif, Éric Maurin, économiste et statisticien spécialiste du marché du travail, a parlé de l'« égalité des possibles [1] » pour définir l'horizon actuel de notre société, le but vers lequel elle doit tendre. Un étudiant en biotechnologies qui fait du baby-sitting dispose d'un emploi précaire et peu qualifié. Mais ses perspectives futures sont bien différentes de son présent. Quand on le compare avec un travailleur faiblement qualifié qui empile des missions d'intérim, ce qui compte n'est pas l'emploi qu'il a aujourd'hui, mais ce vers quoi il va. Les « possibles » de ces deux personnes ne sont pas égaux. Cette différence des futurs est une évidence ancienne. Elle passe au premier plan aujourd'hui parce que le regard porté sur l'emploi n'est plus le même et oblige à considérer des séquences et non plus une position unique.

Tel est le nouvel horizon de la « sécurité active ». L'employabilité a ainsi changé de sens. Ce n'est plus seulement la capacité à trouver un emploi, mais celle de construire une carrière autonome. Toutefois, un changement d'optique, si fondé soit-il, ne fait pas un projet de société. Comment cette priorité s'insère-t-elle dans le débat poli-

1. Éric Maurin, *L'Égalité des possibles*, Seuil, 2002.

tique actuel ? Peut-on dire que l'égalité du XXIe siècle sera celle de l'employabilité ? C'est ce que pensent certains des citoyens et des gouvernements qui militent contre l'exclusion et en faveur de l'intégration sociale. Telle est l'ambition des politiques d'insertion sociale : il faut rendre les « exclus » capables de participer à la vie commune, notamment en leur ouvrant l'accès à l'emploi et à une rémunération autonome. Cet objectif n'est pas suffisant. L'égalité du XXIe siècle doit concerner un ensemble plus vaste de droits et d'accès à des ressources collectives.

Quelle société voulons-nous ? un débat dépressif

Notre époque dispose d'une pléthore de propositions pragmatiques et d'utopies. Chacune définit tout ou partie d'une société souhaitable à construire. Le capitalisme n'a jamais fonctionné sans contestation, et l'imagination des réformateurs n'a jamais faibli. Les partis politiques et les citoyens peuvent aujourd'hui puiser dans un stock aussi bigarré que bien garni de doctrines, de slogans, de propositions de réformes ponctuelles ou radicales. Temps choisi, réforme de l'entreprise, participation, autogestion, revenu de citoyenneté ou « allocation universelle », « tiers secteur », « économie solidaire », « troisième voie », taxe Tobin ou encore « apprentissage tout au long de la vie »... La liste s'allonge de jour en jour.

Mais, devant ces propositions hétéroclites, un doute général et insidieux s'est installé. Notre débat social est dépressif. Le contraste est total avec, par exemple, les années 1960-1970. À cette époque, l'ambiance était favorable aux perspectives révolutionnaires ou radicales telle l'autogestion. La dénonciation des méfaits du profit était dans l'air du temps, et quiconque expliquait pourquoi le capitalisme devait et, de toute façon, allait s'effondrer, était écouté avec respect.

Les années 1980 et 1990 ont apporté bien autre chose. L'enthousiasme a changé de camp. L'effondrement de l'alternative communiste a affaibli les arguments de tous ceux qui souhaitaient transformer le capitalisme, que ce soit frontalement ou même latéralement. Et la réhabilitation du profit a été telle que la charge de la preuve s'en est trouvée inversée. Quiconque vantait les mérites d'une société flexible et dérégulée et les apports civilisateurs de l'entreprise à but lucratif était écouté avec respect. Si, en revanche, quelqu'un s'avisait de dire que l'on devait protéger la Sécurité sociale, il devait prouver ses affirmations devant un auditoire soupçonneux.

Aujourd'hui, le balancier n'est pas revenu à son point de départ. Le libéralisme n'est plus ce qu'il était. Nous avons vécu à la fin du siècle dernier le rebond de la pensée libérale et ultralibérale, et celui-ci est en passe de s'affaiblir considérablement. En 2002, les « corrections boursières » ont suivi la bulle de l'Internet. Les doutes généralisés sur la sincérité des comptes des plus grandes entreprises ont probablement sonné le glas des plaidoyers flamboyants en faveur de l'initiative privée laissée à ses propres pentes. Tout le monde ou presque est d'accord pour qu'il y ait davantage de contrôles, d'autorités régulatrices et de contre-pouvoirs.

De l'autre côté, le monde communiste a disparu, et on ne sait plus trop bien ce qu'est le socialisme. S'agit-il de promouvoir un État obèse, une fiscalité confiscatoire ? de nationaliser des firmes pour les privatiser par la suite ? Convenons que ce n'est pas très excitant. Nous vivons dans une société quadrillée de règlements et d'interventions publiques, une société stratifiée, composée majoritairement de salariés, une société qui donne la dignité à celles et ceux qui travaillent et la retire aux chômeurs et aux inactifs. Selon la formule célèbre, la lutte des classes aurait cédé la place à la lutte des classements.

Ce qui ne veut sûrement pas dire que les classes sociales ont disparu, ni que tout le monde est désormais d'accord avec des orientations libérales. Mais la contestation s'est déplacée. Divers mouvements ont pris le relais des mouvements ouvriers, politiques, syndicaux qui étaient actifs depuis le début du XIXe siècle. Cette seconde génération est faite d'écologistes, de féministes, de mouvements de protection des consommateurs, en faveur du commerce équitable, de défense des minorités ethniques, culturelles, sexuelles…

Il y a là un paradoxe. Alors que l'on constate l'omniprésence du travail et du salariat dans le capitalisme triomphant et socialisé de ce début de siècle, ces nouveaux arrivants se définissent pour l'essentiel sans référence au monde et aux problèmes du travail. C'est qu'ils opèrent un mouvement tournant et identifient de nouveaux enjeux qui débordent l'affrontement capital/travail en entreprise : parmi eux, la pollution, les inégalités hommes-femmes et l'organisation du temps.

Ainsi, dans les débats actuels sur la société future ou la société souhaitable, ce n'est pas le vide qui menace, mais un trop-plein déprimant. Les propositions anciennes persistent, et de nouvelles continuent à apparaître, donnant le sentiment d'un décalage constant avec les défis de notre quotidien. Le cycle des promesses et des déceptions a fait place au doute. Toutes ces bonnes idées, ponctuelles ou globales, faut-il choisir entre elles, comment éventuellement les combiner, faut-il autre chose ?

Deux alternatives trop courtes

Si l'on tente de mettre de l'ordre dans les propositions le plus fréquemment avancées, on rencontre une série de dilemmes ou d'alternatives : ou bien, ou bien. Déréglementation ou réglementation renforcée : une première alternative oppose les tenants du retour en arrière aux partisans du saut dans le vide. Le travail se précarise ? Rétablissons par la loi et l'intervention de l'État les garanties dont jouissaient les travailleurs stabilisés il y a trente ou quarante ans, l'emploi à vie, la carrière à l'ancienneté ! Imposons l'interdiction de licencier. Et affirmons sans ciller que le modèle doit être généralisé à tous ! Peu importe si le noyau ainsi constitué se fige dans ses compétences et ses routines à l'heure de la concurrence mondiale et si les précaires demeurent enfermés dans leur circuit instable.

D'autres rétorquent que tout ceci est passéiste, que l'avenir est dans la dérégulation complète du marché du travail : liberté de contracter à n'importe quelles conditions, suppression des salaires minima, des indemnités de licenciement, des limitations d'horaires… Leur espoir est que cette « flexibilité » généralisée résorbe automatiquement le chômage. Alors que précisément cela n'a rien d'automatique et que les risques de polarisation et d'inégalités sont multipliés dans ce cas de figure.

Cette alternative est obsolète. Partout dans le monde, la tendance actuelle du marché du travail est à un accroissement du poids des lois et des juges. On le constate notamment aux États-Unis, où par exemple l'arsenal des dispositions antidiscriminatoires est devenu impressionnant. Ce n'est pas la crise de confiance dans les cabinets d'audit et dans la sincérité des comptes des grandes firmes qui va renforcer les partisans du tout-dérégulé. Il y a et il y aura sans doute des excès dans la surréglementation, mais l'accord prévaut largement : une autorité de marché est nécessaire, tout comme des règles et normes communes qui s'imposent à tous.

Faut-il pour autant, devant le chômage, rêver de « l'emploi à vie » ? C'est une réalité pour les fonctionnaires, et cela ne suffit pas toujours à rendre leurs carrières attractives. Pour les firmes privées, rappelons qu'il s'est toujours agi d'une fiction, même au Japon. La sécurité de l'emploi dans les très grandes firmes japonaises n'a jamais concerné qu'un tiers des salariés de ce pays, et surtout elle s'interrompait bien avant la retraite. Les salariés en fin de carrière se voyaient proposer des emplois moins bien payés et offrant moins de garanties, chez les sous-traitants par exemple.

On voit bien que la perspective de rester toute sa vie dans la même entreprise ou dans le même type de poste n'attire plus de la même manière les générations montantes, sensibilisées à la question de la qualité de l'emploi et à la recherche de carrières variées. Au bout du compte, de nombreuses personnes pourront bien rester longtemps, voire toute leur vie professionnelle, dans le même groupe ou la même entreprise. Mais cela ne constitue plus l'horizon normal ou l'espoir central. Les fonctionnaires eux-mêmes aspirent à une mise en mouvement de leurs carrières.

Posé dans les termes de l'alternative dérégulation/re-régulation, le débat est trop court. Nous vivons un processus compliqué qui combine les deux options. Toute la question est de savoir ce qui doit faire l'objet de réglementation et de lois, et jusqu'à quel point.

Un second dilemme, actuel, oppose les tenants de l'Allocation universelle (ou du « revenu de citoyenneté ») à ceux qui veulent désormais lier le plus étroitement possible emploi et garantie de revenu. Nous croisons ici un grand projet. Le débat n'en est pas plus satisfaisant pour autant.

L'emploi n'est plus ce qu'il était ? Nous sommes riches, protégeons les citoyens directement en leur accordant à tous, sans la moindre discrimination, un revenu garanti inconditionnel. Que les milliardaires et les clochards en bénéficient pareillement. Ensuite, chacun fera ce qu'il voudra, à l'abri de la menace de la pauvreté. L'idée de l'Allocation universelle est simple, généreuse, et hante depuis longtemps les économistes et les réformateurs sociaux. Deux versions différentes sinon opposées peuvent tout de suite être distinguées : celle qui voit dans cette institution le tremplin vers un monde non marchand, où s'épanouiront les rapports interpersonnels délivrés du besoin ; et celle qui souligne que la contrepartie naturelle de ce revenu garanti universel est l'accès de tous à des marchés libres et concurrentiels, les protections et règlements étant devenus inutiles compte tenu du filet de sécurité garanti.

L'Allocation universelle est ainsi une utopie, mais basse pression, parce qu'elle est à notre portée et ne suppose aucune révolution préalable, aucune prise de pouvoir. Après tout, n'avons-nous pas multiplié en France, par exemple, les revenus minima, destinés à des catégories hétéroclites ? Il faudrait mettre à bas leur administration bureaucratique et supprimer toutes ces occasions de contrôles et vérifications tâtillons. L'État français « filtre » à peu près 50 % du revenu national, sous forme de prélèvements et de restitutions. Ne serait-il pas plus simple de supprimer tous ces programmes catégoriels, de même que les cotisations et prestations sociales, pour laisser chacune et chacun s'organiser et cotiser comme il ou elle l'entend ? Une gigantesque rationalisation de la protection sociale serait ainsi juste au coin de la rue. Pas de grand soir, juste un petit matin efficace et quasi chirurgical.

Sans entrer ici dans une discussion extensive de cette proposition tout à fait passionnante, qui a rallié aussi bien des postmarxistes que des libéraux, et des réformateurs de toute obédience, restons-en à quelques observations sur son orientation générale. L'Allocation universelle propose une stratégie de déconnexion radicale entre le travail et le revenu. On aide les gens indépendamment de toute prise en considération de leur activité. Sont-ils en emploi, inactifs, chômeurs, peu importe. Cette stratégie est-elle crédible ?

Il y a d'abord la modicité du niveau de revenu garanti envisagé par la plupart des simulations chiffrées : de l'ordre de 500 euros par mois. Surtout, un vrai problème logique apparaît. Les partisans de l'Allocation universelle disent qu'elle est de nature à créer une société solidaire et bien ordonnée. Mais imaginons qu'elle soit réalisée et que les comportements intéressés restent dominants. Certains employeurs se sentiront fondés à proposer aux travailleurs peu qualifiés des emplois encore plus mal payés puisque ceux-ci sont aidés par le revenu minimum. Ce sera le chacun pour soi. En fait, l'Allocation universelle présuppose que sont donnés au départ les comportements non marchands et émancipés qu'elle est censée favoriser si l'on veut éviter la promotion d'un monde de flexibilité marchande et d'égoïsme généralisés.

Il en découle un sentiment de forte gêne vis-à-vis de certaines conséquences qui consistent précisément à éliminer des institutions ou des organisations qui encadrent l'action collective. Un de ses plus chauds partisans, le Belge Philippe Van Parijs, pourtant d'origine marxiste, mentionne ainsi la suppression des syndicats comme contrepartie nécessaire de l'instauration de l'Allocation universelle. Il estime que si tous les travailleurs sont mis à égalité grâce à ce revenu garanti quoi qu'ils fassent, il n'est nul besoin d'organisations ou de regroupements venant peser sur la concurrence qui doit jouer en matière d'emplois et de salaires. En fait de « circuit court » censé permettre de passer sans douleur d'un monde dépendant et inégalitaire à un monde plus autonome et plus solidaire, l'Allocation universelle représente, considérée isolément, plutôt un « court-circuit ». Cela n'enlève pas leur actualité aux réflexions et propositions qui visent à étendre des garanties de revenu. Ce qui est gênant, c'est de les considérer isolément.

Cette stratégie a un double inversé : et voici l'autre branche de l'alternative, celle qui consiste à lier le plus possible le versement de l'aide au constat d'une activité de travail, et de préférence à temps plein. C'est la subvention systématique à l'emploi, outil d'une reconnexion systématique entre travail et revenu garanti. Alors que la plupart des partisans de l'Allocation universelle se recrutent en Europe, les États-Unis ont expérimenté assez largement la seconde stratégie. Et ses avocats sont pour la plupart américains. Il s'agit tout simplement de compléter le revenu des travailleurs pauvres par une subvention qu'ils ne touchent que s'ils travaillent à temps plein. Évidemment, les personnes qui ne travaillent pas, ou seulement à temps partiel, pourront elles aussi bénéficier d'aides : mais ces aides ne seront ni systématiques ni aussi avantageuses.

Il suffit donc de définir un seuil de salaire au-dessous duquel on intervient, et de compléter, de manière modulée, les revenus de tous les travailleurs qui sont au-dessous de ce seuil. Un exemple concret de ce type d'intervention est le programme « Earned Income Tax Credit » mis en place par les États-Unis dès 1975 et étendu au début des années 1990. Il est massif et concerne désormais 20 millions de bénéficiaires dont il complète les revenus salariaux sous la forme de versements complémentaires. En somme, une forme d'« impôt négatif » par lequel l'État verse des sommes à certains contribuables au lieu d'en prélever.

Les conséquences de la subvention à l'emploi à temps plein ainsi conçue ne sont pas exagérément progressistes : la reconstitution de la famille traditionnelle avec le maintien des femmes dans des carrières de seconde zone ou même leur renvoi au foyer… l'homme mal payé, salarié à temps plein, apportant quand même à sa famille un gain minimal. C'est la philosophie explicite de l'un de ses plus fervents avocats, Edmund Phelps[1]. Cette subvention, qui

1. Edmund S. Phelps, *Rewarding Work, How to Restore Participation and Self-support to Free Enterprise*, Harvard University Press, 1997.

permet ici encore aux employeurs de disposer indéfiniment d'un volant de main-d'œuvre mal payée, est ainsi en contradiction avec l'un des buts les plus constants de la société américaine, qui est de permettre à chacun de conquérir son autonomie complète sur le marché du travail.

Depuis peu, la France expérimente un dispositif du même type, pour l'instant de taille plus modeste. C'est la « prime pour l'emploi ». Celle-ci est venue en 2001 renforcer la politique en faveur de l'emploi des personnes faiblement qualifiées. La « prime pour l'emploi » est une ristourne d'impôt destinée aux personnes travaillant à temps plein ou à temps partiel. Elle démarre à 0,3 SMIC, croît jusqu'à ce que le niveau du salaire rejoigne le SMIC, pour décroître ensuite et s'annuler à partir de 1,4 fois le SMIC. Elle représente, pour un salarié au niveau du SMIC, 6,6 % de son salaire, soit 684 euros par an. Elle a pour but d'inciter les travailleurs à accepter des emplois faiblement rémunérés ou à temps partiel. En somme, des travailleurs du bas de l'échelle sont subventionnés pour aller travailler, et leurs employeurs sont quant à eux subventionnés pour les recruter. Une catégorie spéciale de travailleurs ?

De nouveau, le débat lui-même est trop court. La nécessité de protection des travailleurs et de revenus minima n'est pas en cause, mais c'est précisément le reste qui est intéressant : ce avec quoi on combine ces garanties, quel type de carrière, quel type d'emploi, quelles solidarités, quelle organisation.

Les trois raretés de notre époque

Prenons un peu de recul. N'avons-nous pas durci ces deux alternatives pour les rejeter, en suggérant qu'elles nous laissent le choix entre la jungle et le régiment ? En fait, elles dépendent de modes de pensée qui sous-estiment ou même ignorent les problèmes économiques majeurs de notre époque, qui sont des problèmes de coordination, de communication et d'intégration.

On a pu penser un temps qu'en notre époque d'abondance, dans notre société de communication, ce qui déterminait la vie de chacune et de chacun n'était plus la nécessité de gagner sa vie, mais bien de lui donner sens. Protéger l'environnement, manger sain, intervenir en tant que citoyen, affirmer une identité culturelle étaient autant de priorités nouvelles érigées sur la conquête d'un revenu décent et d'une sécurité minimale de l'existence. Après l'âge du besoin, celui du désir ; après le quantitatif, le qualitatif. Comme si le monde de la production matérielle avec ses exigences était derrière nous. Il appartiendrait à un âge industriel révolu, âge de fer où l'humanité était contrainte d'affronter l'avarice de notre planète, le manque et la rareté de la nourriture et des objets. Nous serions désormais, du moins pour les pays développés, dans l'ère des services et des relations interpersonnelles. Et l'économie, cette « science sinistre », avec ses calculs mesquins, pourrait laisser la place à d'autres préoccupations que la hantise de manquer et l'obsession de la concurrence.

Tout n'est pas faux dans ce tableau, mais beaucoup. Le monde de la rareté n'est pas derrière nous. Bien au contraire, de nouvelles raretés ont été révélées dans l'économie et la société. Elles ne sont plus seulement dans les objets. Elles sont en nous, subjectives, ce qui ne veut pas dire évanescentes, mais implantées au plus profond de nous-mêmes. Trois sont particulièrement éclatantes, et elles ont été mises en évidence par trois grands économistes contemporains, trois prix Nobel aux orientations politiques tout à fait différentes. La rareté du *temps* a été analysée par l'économiste américain ultralibéral Gary Becker, la rareté de l'*attention* a été l'apport principal de Herbert Simon, économiste américain lui aussi, mais souvent en faveur de l'intervention collective, et finalement la rareté de la *liberté* est le thème central de l'œuvre de l'Indien Amartya Sen, héraut du tiers-monde face à l'inconscience des pays nantis et partisan de réformes radicales.

Face à l'amas des richesses produites et susceptibles d'être consommées, une chose, et peut-être une seule chose, ne s'accroît pas : le temps pour vivre et pour les consommer. Quels que soient les progrès de la médecine, l'allongement de l'âge de la vie est totalement insuffisant à cet égard. Nous pourrons bien passer à une espérance de vie de 90 ans, 100 ans, voire 110 ans, comment écouter tous les disques de musique qui sortent aujourd'hui ? et effectuer tous les circuits touristiques proposés par les « tour-operateurs », et essayer tous les restaurants, tous les vins… Ce défi ne prend sens bien sûr que si l'on dispose de l'argent nécessaire à ces consommations. Mais il est d'autant plus provocant que l'on a d'argent. Plus le consommateur est riche, plus il est pressé. Gary Becker a expliqué pourquoi dans une analyse célèbre. Si toutes les ressources s'accroissent sauf une, qui est toutefois nécessaire à la consommation, alors le « prix implicite » de cette ressource s'accroît. C'est-à-dire ce que l'on est prêt à payer pour en obtenir davantage.

La tendance à l'élévation du prix implicite du temps se manifeste individuellement lorsqu'un consommateur s'enrichit, et aussi collectivement lorsqu'une société est globalement en croissance. Dans les deux cas, on observe des comportements d'économie du temps, de recherche d'objets qui permettent d'économiser du temps. Par exemple, l'arrivée des robots ménagers, le triomphe des boîtes de conserve ou des « *fast-foods* » manifestent un souci de réduire le temps de préparation des repas.

Pour les plus riches, l'attitude la plus efficace est celle qui consiste à consommer un maximum de choses en un minimum de temps, et si possible de manière ostentatoire. Ainsi, prendre un avion privé pour aller sur une île tropicale jouer au golf avant de prendre un apéritif sur un yacht est un bon programme de lutte contre la rareté du temps si l'on est très riche... Mais, plus modestement, le succès des baladeurs qui permettent d'écouter de la musique tout en se déplaçant est une autre manifestation du souci d'économiser le temps. Il y a depuis la nuit des temps cette barrière aux possibilités de consommer, et plus généralement d'agir et de vivre, mais aujourd'hui c'est l'abondance des biens et des services qui la révèle et en quelque sorte la rend désormais perceptible tous les jours. Gary Becker pose, avec optimisme, que tout un chacun optimise la gestion de cette ressources rare qu'est le temps.

Herbert Simon critique ce point de vue et, par là, approfondit l'analyse en la faisant déboucher sur une seconde rareté bien plus importante encore : celle de l'attention. Comment savoir si une consommation est la plus satisfaisante, si une décision est la meilleure ? Il faut considérer les alternatives possibles et s'informer sur les avantages et les inconvénients de chaque solution. C'est ce qui rend intéressantes les critiques d'émissions de télévision que l'on trouve dans les journaux. Les commentaires qui sont présentés permettent de sélectionner les « produits » que l'on va consommer selon ses propres goûts. On a toujours le risque d'être déçu, mais du moins, dans la variété de ce qui est disponible, on a tenté de faire un tri. Le problème est évidemment que l'on n'a pas non plus le temps de lire et comparer toutes les critiques d'émissions de télé ou de films… et du reste, si l'on disposait de ce temps, on serait submergé par la quantité d'informations à assimiler, qui sont aussi le plus souvent disparates, divergentes et contradictoires. Sans compter que le plaisir de la découverte s'estompe – il existe même des critiques qui ne résistent pas à l'envie de raconter au lecteur la fin de l'histoire. Derrière le temps, c'est la capacité d'attention du cerveau humain qui est limitée.

Herbert Simon a passé sa vie à étudier les réponses individuelles et collectives à cette rareté, qui elle aussi devient de plus en plus visible dans notre société de communication. Les réponses individuelles ne seront pas des décisions optimales prenant en compte le prix implicite du temps, comme le croit Gary Becker, mais simplement des adaptations séquentielles, au coup par coup, avec recherche d'une situation jugée satisfaisante – pas la meilleure possible, mais la première qui est au-delà d'un seuil d'exigence minimale.

Les réponses collectives, les plus importantes selon Simon, sont la création d'organisations et d'institutions permettant de déployer une intelligence collective et d'accumuler une expérience et un savoir-faire très au-delà de ce que peut faire une personne isolée. Simon n'a guère écrit sur la consommation, mais il s'est consacré à l'étude des dispositifs collectifs qui selon lui permettent d'instaurer un horizon de long terme pour une communauté donnée : grandes firmes, administrations étatiques, programmes internationaux…

Mais qui est le plus à même de faire fonctionner son intelligence et de participer aux réseaux collectifs générant et traitant les informations utiles ? Sûrement pas le pauvre, le faiblement qualifié, le mal-nourri et le mal-logé. Celui-ci est prisonnier de l'instant, contraint à des décisions de court terme, peu ou pas informé de ses droits et des opportunités que pourrait lui offrir la société. Peut-être le pauvre a-t-il du temps libre, en tout cas il n'est pas pressé pour consommer les quelques biens et services rationnés auxquels il a accès. Mais son temps est marqué par l'irréversibilité, ou par des enchaînements difficilement réversibles. La pauvreté n'est pas un manque temporaire d'argent, mais une série de vulnérabilités qui s'accumulent et souvent se transmettent de génération en génération.

Et la capacité d'attention des personnes en pauvreté est faible. Par une boucle inattendue, nous voici de nouveau face aux hantises immémoriales de la famine, de la maladie, du dénuement. C'est tout l'apport d'Amartya Sen que d'avoir montré qu'il n'y a pas lieu de distinguer, au fond, entre la pauvreté des pays riches et celle des pays pauvres. Dans les deux cas, ce qui caractérise la pauvreté, c'est le manque de liberté dans les grands choix de la vie.

Ultime rareté, sans doute, la rareté de la liberté dépend d'abord de la position de dépendance que l'on peut subir dans une société donnée. Sen a beaucoup étudié les famines dans les pays en voie de développement, notamment au Bangladesh. Il a montré qu'elles ne découlaient pas d'un manque absolu de ressources alimentaires, au sens où, strictement, « il n'y en aurait pas pour tout le monde ». Ce qui tue, ce sont les stratégies d'accumulation et les flambées des prix. Celles-ci apparaissent dans un contexte défavorable, de mauvaises récoltes par exemple. Alors un processus d'inquiétude générale et d'accaparement par les plus riches laisse démunis les plus vulnérables.

La question peut bien être de savoir ce qui nous mène dans un choix donné, l'inconscient, une affirmation d'amour ou de haine, une rivalité. En ce sens, on est rarement libre… Mais ce sont là dépendances de luxe, et les choses sont ici infiniment plus simples et politiques. Sen propose de raisonner en utilisant le terme de « capabilités », c'est-à-dire de capacité, non seulement à se nourrir, à se loger, mais aussi à intervenir dans les décisions qui engagent la vie de la communauté. La lutte contre la misère passe alors par la recension et l'accroissement de ces « capabilités ».

Rareté du temps, de l'attention et finalement de la liberté : face à l'abondance des objets, des biens et des services, la rareté n'a pas disparu, même dans les pays riches. Simplement, la nouvelle barrière à laquelle nous nous heurtons est intérieure, mentale et sociale. Elle vient se surajouter à l'ancienne, qu'elle ne supprime pas. Il en découle pour nos sociétés, et finalement pour le monde entier, quel que soit son degré de développement, d'intenses problèmes de coordination, de communication et d'intégration, qui doublent et dépassent ceux de la production matérielle et de sa diffusion. Penser qu'ils seront résolus par une généralisation des relations de marché, avec ou sans l'appui d'une protection du revenu, c'est en méconnaître l'ampleur et la profondeur.

De John Rawls à Ronald Dworkin : le retour de l'égalité

La philosophie sociale d'aujourd'hui est dominée par le débat entre deux philosophes américains : John Rawls et Ronald Dworkin. Ces deux immenses auteurs s'intéressent aux principes qui gouvernent une société juste. Disparu en novembre 2002, John Rawls[1] a donné une définition célèbre de la justice sociale. Elle résulte de deux principes. Le premier est l'instauration de libertés égales pour tous. Et le second est l'acceptation d'inégalités tant qu'elles sont à l'avantage des plus défavorisés. En somme, Rawls met les inégalités sous surveillance. Il pense qu'elles sont nécessaires pour stimuler l'initiative privée, et qu'elles sont à limiter lorsqu'elles ne profitent pas à la communauté, représentée par les plus démunis. Ronald Dworkin[2] plaide quant à lui en faveur de l'égalité des ressources. Il ne veut pas dire l'égalité des modes de vie ni des revenus, ni même l'égalité des chances. Les ressources sont les dotations économiques de base (argent ; biens appropriables) dont chacun dispose pour mener sa vie entière. Les uns peuvent être ambitieux et les autres contemplatifs. Ce qui peut les

1. John Rawls, *Théorie de la justice*, trad. fr. Seuil, 1987 (première édition anglaise en 1971).
2. Ronald Dworkin, *Prendre les droits au sérieux*, trad. fr. PUF, 1995 (première édition anglaise en 1977).

conduire à des niveaux de vie différents à partir d'une dotation équivalente. Dworkin est partisan d'une nette politique de redistribution par les impôts, qui permette périodiquement à chacun de tenter un nouveau départ et de choisir son mode de vie. L'un privilégie la liberté et l'intégration des plus démunis. L'autre retrouve la vieille tradition française de l'égalité citoyenne, il prône directement l'égalité et affirme qu'elle est la base de la liberté.

Rawls nous suggère de nous mettre à la place des plus pauvres. Il faut pour ceux-ci autant de libertés de base que pour tous les autres ; d'autre part, les inégalités sont tolérables à une condition : si elles sont la contrepartie du développement d'ensemble de la société et si elles entraînent des retombées en faveur des pauvres. Ce qui est frappant dans cette option, c'est son indifférence à l'organisation de la vie des citoyens « normaux », ceux qui ne sont ni « gagnants » ni « perdants ». La société peut fonctionner selon une logique de type capitaliste libéral ou plus social-démocrate, ce n'est pas la question essentielle dans cette logique. Le point clé est que les inégalités emmènent l'ensemble des membres vers une prospérité globale accrue, et que les plus pauvres en profitent, même un tout petit peu. En somme, la liberté est première dans la philosophie rawlsienne : et l'égalité relève d'une sorte de police d'assurance pour garantir un minimum en cas de coup dur.

On peut au contraire s'interroger tout de suite sur la compatibilité des plans de vie de l'ensemble de la population. Dans cette seconde logique, on insiste sur l'interdépendance des actions entreprises par les différents membres de la communauté. Si je choisis d'investir et réussis à gagner beaucoup d'argent dans une activité, je ruine vraisemblablement d'autres membres qui ont choisi d'exercer la même activité sans investir autant. C'est ce qui autorise à dire que dans nos sociétés la redistribution par l'impôt doit obliger les plus actifs et les plus doués à ne recueillir qu'une part de leurs efforts et de leur réussite, et à laisser l'autre à la collectivité. Cette option est ainsi en phase avec les préoccupations que nous avons soulignées plus haut : la rareté du temps, de l'attention et de la liberté. Les interdépendances sont grandissantes entre les différents membres d'une société. Dans ce contexte, l'affirmation d'une priorité à la liberté est vide de sens si l'on ne précise pas sur quelles bases celle-ci se construit.

La liberté, jointe à un très gros chèque en blanc donné à l'inégalité ? Tout risque de se terminer dans la compassion pour les marginaux et les perdants. On peut préférer avec Dworkin une argumentation très différente. Elle prend en compte la liberté au centre d'une philosophie égalitaire. Elle se manifeste par un ensemble de décisions coordonnées dans lequel les gens assument leurs ambitions et leurs projets, ainsi que leur appartenance à une communauté. La société juste est ainsi la société qui combine liberté d'initiative et discussion sur ses répercussions. La liberté est nécessaire à l'égalité, non pas parce qu'elle constituerait une ressource séparée à préserver séparément, mais parce qu'elle seule permet de définir l'égalité.

À travers ce débat rapidement esquissé sur les grands principes de philosophie sociale, ce qui se joue est ainsi le retour de l'égalité, après des dizaines d'années d'éclipse. Valeur phare des pensées de types très divers : républicaine, socialiste, anarchiste ou communiste, l'égalité a été souvent brandie comme un drapeau. Ses adversaires l'ont vilipendée au nom de la liberté d'entreprendre, en la réduisant à une obsession de niveleur, à une jalousie des médiocres à l'égard de ceux qui agissent et réussissent. Le point d'orgue de cette descente aux enfers a probablement eu lieu à la fin des années 1980 et 1990, avec la poussée des idées libérales et ultralibérales.

La sollicitude rawlsienne se penchait sur les exclus dans une société présupposant l'égalité et valorisant la liberté ; nous devons désormais prendre une autre boussole. Nous sommes fondés à reprendre la discussion qui a eu lieu en France au début du XXe siècle lors de l'instauration de l'impôt progressif sur le revenu, celle-ci étant dans le droit-fil de la déclaration des droits de l'homme et du citoyen. L'égalité, peut-être en un sens nouveau, doit être au cœur des valeurs et des options qui assurent que la société ne laisse personne sur le bas-côté. La piste ouverte par Dworkin vaut d'être poursuivie. Au nom de l'égalité des ressources et de la liberté de les utiliser, elle invite à se centrer sur le soutien que les gens ordinaires, ceux qui travaillent pour gagner leur vie, peuvent apporter ou refuser à leurs institutions, leur gouvernement et leur économie.

Des « risques manufacturés » à la « troisième voie »

Ces grandes options de philosophie politique doivent être confrontées au défi majeur de notre époque : la gestion du risque et la protection sociale. Suivons ici deux guides, deux sociologues spécialistes des transformations politiques et culturelles, l'Allemand Ulrich Beck et l'Anglais Anthony Giddens.

Dès 1986, Ulrich Beck écrivait *La Société du risque*[1]. Sa thèse centrale est que les risques auxquels nous devons faire face ont changé, tant sur le plan quantitatif que sur le plan qualitatif, et que ces changements bouleversent notre façon de faire de la politique. Les risques environnementaux par exemple se multiplient et posent des problèmes d'identification et de décision inédits. Le risque naturel en tant que tel existe de moins en moins, ce sont les interdépendances entre les hommes qui créent le risque à partir d'événements naturels. Lorsque des immeubles s'effondrent à la suite d'une inondation, la recherche des responsabilités va de l'enchevêtrement des dérèglements climatiques à des spéculations immobilières. Et les interconnexions entre marchés, par exemple financiers, font que les déséquilibres peuvent se propager à une vitesse jamais vue. Notre capacité de réaction s'est accrue, mais la capacité de contamination aussi.

Anthony Giddens a forgé pour ces risques nouveaux l'expression de « risques manufacturés », voulant bien dire par là qu'ils résultaient non plus du caprice de la météo mais de l'action humaine. Ceux-ci apparaissent désormais aussi, et de plus en plus, sur le marché du travail. On pouvait autrefois considérer le climat des affaires comme une sorte de météo plus ou moins favorable, qui pouvait créer du chômage puis le résorber. Désormais, les interdépendances sont plus visibles – sans malheureusement que l'on puisse neutraliser le cycle économique ! Et, plus concrètement, parmi les « risques manufacturés » figurent les pro-

1. U. Beck, *La Société du risque*, Aubier, « Alto », 2001 (première édition allemande en 1986).

blèmes de reclassement qu'affronte un couple lorsqu'un des conjoints a obtenu une mutation dans une région différente de celle où il réside et que l'autre doit abandonner son emploi pour tenter d'en retrouver un dans cette nouvelle région.

Dès lors, la grande question est celle du traitement de ces risques nouveaux. Il ne peut s'agir de les couvrir tous par une assurance de type traditionnel. En réponse à ces nouvelles incertitudes, une tendance forte de notre époque est à la surprotection. Les victimes se retournent contre les grandes institutions chargées de les protéger, qui elles-mêmes se défaussent en imposant des mesures drastiques, comme on l'a vu à propos de la maladie du prion. Une telle attitude nourrit à la fois la passivité et la revendication. Ces nouveaux risques posent avant tout un défi de prévention et de démocratie. Pour les affronter, il est nécessaire que les individus soient correctement informés, perçoivent le danger sans trop le déformer et y répondent activement, chacun à son niveau. L'enjeu est ainsi, précisément pour armer les gens, de favoriser la prise de certains risques, notamment le risque d'entreprendre et d'innover.

Anthony Giddens a sans doute développé à ce jour la perspective la plus ambitieuse de renouvellement de la pensée politique européenne en tenant compte de ces données nouvelles. Il l'a fait en proposant ce qu'il a appelé la « troisième voie », qui est selon ses propres termes une « tentative de transcender à la fois la social-démocratie à l'ancienne et le néolibéralisme [1] ». Cette reformulation de la social-démocratie vise à répondre aussi bien à la dépolitisation croissante de nos sociétés qu'à la crise de la famille

1. A. Giddens et T. Blair, *La Troisième Voie*, *op. cit.*

et aux urgences de l'environnement et du développement. Le noyau central porte sur la protection sociale. Giddens considère ainsi que la prise de risque ne doit pas se limiter aux entrepreneurs mais doit s'étendre à tout participant au marché du travail.

En matière sociale, la « troisième voie » peut se définir par un refus, un recalibrage et une priorité. Le refus est celui des deux exclusions qui menacent nos sociétés : celle des pauvres, bien sûr, mais aussi celle des très riches qui s'enrichissent encore davantage et ainsi tendent à former une caste. L'« exclusion des élites » est volontaire, elle conduit des groupes de privilégiés à vivre en marge des institutions et de la vie commune, par exemple repliés dans des forteresses résidentielles. Il y a donc une double exclusion, celle des élites et celle des démunis, qui doit être combattue par la redistribution et le maintien d'un haut niveau de dépenses sociales. Giddens précise qu'il peut baisser quelque peu mais doit rester plus proche des niveaux européens actuels que du niveau bien moindre constaté aux États-Unis. Toutefois, l'État-providence doit être réformé et recalibré. L'État en général est trop dirigiste. Les prestations sociales doivent cesser d'engendrer une culture de la passivité. Pour cela, il faut qu'elles incitent à prendre ou garder un emploi. Si l'incitation se révèle insuffisante, des obligations légales devront prendre le relais. La priorité enfin est celle de l'éducation et de la formation professionnelle. L'État a ici, selon Giddens, une responsabilité historique, et il doit désormais cesser d'être un protecteur incitant à la passivité pour devenir un « investisseur social ». Chacun étant détenteur de son propre « capital humain », l'aider à développer et diversifier celui-ci permet d'accroître son autonomie sur le marché du travail.

Nous retrouvons alors l'employabilité, au cœur d'un projet politique. Il s'agit d'« équiper » les gens pour le marché, en leur donnant un patrimoine d'aptitudes et de compétences riche et diversifié, qui leur permettra de ne pas dépendre d'une entreprise ou d'un statut. La tâche de l'État est donc double : créer les conditions de la formation pour tous, soit en organisant directement la formation (pour les moins qualifiés), soit en favorisant les accords et les financements des partenaires sociaux (pour les plus qualifiés), et permettre la circulation des travailleurs en assurant la certification des compétences acquises. À long terme, il s'agit de fabriquer des travailleurs capables de rompre avec la subordination et de se réapproprier leur parcours professionnel. Ces grandes orientations convergent ainsi vers la recherche d'une protection sociale positive favorisant les initiatives et la prise de risque.

La politique menée par Tony Blair depuis 1998 à l'égard des jeunes Britanniques, le « New Deal », concrétise assez clairement le type d'action que préconise la « troisième voie ». Le dispositif s'adresse à des jeunes non qualifiés, au chômage et démotivés. Il prévoit une période préalable de conseils personnalisés et de bilan professionnel, durant quatre mois. À l'issue de cette période, si le jeune n'a toujours pas trouvé de travail, quatre options lui sont offertes : un emploi subventionné dans le secteur privé lui permettant un apprentissage, d'une durée de six mois ; un travail dans des activités de préservation de l'environnement, accompagné d'une formation ; un travail dans le milieu associatif, lui aussi accompagné d'une formation ; ou enfin une année de formation à temps plein. Et surtout, selon la phrase martelée par Tony Blair : « Il n'y a pas de cinquième option. » Le mélange d'incitations, de subventions et d'obligations est ainsi exemplaire du recalibrage de l'État-providence sous le signe du développement de l'employabilité.

« Préparez votre parachute »

Le « New Deal » et ses justifications doivent être pris au sérieux. Ils constituent une tentative très aboutie et systématique d'adapter la social-démocratie aux nouvelles conditions du monde développé. Dans la plupart des pays européens, des politiques de ce type sont menées par des gouvernements de tous bords, qu'ils soient socialistes ou conservateurs. État-providence allégé, recherche d'incitations renforcées, investissement dans la formation… ces réponses communes sont avancées un peu partout, mais au nom du pragmatisme. L'intérêt des formulations d'Anthony Giddens est qu'elles vont plus loin et affirment une cohérence d'ensemble.

Sans doute pour cette raison, ces conceptions ont reçu en Europe continentale un accueil froid sinon carrément hostile, et elles ont motivé davantage de rejets que de discussions. Créditons d'abord Giddens d'avoir posé un diagnostic pertinent avec ses analyses des impasses du néolibéralisme et de la social-démocratie à l'ancienne, et sa conception des « risques manufacturés ». Au fond, les réponses qu'il propose reviennent à doter les gens d'une sécurité supplémentaire, celle de l'employabilité individuelle. Il plaide en faveur d'un État-providence nouveau, allégé, fondé sur l'accumulation et la mise en valeur d'un capital-compétences.

Mais, au regard des trois raretés que nous avons vues plus haut, et du renouveau de l'égalité que nous avons constaté chez R. Dworkin, l'argumentation frappe par son côté restrictif et individualiste. Les interventions en faveur des chômeurs et des travailleurs non qualifiés consistent essentiellement à les remettre dans l'emploi sans trop se préoccuper de la qualité de cet emploi. On peut, bien sûr, espérer par là « remettre dans le circuit » des personnes qui ne gagnaient pas leur vie et leur permettre d'acquérir une expérience professionnelle. Mais s'il s'agit d'emplois instables et déqualifiés sans perspectives de promotion, l'expérience risque de tourner court. Les efforts en faveur de la formation des moins qualifiés supposent quant à eux un volontarisme très affirmé, car les travailleurs peu formés ont du mal à penser qu'une formation peut leur apporter un réel gain dans leur carrière. Le succès de la démarche n'est donc pas garanti, en l'absence d'interventions du côté des entreprises. Ce sont là les limites que rencontre l'État « investisseur social » lorsqu'il n'entend pas peser sur le fonctionnement même du marché du travail.

Ensuite, on peut se demander quel type de soutien politique recevra la reconfiguration de l'État-providence. Il s'agit essentiellement, on l'a vu, de limiter les effets désincitatifs d'une protection qui incite à la passivité et à l'assistanat. Ce point de vue restrictif présente le danger d'accroître le fossé entre les travailleurs pleinement autonomes qui gagnent leur vie et payent leurs impôts, et les plus pauvres, bénéficiaires de l'assistance publique. Le résultat est de favoriser une politique répressive. Dans le monde anglo-saxon, celle-ci existe déjà : c'est ce que l'on appelle le « *workfare* », mot composé de « *work* », travail, et « *welfare* », assistance publique. Les programmes qui relèvent du « *workfare* » comportent la mise au travail autoritaire des bénéficiaires de l'assistance jugés valides. Leur justification finit par être plus moralisatrice qu'émancipatrice : il faut faire travailler les personnes qui vivent aux crochets de l'assistance. Ces tâches restant déqualifiées, voire stigmatisantes, ne permettent pas d'accroître la qualification de celles et ceux qui les exécutent.

Enfin, et plus généralement encore, ce modèle social est fortement teinté d'individualisme. Giddens s'est longuement expliqué sur ce point, en indiquant qu'il entendait développer la prise d'initiative et que celle-ci était par définition individuelle. Il milite en faveur d'un individualisme « institutionnel », c'est-à-dire encadré par l'action de l'État et d'un ensemble d'institutions. Sur ce point, la confrontation entre Rawls et Dworkin est éclairante. Lorsqu'il évoque l'égalité, Giddens la définit comme l'intégration – et définit l'inégalité comme l'exclusion. L'intégration inclut la citoyenneté et l'accès à l'emploi et à l'éducation. C'est évidemment une définition terriblement restrictive de l'égalité. Giddens est finalement beaucoup plus proche de Rawls que de Dworkin.

« Préparez vos parachutes », c'est en ces termes qu'un économiste américain, Paul Osterman, a résumé cette stratégie[1]. Giddens a beau dire qu'il entend combattre les deux exclusions, et notamment celle des élites, on a le sentiment que son modèle social prête le flanc aux formulations unilatérales de l'employabilité, celles que revendique

1. Paul Osterman, *Securing Prosperity*, Princeton University Press, 1999, p. 185.

notamment le patronat conservateur américain soucieux de dégager ses responsabilités sociales et d'instaurer le règne d'une flexibilité généralisée. Certes, la liste des responsabilités reconnues à l'État et aux contrôles collectifs apparaît plus longue chez Giddens qu'outre-Atlantique, elle inclut notamment des interventions massives en matière de formation professionnelle. Mais les responsabilités individuelles ont besoin de plus d'appuis qu'il n'en propose.

La « troisième voie » est celle d'un modèle anglo-saxon finalement plus proche des États-Unis que de l'Europe continentale, avec un bas niveau de protection sociale et un haut niveau d'inégalités. En fait, l'égalité du XXIe siècle ne peut se réduire à l'égalité de l'employabilité.

« *L'égalité des possibles* »

Sur quoi peut porter l'égalité, au-delà de l'accès à l'emploi ? La réponse de Ronald Dworkin est l'égalité des ressources à l'échelle de la vie entière. En somme, une série de dotations pour vivre selon son plan de vie, résultant d'une redistribution périodique grâce à l'impôt sur le revenu et à l'utilisation des techniques de l'assurance. Celles-ci sont une réponse aux difficultés qui naissent des risques d'abus de la part des bénéficiaires. Il envisage ainsi différents types d'assurance-chômage obligatoire et privilégie des systèmes dans lesquels un engagement public impose à l'État de fournir systématiquement aux chômeurs une aide à la formation et au placement. Il prévoit une série d'obligations réciproques, le bénéficiaire s'engageant à suivre la formation et à accepter une offre d'emploi jugée convenable, et l'État garantissant l'accès à la formation et aux services de placement.

Prenons au sérieux cette conception de l'égalité, et rapprochons-la des problèmes d'interdépendance, de coordination et d'intégration qui sont ceux de notre temps. Il faut alors insister sur les contraintes et les difficultés auxquelles font face les personnes pauvres et mal informées – nous avons vu que cela allait souvent de pair – lorsqu'elles ont à accepter ou refuser un emploi, une formation, une mobilité, un déménagement. Si bien conçue soit-elle, l'assurance n'y suffira pas.

En fait, ce qui manque ici, c'est une redistribution périodique des positions sur le marché du travail, permettant à chacune et chacun de modeler ou infléchir sa propre trajectoire professionnelle, familiale et personnelle selon les circonstances et selon les plans de vie. Cette redistribution pourrait prendre la forme de droits de tirage sociaux : des « bons » que l'on peut utiliser tout au long de la vie, « bon » à tant d'années de formation, droit à prendre un congé parental, droit à une aide à la mobilité géographique ou au recyclage… Ces « bons » supposent bien sûr derrière eux une organisation sociale précise et négociée permettant d'exercer effectivement ces droits. Par ce canal, on pourrait donner un véritable contenu à l'autonomie de chacun, compte tenu à la fois des nécessités de la vie – soins à apporter aux enfants, aux personnes dépendantes – et des projets révisables qui se succèdent tout au long d'une existence – choix d'alterner des activités professionnelles et des activités bénévoles ou militantes.

Un droit se profile ainsi, et il se révèle de la plus haute importance dans cette esquisse de l'égalité du futur : celui de tracer son chemin. Droit à la découverte de soi-même, en début de vie professionnelle, qui permet aux jeunes de multiplier les expériences avant de choisir une voie ; droit aussi à la reconversion, au changement d'orientation, en cours de carrière, selon les opportunités rencontrées.

Il ne s'agit pas ici de plaider pour une société uniforme, ni d'espérer à peu de frais la fin des différences sociales. Mais ces droits redonnent plus de pouvoir à celles et ceux qui en ont le moins, afin qu'ils puissent avoir accès à plus de choix véritables. Alors le rapprochement des modes de vie, ou encore une plus grande égalité des revenus, pourra redevenir un horizon crédible. Non pas directement, ce qui serait autoritaire et contraire à l'insistance sur le libre choix de chacun, mais indirectement, à travers la nécessité qu'auront les entreprises de proposer des conditions de travail et de promotion attractives. À la base, un rééquilibrage et une réforme en profondeur du marché du travail.

L'« égalité des possibles », celle du XXIe siècle, est à la fois l'égalité de l'employabilité et celle d'un ensemble de droits de tirages sociaux rendus effectifs par des accords collectifs. Il y a là un autre modèle social que celui de la « troisième voie ». Ce modèle est non seulement possible, mais déjà partiellement réalisé en Europe.

CHAPITRE 4

MA MOBILITÉ DÉPEND DE LA VÔTRE

Quel a été le taux de chômage maximal en France durant la « grande crise » des années 1930, qui a laissé tant de marques dans l'inconscient collectif ? Les économistes n'y prêtent pas souvent attention. Durant ces années terribles qui ont ébranlé le monde, le taux de chômage français n'a pas dépassé… 6 %, alors qu'il a durablement atteint et dépassé les 10 % à la fin du XXe siècle. La faiblesse de ce chiffre est étonnante. Il contraste bien sûr avec les taux de chômage qui ont sévi entre 1929 et 1933 en Allemagne ou aux États-Unis, et qui ont respectivement dépassé 15 % et 20 %. Notre pays n'était pourtant pas épargné par la crise et son économie a amplement souffert de la récession et de la baisse des prix et de la production, la « déflation » caractéristique de ces années. Une première explication vient de la définition même du chômage à l'époque, qui était plus restrictive qu'aujourd'hui. Mais le problème étant identique dans d'autres pays, cette sous-estimation n'est qu'une partie, au mieux, de la réponse. En fait, le relatif archaïsme de l'économie et de la société française semble avoir protégé notre pays. La France était demeurée un pays largement agricole. Les personnes qui avaient perdu leur emploi, la plupart du temps dans l'industrie, avaient souvent gardé des contacts étroits avec leurs milieux d'origine. Ne retrouvant pas d'emploi dans l'industrie, beaucoup semblent être tout bonnement retournés auprès de leur famille pour y trouver accueil et logement plus ou moins satisfaisant et participer aux travaux des champs. Cette solution faute de mieux a ainsi dégonflé les statistiques du chômage.

L'effet, au-delà des chiffres, sur la vie de ces travailleurs n'était certes pas un miracle. Leur niveau de vie a baissé et les protections dont ils avaient pu bénéficier dans le cadre de l'emploi se sont interrompues. Celles-ci étaient faibles et disparates : nous sommes avant la création de la Sécurité sociale. Le retour à la ferme était évidemment une régression à de multiples points de vue : hébergement de fortune, travail irrégulier fait de « coups de main » et payé seulement sous la forme de repas, etc. La solidarité familiale a pu jouer, plus ou moins bien selon la richesse de ceux qui géraient l'exploitation agricole et l'intensité des liens affectifs qui les liaient aux sans-emploi. Toutefois, c'était évidemment beaucoup mieux que rien, et mieux que les errances désocialisées vécues par de nombreux chômeurs américains contraints à vivre de chapardages ou à vendre des pommes au coin des rues. À l'issue de la « grande crise », lorsque l'embauche en industrie a repris, ces travailleurs et leur famille sont repartis à la ville.

Cet édredon d'archaïsme, cet amortisseur de chocs rétro est une anticipation de notre nouveau modèle social. Nous en avons ici, sous une forme familiale et inégalitaire, quelques ingrédients clés : un problème de revenu et de protection sociale découlant de l'interruption de l'emploi à temps plein, une période d'incertitudes qu'il faut affronter, un réseau de solidarité, des places offertes à titre provisoire, et des concours multiples, les fermiers apportant le logement et les repas, et les bénéficiaires participant aux travaux de la ferme.

L'intuition – que nous allons reprendre et développer – est de créer des outils collectifs qui permettent de contrôler les accès de chacun(e) à l'autonomie professionnelle. Dans le futur proche, il se pourrait bien que l'on ait à gagner sa vie à travers une succession de projets temporaires, de trajectoires productives complexes dépendant de réseaux et de carrières discontinues. Il s'agit de baliser ces passages et de protéger ces trajectoires.

Quelques définitions

Toute réforme tend à créer son vocabulaire. Les « marchés transitionnels » ne font pas exception à la règle, d'autant moins qu'ils résultent de la prise en compte de nouveaux objets de réflexion, d'étude, de mesure et d'intervention, les « transitions ».

Les « marchés transitionnels du travail » consistent en l'aménagement systématique et négocié de l'ensemble des positions temporaires de travail et d'activité dans un pays ou une région.

Ces positions temporaires, ici dénommées « transitions », doivent être prises au sens le plus large. *Les transitions comprennent tous les écarts possibles par rapport à la situation de référence constituée par l'emploi régulier à temps plein.* Il s'agit donc aussi bien de périodes de formation ou de congé parental, de mi-temps tout court ou combinés à un autre mi-temps, de préretraite à temps partiel que de périodes de recherche d'emploi ou d'année « sabbatique ». Ces périodes et ces occupations ont pour trait commun d'associer des activités jugées socialement utiles à un besoin temporaire de rémunération, et de constituer des passerelles vers d'autres positions sur le marché du travail. Le but est de renouveler les bases de la sécurité économique des travailleurs, salariés ou non, et de leur famille, en prenant appui sur les exigences et les opportunités de leur *mobilité* au sens le plus large du terme. L'idée est ainsi que des transitions et des « passerelles [1] » sont devenues inévitables sur les marchés du travail actuels, qui doivent de toute manière fonctionner avec des travailleurs à réadapter sans cesse. Les itinéraires deviennent plus discontinus, ne serait-ce qu'à cause des obligations de recyclage, et la collectivité doit s'en préoccuper. Notre définition donne deux autres précisions. Il s'agit d'aménagements *systématiques et négociés.*

Systématiques, d'abord. Organiser séparément une ou même plusieurs transitions n'est pas suffisant pour que l'on puisse parler de « marchés transitionnels ». C'est l'ensemble des transitions qui doit être pris en compte et aménagé. Cette exigence de globalité ne consiste pas à prôner une intervention collective sur toutes les transitions individuelles, mais à prendre en compte les interactions entre les différentes transitions, et les répercussions macroéconomiques de leur jeu d'ensemble.

Négociées, ensuite. Les trajectoires individuelles entre divers emplois et activités n'ont évidemment pas à être

1. Rappelons que le terme allemand à l'origine de la dénomination « transitionnel » est « *übergange* », soit « passerelles ».

imposées aux individus. Ils doivent pouvoir choisir, précisément, et l'intervention porte sur les éléments et les conditions de leurs choix. Les transitions ne sont pas des obligations, mais des droits que l'on peut utiliser ou non. C'est pourquoi l'éventail des possibilités ouvertes doit être déterminé par des processus de négociation entre les diverses parties prenantes.

Il en résulte que les « marchés transitionnels du travail » sont d'abord une réforme du marché du travail et des politiques de l'emploi. Ils viennent en effet interférer avec la manière dont les travailleurs et les entreprises organisent, avec ou sans intervention de l'État, les recrutements, les carrières et les congés. Ils ne viennent pas promouvoir un interventionnisme étatique supplémentaire. Ils consistent plutôt à donner de nouveaux objets aux négociations collectives, ces objets étant les diverses « mobilités » ou « transitions » dans lesquelles peuvent s'engager les travailleurs.

Il reste à revenir enfin sur le mot même de « *marché* ». Même si nous venons d'écarter l'idée d'intervention publique unilatérale, ne s'agit-il pas d'instaurer des contrôles collectifs sur les transitions ? Le vocabulaire peut ici étonner le lecteur familier de l'opposition traditionnelle, en économie, entre la liberté que l'on prête aux acteurs sur les marchés et les contraintes associées aux interventions collectives. Il y aurait beaucoup à dire sur (et contre) cette opposition souvent vide de sens[1]. Mais, même sans entrer dans ce débat, le recours au terme de « marché » se justifie dans le cas des « marchés transi-

1. Car aucun marché ne fonctionne sans règles, et celles-ci sont élaborées collectivement, qu'elles soient édictées par l'État, par une autorité régulatrice ou qu'elles résultent de la coutume.

tionnels ». Entendons par marché un processus de révélation et de confrontation d'offres et de demandes. Les « marchés transitionnels » sont bien cela. Les transitions seront offertes, par exemple par une association, une municipalité, les agences de l'emploi ; et demandées, par les chômeurs, les travailleurs… Prôner le développement de tels « marchés », c'est estimer qu'il n'y a, en quelque sorte, pas assez de marché sur le marché du travail. Et qu'il faut générer plus de marchés, à condition que ces marchés soient collectivement contrôlés, et correctement financés, alimentés, animés. La création de ces espaces de choix supplémentaires et de ces droits nouveaux constitue le cœur du nouveau modèle social-démocrate européen.

Connaître les « transitions »

L'énumération des « transitions » faite ci-dessus montre qu'elles sont hétéroclites. Les décisions personnelles et professionnelles peuvent être ici enchevêtrées. Prenons l'exemple d'une personne qui suit son (sa) conjoint(e) muté(e) dans une autre ville ou un autre pays. Il en découle une demande de mutation ou une recherche d'emploi, susceptible de se transformer en arrivée au chômage si elle n'est pas satisfaite. L'enjeu est double : une vie de couple à préserver et le développement de deux carrières à concilier. Mais qui prend en charge ce problème, excepté le couple concerné ? Quels sont les points d'appui dont il dispose ? Les conflits éventuels entre travail et famille résultent souvent de besoins de transitions variées, imbriquées et néanmoins gérées séparément.

En fait, les « transitions » demeurent mal connues et constituent un objet de recherche encore largement inexploré. Les étudier et les mesurer suppose en effet d'adopter un point de vue dynamique sur les trajectoires des personnes et ce point de vue n'est pas évident. Passer de simples chiffres ponctuels sur le chômage et l'emploi à des chiffres sur les trajectoires, c'est en quelque sorte passer de la photo au cinéma ! Ce n'est plus le même appareil, ce n'est plus la même discipline. Cela demande des statistiques lourdes à manier, qui ne se contentent pas d'indiquer, à un moment donné du temps, combien de personnes sont dans l'emploi et combien sont au chômage, mais suivent les cheminements qui peuvent être extrêmement divers. Produire ces statistiques, puis les interpréter, est une tâche de long terme aujourd'hui seulement commencée.

Nous pouvons d'ores et déjà mettre un peu d'ordre. Dès l'origine, les travaux fondateurs de Günther Schmid ont en effet identifié cinq champs principaux de transitions [1] : au sein même de l'emploi, entre emploi et système éducatif, entre emploi et chômage, entre emploi et activités domestiques, enfin entre emploi et retraite ou relégation. Plaçons-nous dans le cas d'une personne et de sa trajectoire de vie. Les cinq champs correspondent tout d'abord aux trois séquences traditionnelles et successives de toute vie professionnelle : la formation (initiale), l'exercice d'une activité rémunérée (salariée ou non, à temps complet ou à temps partiel...), et la retraite (progressive ou totale). Deux sources additionnelles de mobilités sont introduites

1. Il existe aussi des transitions qui ne passent pas par l'emploi, par exemple du chômage à la cessation d'activité.

avec le chômage et les activités sociales utiles non rémunérées (tâches domestiques et familiales au sens le plus large, incluant le bénévolat, et le militantisme).

Les transitions peuvent être réussies ou ratées, non pas simplement en elles-mêmes (selon le revenu et la satisfaction qu'elles ont permis d'obtenir), mais dans leurs conséquences à moyen et à long terme. L'idée clé est l'existence possible de « transitions critiques » au cours de la vie des travailleurs. Elles sont susceptibles de faire basculer leur itinéraire en un sens socialement non souhaitable, et notamment de les conduire à l'exclusion sociale. Par exemple, le licenciement d'une personne faiblement qualifiée, qui inaugure une période de chômage, celle-ci se prolongeant en chômage de longue durée, puis en relégation assistée (RMI, dispense de recherche d'emploi…). Les « transitions critiques » peuvent fort bien avoir une origine extérieure au marché du travail et avoir été causées par un événement de nature privée : une naissance, un divorce, un parent en situation de dépendance, la mutation du conjoint… Et, réciproquement, on constate souvent en France et ailleurs des divorces survenant à l'occasion d'une mise au chômage. Outre les difficultés affectives, cette rupture est souvent porteuse d'isolement et de fragilisation financière supplémentaires. Dans ces cas, les conséquences d'une mauvaise gestion ou d'une mauvaise protection peuvent être un appauvrissement durable, mais aussi un découragement personnel ou l'enfermement dans une spirale de marginalisation et d'exclusion. Les groupes de travailleurs demeurant au sein de bassins d'emploi sinistrés à l'issue de la fermeture d'une ou plusieurs grandes entreprises industrielles, et n'arrivant pas à rebondir, sont un exemple collectif d'une telle spirale.

Une première tentative a été menée, à l'échelle européenne, pour mesurer dans leur ensemble les plus visibles des « transitions » au cours d'une année[1]. Les chiffres obtenus par Thomas Kruppe sont fondés sur un « panel », c'est-à-dire un échantillon de personnes que l'on suit d'année en année, en tâchant de conserver une bonne représentativité. Le « ECHP », European Community Household Panel, ou Panel des ménages de la Communauté européenne, est un gros outil statistique qui porte sur onze pays d'Europe. À titre de premier repérage, les deux vagues des années 1994 et 1995 ont été retenues. Les possibilités de « transitions » prises en compte comprennent l'emploi salarié, l'emploi indépendant, le chômage, l'apprentissage, le travail non rémunéré dans une entreprise familiale, la formation, le service militaire, la retraite, l'inactivité (travail domestique, soin des enfants...).

Avec ce repérage qui demeure grossier, en moyenne, 16 % de la population européenne âgée de 16 ans ou plus changent, au moins une fois, de statut au regard du marché du travail dans un délai d'une année. Les femmes représentent 40 % de la population active, mais représentent 59 % des personnes qui ont connu au moins une transition. Cette disproportion s'explique largement par le grand nombre des transitions qui ne sont pas liées à l'emploi traditionnel. 28 % seulement des transitions recensées partent de l'emploi salarié ou y arrivent, et les deux tiers des transitions conduisent vers d'autres situa-

1. Voir Thomas Kruppe, « The dynamics of employment in the European Union : an exploratory analysis », in G. Schmid et B. Gazier (dir.), *The Dynamics of Full Employment. Social Integration through Transitional Labour Markets*, Edward Elgar, 2002.

tions que le salariat. Les transitions vers le chômage correspondent à 20 % des transitions. 30 % des transitions n'ont pas de rapport avec le marché du travail, et n'impliquent ni l'emploi ni le chômage. Elles affectent des personnes qui vont par exemple de l'inactivité à la formation, ou de l'inactivité à la retraite.

Si l'on se centre sur un seul point de départ, par exemple la formation (ces statistiques ne permettent pas encore de distinguer formation initiale et formation continue), on observe que certains pays réussissent fort bien le saut vers la vie professionnelle, notamment vers l'emploi salarié. Au Danemark, entre 1994 et 1995, 53 % des transitions issues de la formation vont directement vers l'emploi salarié. En Irlande, 60 %. Les chiffres allemands sont aussi bons, mais transitent par l'apprentissage : parmi les personnes qui sortent de formation, 26 % vont en emploi et 34 % en apprentissage. Ce dernier conduisant très rapidement à l'emploi, le total vaut encore 60 %. En revanche, les chiffres sont beaucoup plus inquiétants pour la France (33 % des personnes sortant de formation trouvent ou retrouvent un emploi, sans que l'apprentissage prenne le relais), l'Espagne (28 %) ou l'Italie (21 %).

Nous n'avons ici qu'une infime partie du tableau des flux qui transitent dans le marché du travail et autour de lui. Nous n'avons vu qu'une année et seulement quelques transitions. Par exemple, ces chiffres ne permettent pas de considérer les changements qui affectent les travailleurs dans l'emploi salarié : passage à mi-temps, mutations, affectations diverses… Mais ces premières données suggèrent que les « transitions » affectent chaque année une proportion tout à fait significative des adultes, et notamment des femmes, et que leurs cheminements sont extrêmement variés selon les pays – avec probablement des conséquences elles aussi très différentes sur les revenus et les trajectoires à plus long terme.

Aménager les transitions : les principes de base

Les « marchés transitionnels » consistent, on l'a vu, à aménager les transitions. Leur but est d'éviter les « transitions critiques » et de développer les transitions favorables à la sécurité, l'autonomie et la carrière des travailleurs. Leur intervention obéit à quatre principes.

(1) Le premier principe est d'accroître la liberté individuelle (ou l'autonomie), en donnant aux personnes en transition plus de *pouvoir*, pouvoir d'achat grâce à des transferts, mais aussi pouvoir de décision sur leur carrière. En échange de quoi les participants au marché du travail pourront éventuellement accepter d'assumer plus de risques, plus de devoirs et d'obligations.

(2) Un second principe est de promouvoir la *solidarité* dans la gestion des risques sociaux et des risques associés au marché du travail. Cela implique l'inclusion, dans les programmes de redistribution, des travailleurs les plus favorisés, qui courent moins de risques ou sont mieux à même de les assurer.

(3) Le troisième principe consiste à rechercher l'*efficacité* des mesures accompagnant les transitions, à travers un processus de spécialisation, de coordination et de coo-

pération. Celui-ci prend le plus souvent la forme d'un mélange de contributions publiques et privées dans la formulation et la mise en œuvre des politiques correspondantes. Les prises de décision doivent alors résulter de négociations.

(4) Enfin, le dernier principe consiste à mobiliser l'arsenal des techniques de gestion des risques : contrôle, évaluation et autorégulation, par le biais d'une démarche largement *décentralisée,* ou par un management par objectifs. Ce principe requiert la recherche d'une meilleure codétermination des acteurs concernés, que ce soit au niveau de la firme, au niveau local ou au niveau régional.

Détaillons ces quatre principes, en les reliant aux problèmes soulevés précédemment.

L'autonomie, tout d'abord. Les tendances actuelles de notre système d'emploi et de protection sociale induisent des transitions contraintes et défavorables pour une large part de la population. Bien sûr, pour les travailleurs très qualifiés qui ont eu la chance de démarrer leur carrière dans un grand groupe international, les transitions disponibles sont aussi nombreuses qu'intéressantes. Ces trajectoires ascendantes et diversifiées sont cependant hors de portée des travailleurs, les plus nombreux dans nos sociétés, qui ne bénéficient pas de cet accompagnement privilégié. Et nous avons vu, au contraire, quelles trajectoires cumulatives pouvaient conduire ces travailleurs moins favorisés à des transitions de moins en moins favorables, qui se terminent en relégation ou en exclusion. Le but des « marchés transitionnels » est de généraliser à tous les travailleurs l'accès à des transitions qui leur garantissent, immédiatement et surtout à terme, un revenu décent et une maîtrise sur leurs choix de vie. Leur priorité est de combattre les trajectoires d'exclusion et de sécuriser les parcours des travailleurs ordinaires.

Il en résulte un leitmotiv : rendre les transitions rentables pour les personnes qui s'y engagent. Cette orientation s'oppose aux priorités traditionnelles affichées par les responsables des politiques sociales et de l'emploi lorsqu'ils raisonnent en termes d'incitations et de motivation. En effet, dans ce cadre rétréci, le retour à l'emploi rémunéré, si mal payé soit-il, est le seul objectif. On dit ainsi, dans l'anglais de l'OCDE [1], que le but est « *making* work *pay* », rendre le travail rentable, faire que le travail « paie ». Le mot d'ordre des « marchés transitionnels » répond alors : « *making* transitions *pay* », il faut rendre les transitions rentables et faire qu'elles « paient ». L'accès à l'autonomie et à l'emploi rémunéré demeure le but, mais il passe par d'autres moyens. Rendre les transitions rentables, cela signifie d'abord contrôler les conditions de vie et assurer un minimum de revenu pour les personnes qui s'y engagent, et cela signifie aussi restaurer la crédibilité pour tous de l'accès à l'emploi rémunéré permettant de gagner sa vie de manière autonome. Le pouvoir nouveau est d'abord la capacité de choisir entre plusieurs voies, plusieurs positions compatibles avec les exigences de la vie privée et familiale. C'est aussi la possibilité de maintenir et valoriser ses compétences au cours du temps.

1. L'Organisation de coopération et de développement économiques, qui rassemble les pays développés, prend souvent des positions d'inspiration libérale et prône depuis la fin des années 1970 des réformes visant à combattre les « rigidités du marché du travail ».

Second principe, la solidarité. L'orientation des « marchés transitionnels » est de lutter contre l'exclusion, mais en associant l'ensemble des travailleurs à la gestion des risques qui les concernent. Il ne s'agit donc pas d'un compartiment séparé de la bienveillance étatique, même financé par l'impôt, et qui serait destiné aux plus défavorisés des travailleurs, le reste des mécanismes et des institutions du marché du travail restant inchangé. Un processus d'ensemble affecte aujourd'hui les liens entre emploi et protection sociale, mettant sous pression et sous tri permanent l'ensemble des travailleurs. Un système de protection sociale a d'autant plus de chance d'être accepté, légitime et stable, qu'il prend en compte les besoins de celles et ceux qui le financent. Il ne faut donc pas exclure la grande masse des travailleurs, il faut au contraire les associer à la réforme, en mobilisant les syndicats, mais aussi d'autres acteurs collectifs.

Troisième principe : la recherche d'efficacité par des procédures adaptées aux transitions. Qu'est-ce qui peut garantir, non pas que les transitions mises en place soient toutes bonnes, mais que les acteurs soient tous conduits à jouer le jeu et à faire de leur mieux ? Trois ingrédients sont nécessaires : la spécialisation, le cofinancement et la négociation périodique. La spécialisation, cela veut dire que, selon les transitions, les opérateurs ne sont pas les mêmes, et qu'il n'y a pas lieu de créer une superagence des transitions qui viendrait réguler tout cela d'en haut. Le cofinancement vient quant à lui inciter chaque acteur à ce que cela se « passe bien » : s'il participe à une transition comme bénéficiaire ou comme organisateur, et s'il la finance en partie, il devient en quelque sorte co-investisseur.

Un exemple est ici probant, celui de l'apprentissage en Allemagne, qui est souvent une « bonne » transition, et constitue une composante importante des « marchés transitionnels ». Dans ce cas, les entreprises financent elles-mêmes la formation, elles ont donc directement intérêt à ce que les travailleurs issus de la filière correspondent à leurs besoins. Les apprentis participent au cofinancement. En effet, ils touchent une paie modeste (de l'ordre de 20 à 50 % d'un salaire minimum de référence[1]), et renoncent ainsi aux salaires plus conséquents qu'ils pourraient toucher s'ils étaient pleinement rémunérés pour leurs apports productifs. Ils ont donc eux aussi intérêt à ce que la transition soit efficace.

Enfin, la négociation périodique vient assurer que les parties prenantes y trouvent toutes leur intérêt, dans des contextes qui peuvent changer. Par exemple, toujours dans le cas de l'apprentissage en Allemagne, des négociations entre patronat et syndicats peuvent ajuster, d'année en année, le nombre de places disponibles en fonction des besoins des entreprises et du nombre de candidats. Il ne s'agit pas toutefois d'espérer que le dispositif de l'apprentissage absorbe l'ensemble des jeunes qui ne trouveraient pas à s'embaucher ! Les « marchés transitionnels » ne reposent pas sur un seul outil, si performant soit-il. Les négociations doivent ainsi déborder du champ étroit des trajectoires d'un groupe donné pour prendre en compte un ensemble plus vaste de « transitions ».

Cela nous mène au dernier principe, celui de la décentralisation et du management par objectifs. Il s'agit de

1. Qui n'est pas un salaire minimum à la française, celui-ci n'existant pas en Allemagne.

l'appliquer à la gestion d'un ensemble de transitions à l'échelle locale, celle d'une firme, d'un bassin d'emploi ou d'une région. En effet, c'est à ce niveau que les besoins peuvent le mieux être révélés, et financés. De telles négociations locales supposent des ressources, des acteurs, des règles du jeu et des évaluations. Leurs conditions d'instauration et de succès pourront varier de pays en pays.

Comment gérer les sureffectifs ?

Développer les « marchés transitionnels », c'est ainsi enclencher une série de réformes des politiques de l'emploi, « actives » et « passives » tout aussi bien. Un passage par le chômage n'est pas en soi une mauvaise transition. Quitter son emploi et en rechercher un autre est de toute évidence une respiration nécessaire à toute économie et toute société fondée sur la libre entreprise et le libre choix de son employeur. Les mauvaises transitions sont constituées avant tout du chômage de longue durée et des situations de découragement, de pauvreté et d'exclusion qui l'accompagnent. Mais il existe d'autres mauvaises transitions : les « *stages parking* » qui ne permettent pas d'accroître sa qualification ou son expérience professionnelle, les placements qui débouchent sur des emplois précaires ou mal payés… Et même un emploi précaire et mal payé n'est pas en lui-même une mauvaise transition, cela dépend de la suite et de l'accès obtenu ou non à d'autres emplois plus stables ou mieux rémunérés. Les transitions organisées par les programmes des politiques publiques de l'emploi peuvent ainsi constituer de mauvaises transitions, des circuits pour perdants qui s'écartent peu à peu de l'autonomie et de l'emploi productif normalement payé. La démarche des « marchés transitionnels » est de revenir sur cet éventail de transitions, la plupart du temps gérées de manière unilatérale, à court terme et séparées du contexte, pour en proposer une gestion négociée, à long terme et interdépendante.

De ce point de vue, les préretraites traditionnelles constituent l'archétype des mauvaises transitions pour de très nombreux travailleurs. Pas pour tous, certes. Lorsque des travailleurs très faiblement qualifiés, qui ont effectué toute leur vie professionnelle des tâches peu gratifiantes et usantes, bénéficient d'une préretraite, c'est justice. C'est souvent la seule chose qu'ils auront reçue de la part de la société, de toute leur vie. Les préretraites *dans ce cas* sont des mesures de politique sociale pleinement justifiées.

La plupart des préretraites d'aujourd'hui sont des mesures « passives » des politiques de l'emploi, qui visent simplement à « purger » les entreprises de leurs salariés jugés excédentaires et à dégonfler les statistiques du chômage. Alors elles se révèlent de mauvaises transitions à de multiples points de vue. Certes, elles sont socialement honorables – c'est mieux d'être préretraité que chômeur – et fournissent un assez bon niveau de vie à leurs bénéficiaires. Mais elles coûtent beaucoup plus cher que l'indemnisation des chômeurs, et surtout elles sont irréversibles. Elles sont faites pour vous écarter définitivement du marché du travail. On vous paye, non pas pour que vous cherchiez et retrouviez un autre travail, mais pour que vous n'en cherchiez pas ! En quelque sorte, c'est le salaire de l'auto-exclusion.

Les inconvénients à moyen et long terme sur le marché du travail sont nombreux. Les entreprises prennent l'habitude de se débarrasser à bon compte et avec l'aide de l'État de leurs travailleurs « seniors ». Elles se privent ainsi de leur expérience, qui n'est pas transmise. Cette perte de mémoire se révèle plus dommageable qu'il n'y paraît, car les travailleurs, y compris les moins qualifiés, sont détenteurs d'une connaissance productive informelle qui a son utilité. Et en avant pour les « coups d'accordéon » à la pyramide des âges et à la masse salariale ! L'élimination des plus âgés promeut leurs suivants immédiats, et elle est censée permettre l'embauche de jeunes en bas de l'échelle[1]. Cette brusque détente dans l'entreprise se paye ultérieurement, lorsque les promus restent trop longuement dans les positions de responsabilité auxquelles ils sont arrivés plus tôt que prévu. Alors l'entreprise vieillit tout d'un bloc et la masse salariale augmente en conséquence.

Dans ce contexte, les chômeurs de plus de 50 ans sont perçus comme des improductifs. S'ils sont licenciés, ils savent qu'ils vont se heurter à de fortes difficultés pour retrouver un emploi. Bouclons la boucle. Devant les pressions qui se multiplient, et les risques d'exclusion, de nombreux travailleurs eux-mêmes plébiscitent les préretraites et les attendent comme une libération. De toute façon, la plupart du temps, les préretraites sont non pas proposées mais de facto imposées : c'est cela ou le chômage. Cartes forcées et rupture brutale pour des groupes entiers menacés.

1. Elle le permet mais n'offre aucune garantie. Très souvent, des « embauches compensatoires » sont promises et n'ont pas lieu.

Au regard des principes « transitionnels » énoncés plus haut, les préretraites vont dans une mauvaise direction. Elles brident l'autonomie individuelle en enfermant les travailleurs « seniors » dans la relégation. Si elles témoignent d'une forme de solidarité entre les travailleurs, parce que les partants bénéficient de transferts et que les plus âgés « laissent la place » aux plus jeunes, elles creusent aussi l'écart entre les moins et les plus qualifiés au sein de l'entreprise en accréditant l'idée que les derniers sont seuls adaptables. Les préretraites ont un côté « tout ou rien ». Elles sont financées par l'État et les entreprises, et, sans exclure la participation d'autres acteurs, elles ne la prévoient pas. Elles prennent la place des partenariats plus qu'elles ne les stimulent. Les évaluateurs observent des effets d'éviction et même de « cannibalisme » vis-à-vis d'autres politiques ou d'autres programmes [1]. Et les travailleurs en redemandent, parce qu'ils sont sous pression et qu'il n'y a rien d'autre de crédible.

Une réponse « transitionnelle » plus adaptée consiste à refuser la désignation a priori des « seniors » jugés inadaptables comme groupe à éliminer, et à mobiliser la collectivité de travail dans son ensemble. C'est ce que font les « Fondations de travail » instaurées en Autriche depuis le début des années 1990.

Nombreuses sont les firmes qui élaborent un « plan social », suivant ou anticipant les obligations légales en la matière, et ce « plan » peut être plus ou moins efficace et généreux. Trop souvent le fossé se creuse entre les salariés

1. Voir la thèse de Pierre Courtioux : *Marché du travail, politiques de l'emploi et sélection : une analyse évolutionnaire des préretraites en France*, université Paris-I, 2001.

figurant sur la liste des partants et ceux qui restent. Une angoisse collective saisit les travailleurs dans leur ensemble, soit parce qu'ils sont parmi les licenciés du jour, soit parce qu'ils ont peur de se retrouver dans la liste qui sera publiée le lendemain. Les entreprises quant à elles sélectionnent ceux qui vont partir. Outre ceux que leur âge permet de mettre en préretraite, elles désignent en priorité les travailleurs qu'elles jugent les moins productifs. Ce sont ainsi des « perdants » ou des « fortes têtes », stigmatisés comme tels, qui partent et rencontrent des difficultés de reclassement supplémentaires découlant de leur mauvaise réputation.

Face à cette crispation et cette déchirure, les fondations de type « Voest-Alpine Stahlstiftung » (mises en œuvre par l'entreprise autrichienne Voest-Alpine) ne s'opposent pas au principe du licenciement collectif. Elles ont pour but d'assurer le reclassement des partants. Ce but est classique, un peu partout les grandes firmes en sureffectif installent des « antennes de reclassement ». L'originalité est ailleurs. Elles sont alimentées par une série de cofinancements. Le capital est fourni par l'entreprise, et les ressources proviennent de quatre apports simultanés. Les assurances-chômage mettent à leur disposition une part des sommes auxquelles ces travailleurs ont droit, les salariés en voie de reclassement leur laissent une part de leurs indemnités issues de l'entreprise, les agences de politique de l'emploi apportent les fonds destinés à permettre aux chômeurs de se former. Enfin, et c'est sans doute le plus original, les salariés restant dans l'entreprise versent une fraction, certes minime, mais constante, de leur paye : 0,2 %.

Les vertus de ce dispositif tiennent dans la solidarité qui est restaurée entre les différents acteurs concernés, d'abord entre ceux qui partent et ceux qui restent, mais aussi entre l'entreprise et les agences de l'emploi. Tout le monde a intérêt à ce que cela se termine le plus rapidement possible. Pour l'entreprise, l'incitation à sélectionner les moins productifs ne joue plus. Certains salariés pourront ainsi être volontaires pour une expérience de mobilité dont ils savent qu'elle est appuyée par le groupe entier ainsi que par les partenaires de l'entreprise. Les « Fondations de travail » autrichiennes ouvrent ainsi de nouveaux droits aux salariés des grandes firmes. Elles ne créent pas de nouveaux emplois, mais aident à gérer des « transitions » entre deux emplois en évitant de diviser les salariés. Elles font converger leurs intérêts entre eux et avec ceux de l'entreprise et des institutions concernées. Une évaluation menée en 2000 a soigneusement comparé les trajectoires de travailleurs bénéficiant de ce dispositif avec celles d'un groupe témoin. Elle fait état d'effets très positifs[1].

Cet outil n'est pas le seul. Prenons en considération le problème déjà constitué et « à chaud », ce qui est le cas le plus fréquent en France : il y a un groupe important de travailleurs faiblement qualifiés, inquiets et découragés, dans lesquels l'entreprise n'a pas investi et qu'elle juge excédentaires[2]. La logique des « marchés transitionnels » est de ne rien proposer d'irréversible, et de chercher des

1. R. Winter-Ebmer, « Evaluating an Innovative Redundancy-retraining Project : the Austrian Steel Foundation », *Discussion Paper n° 277*, Bonn, Institut für die Zukunft der Arbeit (IZA) (2000).

2. Le diagnostic qui établit l'existence de « sureffectifs » résulte d'un ensemble de choix imbriqués sur lesquels nous reviendrons. Voir sur ce point l'ouvrage de R. Beaujolin, *Les Vertiges de l'emploi*, *op. cit.*

besoins non satisfaits et des financeurs possibles sur une base locale pour générer des activités complémentaires. On va alors vers des préretraites progressives, ou à temps partiel, complétées par d'autres emplois à temps partiel. Voici qui semble banal et peu efficace. Du reste, les préretraites à temps partiel ont été tentées en France avec très peu de succès… Approfondissons la réponse. Les préretraites à temps partiel ne plaisent pas pour deux raisons. Pour l'entreprise, elles sont lentes à faire sentir leurs effets, et elles sont coûteuses en place et en aménagements. Les travailleurs restent en effet à travailler dans l'entreprise, mettons pour un mi-temps, et il leur faut un espace de bureau ou un poste de production. Et pour les salariés, c'est le maintien de la routine antérieure, avec le sentiment d'être en sursis, non pas soustrait à la pression.

Une solution « transitionnelle » est de construire par exemple un temps plein fait de deux mi-temps, le second étant par exemple un emploi associatif de proximité, choisi selon les besoins qui se font jour : animateur d'un ciné-club ou d'un club de foot, membre d'un groupe d'alphabétisation, etc. Ce second mi-temps peut être financé par une municipalité et par l'association qui l'utilise. Alors la situation professionnelle du bénéficiaire est maintenue. Dans son entreprise d'origine, il transmet son expérience. Dans son nouveau demi-poste, il explore une nouvelle activité. Ses revenus restent au même niveau qu'auparavant – au lieu de baisser – et donnent droit au bout du compte à une meilleure retraite. Et les fonds publics, au lieu de subventionner le retrait du marché du travail et l'inactivité, aident les entreprises à aménager leurs postes de travail et subventionnent des tâches sociales utiles.

Au lieu de proposer une réponse unique, il pourrait ainsi y avoir une série de réponses évitant de constituer le groupe des « seniors » en groupe stigmatisé. Pour le cas très difficile des « seniors » déjà devenus chômeurs de longue durée, un effort spécial des politiques publiques est requis, passant par des diagnostics personnels approfondis et des subventions à l'embauche d'un montant élevé, pouvant atteindre et même dépasser 80 % du coût salarial. Dans l'entreprise, certains voudront partir définitivement tout de même, d'autres adopteront la solution des deux emplois partiels, éventuellement dans une progression au cours du temps : l'emploi associatif démarrant à quart temps pour passer à mi-temps, puis à trois quarts temps… Il faut alors jouer sur les conditions d'indemnisation, de manière à décourager les ruptures irréversibles et à encourager les co-activités, tant auprès des entreprises que des « seniors » : rendre les bonnes transitions rentables, ce qui sera de toute manière moins cher que l'éviction et la passivité subventionnées.

Médecine douce du rempotage et du bouturage, au lieu de la médecine dure de l'amputation ou de l'antibiotique. Nous ne sommes pas en train de proposer de l'homéopathie devant un cas de forte fièvre. Il s'agit d'une démarche massive et exigeante. Elle consiste à recenser les demandes locales, à chercher à les solvabiliser et à les rendre compatibles avec les disponibilités en travail. En fait, l'action ne saurait se limiter aux « seniors » jugés excédentaires. Elle doit remonter en fin de compte à la gestion par les entreprises des carrières et des compétences de l'ensemble du personnel.

L'exemple-phare : l'« activation » au Danemark

Dans une conjoncture déprimée, les politiques de l'emploi ne peuvent faire des merveilles. Elles indemnisent, faute de mieux, et reclassent une partie des chômeurs en attendant des temps meilleurs. Il est donc essentiel d'élargir l'éventail et le nombre des opportunités qui sont mises à la disposition des chômeurs. Nous avons ici un dispositif qui a fonctionné de 1996 à 2000 : le « congé à la danoise », lui-même intégré dans une politique durable et originale d'« activation ».

Le principe du congé danois consiste à organiser et financer, d'un même mouvement, le départ en congé d'un salarié et son remplacement. Le Danemark est un pays possédant peu de très grandes firmes mais beaucoup de PME. Pour le responsable d'une entreprise de 20 salariés, le départ en congé d'un ou deux salarié(e)s est un coup dur, car il dérègle tout. Ce dispositif organisant des remplacements est ainsi très apprécié des patrons danois. Il ouvre notamment une option, qui est l'embauche temporaire d'un chômeur préalablement formé. Il s'agit d'une option facultative, mais une aide spéciale est accordée par les pouvoirs publics lorsque le remplaçant est un chômeur. Les durées de congé vont de 6 à 18 mois, et le congé peut-être indifféremment parental ou de formation. À l'issue de la période de congé, le salarié reprend évidemment son poste. Mais son remplaçant, qui a effectué une véritable expérience de travail et rencontré des collègues et des employeurs, peut reprendre sa recherche d'emploi avec de meilleures références, et donc plus de chances d'être recruté. Les études d'évaluation de ce programme ont constaté que nombreux sont celles et ceux qui restent dans l'entreprise d'accueil après la période de remplacement, pour y être embauchés durablement : près d'un sur deux dans le secteur privé.

Les autorités danoises en ont fait un outil original de lutte contre le chômage. Elles évitent les comportements de crispation sur poste, et elles parviennent à remettre en selle des demandeurs d'emploi dont certains sont démotivés et appauvris. Deux aménagements principaux ont marqué le « congé à la danoise », qui a connu un grand succès dans ce pays. Dans sa version initiale, on prévoyait d'effectuer les remplacements en recourant à des chômeurs de longue durée. Cet objectif s'est révélé trop difficile à atteindre (difficulté d'adapter directement aux postes à pourvoir des personnes loin de l'emploi, et réticences des employeurs). Assez vite, les responsables danois ont préféré développer des programmes spécifiques en direction de ces chômeurs. Ensuite, la baisse du chômage, à laquelle ces congés avaient puissamment contribué, a fini par inverser les priorités. L'économie danoise a fait apparaître des besoins non satisfaits en main-d'œuvre, des pénuries de travailleurs. Alors les autorités ont choisi de rendre le dispositif un peu moins attractif pour les travailleurs susceptibles de prendre le congé. En conséquence, leur nombre a baissé. Le Danemark a ainsi montré que l'on pouvait moduler et adapter la « rotation des emplois » selon la variété des situations qui prévalent en matière d'emploi.

Ce dispositif, supprimé au début du siècle parce que jugé trop contraignant dans un contexte de retour au plein emploi, s'est inséré dans un ensemble plus vaste de politiques de l'emploi, qui vise à une « activation » à grande échelle du marché du travail, c'est-à-dire à une mobilisation collective en faveur du retour à l'emploi. Les choix danois ont été, durant les années 1990, de combiner une législation très permissive en matière de licenciements avec une prise en charge massive des chômeurs par les pouvoirs publics, tant en termes d'indemnisation que de formation, placement et emplois subventionnés. En 2000, les « dépenses pour l'emploi » au Danemark atteignent près de 5 % du Produit intérieur brut, à comparer, rappelons-le, avec moins de 0,5 % pour les États-Unis, et un peu plus de 3 % pour la France et l'Allemagne. La baisse du taux de chômage danois, de plus de 10 % en 1993 à 5 % en 2000, résulte certes de l'expansion qu'a connue le Danemark durant la période, mais son ampleur ne peut être expliquée sans cet activisme.

Les ingrédients du « miracle danois[1] » commencent à être connus. Ce n'est pas un pays où l'on ne travaille pas, bien au contraire. Le taux d'emploi[2] dépasse 75 %, ce qui en fait le taux le plus élevé de l'Europe. Bien sûr, la croissance y est pour beaucoup, mais elle ne suffit pas à expliquer cette réussite. La particularité du système d'emploi et de protection sociale danois est une très grande permissivité en matière de licenciements, qui rapproche ce pays des États-Unis, et un dispositif d'indemnisation très généreux, combiné à un développement massif des programmes « actifs » de politique d'emploi.

C'est ainsi que, pour les années 1990, l'ancienneté moyenne dans l'emploi est dans ce pays de 8,5 années seu-

1. Nous nous appuyons sur le bilan proposé par P.K. Madsen « Sécurité et flexibilité : amis ou ennemis ? quelques observations à partir du cas du Danemark », in Peter Auer et Bernard Gazier (dir.), *L'Avenir du travail et de la protection sociale : dynamique du changement et protection des travailleurs*, BIT, 2002.

2. Pourcentage de la population en âge de travailler qui est effectivement en emploi.

lement, chiffre qui le rapproche plutôt des États-Unis : 7 ans, et du Royaume-Uni : 8 ans. Les autres pays européens et le Japon, sont, rappelons-le, à un niveau nettement plus élevé, entre 10 et 13 ans, avec l'exception notable des Pays-Bas, aux alentours de 9 ans [1].

L'indemnisation du chômage est généreuse au Danemark. Elle apporte dans la grande majorité des cas une allocation de 90 % du salaire antérieur, avec un plafond à 19 400 euros annuels, pour une période maximale de 4 ans. Avec le jeu des impôts et d'autres allocations, la somme nette qui reste dans la poche des bénéficiaires est de 70 % des revenus salariaux pour les travailleurs touchant le salaire moyen. Pour les groupes à faibles salaires, on arrive à 90 %, et davantage encore pour les parents isolés. Afin de combattre d'éventuels effets désincitatifs découlant de cette générosité, les autorités danoises contrôlent les efforts de recherche d'emploi. Après 12 mois de chômage (6 mois pour les moins de 25 ans), elles prévoient une inscription obligatoire dans des programmes à temps plein d'« activation » (formation, expérience de travail...).

Au sein des politiques de l'emploi, 3 % du PNB sont consacrés aux dépenses « passives », somme tout à fait considérable compte tenu du faible niveau de chômage. Les programmes de formation et de placement, résultant d'un diagnostic individualisé, sont complétés, comme on l'a vu, par l'instauration de congés parentaux ou de formation qui ouvrent autant de places temporaires à destination des chômeurs. Le Danemark est ainsi un pays dans

1. Nous reviendrons au chapitre 6 sur l'expérience des Pays-Bas, autre « miracle » de l'emploi, largement fondé sur l'expansion du temps partiel.

lequel en permanence, une proportion importante des travailleurs transite par un programme de formation ou un congé. Les flux annuels d'entrée dans ces programmes sont évalués, pour 1995, à près de 15 % de la population active[1].

Ce cocktail de liberté et d'intervention est l'une des principales tentatives européennes de conciliation entre flexibilité et sécurité, qui ont reçu le nom anglais de « *flexicurity* ». Ce qui rend possible la « flexicurité » danoise est la rencontre improbable de deux traits. Le Danemark est un pays où dominent les PME *et* qui est incroyablement syndiqué : en 2000, 87,5 % des personnes en emploi sont membres d'un syndicat ! Voici quelques ordres de grandeur pour l'année 2000. Les taux nordiques sont impressionnants : près de 80 % en Suède et en Finlande ; les taux d'Europe continentale sont nettement plus faibles : 40 % en Autriche, 30 % en Allemagne, 29 % au Royaume-Uni, 27 % aux Pays-Bas. Les États-Unis sont à la traîne, avec 13,5 %, et la France est bonne dernière de ces statistiques de l'OCDE, avec 9,1 %. La « flexicurité » du Danemark est donc faite de la rencontre entre l'exigence de souplesse des petites et moyennes entreprises, qui n'ont pas les moyens de stabiliser à très long terme leurs salariés, et les possibilités d'associer les partenaires sociaux à la gestion des politiques de l'emploi. Des dispositifs tripartites (syndicats, patronat, État) gèrent, sur une base locale, les programmes « actifs » et en déterminent le dosage et l'extension.

1. Voir P. Auer « Flexibility and security : labour market policy in Austria, Denmark, Ireland and the Netherlands », in G. Schmid et B. Gazier (dir.), *The Dynamics of Full Employment*, *op. cit.*, p. 96.

Serait-ce déjà une version extensive des « marchés transitionnels » ? Oui, à beaucoup d'égards. Mais il faut regarder les deux côtés de la médaille. Prenons acte tout d'abord du sentiment général de sécurité dont font état les Danois lorsqu'on les interroge sur leur emploi. Une étude de l'OCDE datant de 1997 [1] demandait à des salariés s'ils étaient en accord ou en désaccord avec l'opinion « Mon emploi est sûr ». Un peu partout, on constate une nette majorité de désaccords. En général, les travailleurs sont inquiets quant à leur avenir. Les salariés danois n'étaient que 45 % à être en fort désaccord avec cette phrase, proportion beaucoup plus faible que dans tous les autres pays de l'enquête. Ce sentiment de relative sécurité se retrouvait à tous les niveaux de qualification. Les données plus récentes de la Fondation de Dublin [2] confirment ce résultat. Les Danois savent simplement qu'ils ont de bonnes chances de retrouver un autre emploi s'ils perdent le leur, et qu'on ne les « laissera pas tomber ».

Une autre manifestation spectaculaire de réussite est la forme actuelle de la « courbe de Phillips » au Danemark. La « courbe de Phillips » décrit, pour un pays donné, les liens qui existent entre chômage et inflation. On sait, depuis les années 1960, qu'un très faible taux de chômage est susceptible de produire de l'inflation, parce que alors les entreprises se disputent les rares travailleurs disponibles à coups de surenchères salariales, qui se répercutent ensuite sur le niveau général des prix. Et, symétriquement, un fort taux de chômage favorise la stabilité du niveau des prix. La

1. OCDE, *Perspectives de l'emploi*, 1997, tableau 5.2.
2. The Dublin Institute, *Employment Options for the Future*, Dublin, 1999.

« courbe de Phillips » retrace donc une liaison négative entre chômage et inflation : si vous avez beaucoup de l'un, vous aurez peu de l'autre. Les pays efficaces sont ceux chez qui la baisse du chômage ne génère que peu d'inflation, parce que le marché du travail est efficace et arrive à fournir rapidement les entreprises en travailleurs. La courbe est alors peu pentue. Les pays inefficaces ont des goulots d'étranglement, et leur courbe de Phillips est assez pentue. Dans le cas français, on a pu estimer, au tournant des années 2000, que faire baisser le chômage au-dessous de 8 % devrait générer des tensions inflationnistes. Le cas danois est à l'opposé : la courbe est quasi plate ! Ce qui veut dire que l'inflation ne tend pas à augmenter lorsque le chômage baisse. Le marché du travail danois est très efficace dans son brassage permanent des travailleurs.

Le côté plus discutable est le maintien, voire l'accentuation d'un tri permanent auquel les Danois sont soumis, à l'occasion des multiples mouvements autour de l'emploi qu'ils effectuent. Ce n'est pas aussi noir que dans le cas de la France et de la plupart des pays européens. Mais c'est tout de même une machine à trier en fonction de la productivité immédiate en entreprise. Un peu comme si, fréquemment, les Danois étaient contraints de faire la preuve de leur aptitude à occuper un emploi et à convaincre un employeur. Il y a ainsi un nombre croissant de personnes qui sont exclues du marché du travail et reçoivent des aides publiques : plus de 20 % des adultes, parmi lesquels des femmes au foyer, mais aussi des personnes faiblement productives placées dans des programmes destinés aux handicapés. Cette forte proportion se retrouve toutefois dans la plupart des pays nordiques. D'autres difficultés, plus potentielles que réelles, peuvent être mentionnées. Les très hauts niveaux de dépense atteints durant les années 1990 ont été consentis durant une période d'expansion. Que pourrait-il se passer si une vraie récession venait ralentir fortement l'économie ? Cela pourrait conduire soit à de forts déficits publics, soit à une faible capacité de réaction, l'État ne pouvant guère dépenser plus qu'il ne le fait déjà.

Concluons provisoirement. De multiples traits des « marchés transitionnels » sont ici présents, avec toutefois l'instauration d'un « marché du travail à haute vitesse » et le maintien d'une assez forte pression sur les travailleurs, matérialisée par des pratiques de relégation à grande échelle et par des contrôles assez insistants sur l'intensité des recherches effectuées par les chômeurs.

De l'assurance-chômage à l'assurance-emploi

Au-delà de l'exemple et des particularités du Danemark, mais en s'inspirant de son succès, les préconisations issues des « marchés transitionnels » en matière de lutte contre le chômage tiennent en trois points principaux, et conduisent à reconfigurer largement les politiques de l'emploi. Il est d'abord nécessaire de bien compenser les pertes de revenus subies par les chômeurs. La réhabilitation des dépenses « passives », en quelque sorte. Elles sont d'autant plus justifiées que, comme on l'a vu, l'efficacité de certaines dépenses « actives » n'est pas toujours prouvée : il est bon de permettre aux gens de chercher un emploi par eux-mêmes, en mobilisant les réseaux qu'ils peuvent connaître[1].

Ensuite, il faut mieux connecter les dépenses « actives » et « passives », en permettant aux acteurs qui investissent efficacement dans le retour à l'emploi d'être récompensés pour cela, afin de rompre avec la perspective d'une installation indéfinie dans le chômage. Le chômage est une transition, pas un état. Durant les années 1980 et 1990, devant la montée du chômage de masse, dans certains pays, les responsables des politiques de l'emploi ont cru bon de rendre possibles des prolongations quasi indéfinies de l'assurance-chômage. Il suffisait, par exemple, de suivre un stage ou de participer à une expérience de travail subventionné pour voir ses droits à l'assurance-chômage reconstitués, comme ceux que l'on obtient quand on est dans l'emploi. Cette manière de créer et nourrir un circuit de très long terme dans le système de l'assurance-chômage est perverse. En effet, elle dit à tous les acteurs, aux chômeurs, aux services de placement, mais aussi aux entreprises, qu'il est possible de rester indéfiniment candidat à l'emploi. Si une personne arrive au bout de ses droits à indemnisation, d'autres programmes doivent pouvoir la prendre en charge. Et justement, il s'agit de ne pas en arriver là.

Il faut mobiliser certes les chômeurs, mais aussi et surtout les agences responsables des programmes d'indemnisation, de formation et de placement. Comment inciter le système entier à développer les bonnes agences de

1. C'est, rappelons-le, une des principales conclusions de Peter Auer sur les succès qu'ont connus certains petits pays européens durant les années 1990. Voir Peter Auer, 2002, *op. cit.*

placement ? La réponse est de créer un mécanisme financier par lequel ce système, s'il réussit à placer davantage de chômeurs, voit s'alléger son fardeau financier. Le problème est qu'il y a en général deux budgets et deux organismes différents, l'un chargé de l'indemnisation et l'autre du placement. Il faut créer une solidarité entre les deux types de dépenses, « passives » et « actives », les faire relever de la même caisse : si l'agence publique pour l'emploi dépense avec succès dans la rubrique « active », cela doit se voir *en sa faveur* dans la réduction des dépenses « passives » qui suivra ce succès. La démarche des « marchés transitionnels », sans exclure d'inciter les personnes, privilégie l'incitation des institutions, des organisations. Elles aussi ont besoin de percevoir clairement et rapidement les conséquences de leurs actions.

Ces deux premières préconisations ne prennent leur sens que reliées à la troisième. Réhabiliter les dépenses « passives » et créer des incitations pour les agences de formation et de placement, cela suppose qu'un ensemble suffisant d'opportunités est ouvert aux chômeurs et aux travailleurs en général. Le troisième point est ainsi la promotion à vaste échelle de droits à mobilité. L'assurance-chômage doit être transformée et étendue en une autre assurance plus vaste, l'assurance-emploi [1]. Celle-ci inclut, à un premier étage en quelque sorte, les protections traditionnelles de l'assurance-chômage : les composantes « actives » et « passives » des politiques de l'emploi. Mais un second étage doit être formé de l'ensemble des droits à transitions ouverts aux travailleurs, par exemple les droits à

1. Voir G. Schmid, « Towards a new employment compact », in G. Schmid et B. Gazier (dir.), 2002, *op. cit.*

congés parentaux, pour convenance personnelle et congés-formation. Cet élargissement permet de démultiplier les options disponibles, notamment en introduisant la possibilité, pour des périodes données, de s'engager dans des tâches domestiques, bénévoles ou militantes, tâches reconnues socialement utiles et cependant non valorisées sur le marché du travail.

Toutefois, les « marchés transitionnels » ne consistent pas à instaurer une société de congés payés permanents ! Le financement public ou par les entreprises n'est du reste pas le seul possible. Il pourrait y avoir par exemple des dispositifs où les personnes désireuses de s'engager dans une transition donnée pourraient épargner préalablement une partie de la somme nécessaire au financement de la « transition ». Les droits seraient par exemple, outre un financement partiel, la garantie d'être repris(e) après coup dans la même entreprise, sinon au même poste.

Ces droits à « transitions » visent à instaurer la garantie pour tous d'un accès à l'emploi rémunéré et à l'autonomie financière. Les transitions sont conçues et gérées pour favoriser l'accès à l'emploi. La généralisation et la banalisation des droits à congés pour motifs divers doit permettre à chacun(e) de quitter son emploi pour un temps et de le retrouver par la suite. Organiser et subventionner ces transitions, c'est faire qu'une série d'étapes hors emploi mais socialement balisées deviennent partie intégrante d'une carrière professionnelle au lieu de venir l'interrompre. La création ou l'extension de ces droits à grande échelle doit générer un réseau de places supplémentaires, qui servira à banaliser et sécuriser la démarche. Ensuite, beaucoup des périodes hors emploi productif seront des formations, des recyclages, et auront donc pour fonction d'entretenir et d'actualiser les connaissances et les qualifications. L'accès à l'emploi est donc favorisé par un autre canal, celui de l'amélioration des compétences des travailleurs.

Organiser sur une base permanente ces mobilités revient en définitive à développer des composantes *préventives* des politiques de l'emploi, dont on a vu combien elles manquaient. Reclasser des chômeurs de longue durée, combattre les trajectoires d'appauvrissement et d'exclusion, cela se fait de plus en plus difficilement à mesure que le temps passe et que s'installent les cercles vicieux de la démotivation et de l'isolement. La lutte contre l'exclusion change de braquet si elle peut s'appuyer sur des droits garantis à tous qui viennent compléter et rendre crédibles les efforts en faveur des plus défavorisés.

Faire fonctionner cette assurance-emploi, c'est donc instaurer des droits à mobilité, des « droits de tirage sociaux » distribués sur une base individuelle. Ils correspondent à des « bons » (en anglais : « vouchers ») distribués à chaque personne, qui est libre de les utiliser ou non. Mais ces droits dont chacun est porteur sont garantis à l'échelle nationale, et appliqués concrètement collectivement au niveau local. L'essentiel des décisions concernant les transitions et les politiques de l'emploi devraient être prises dans des négociations au niveau local : entreprise, bassin d'emploi, région…

Par rapport aux politiques de l'emploi traditionnelles, il s'agit d'un processus de décentralisation et de réappropriation de celles-ci par les acteurs locaux, munis de nouveaux moyens. Deux séries d'initiatives sont promues par là même. Celles des acteurs locaux, et aussi celles des travailleurs et des chômeurs, qui ont à faire leur choix dans l'ensemble des options qu'on leur ouvre. Cela contraste avec la gestion traditionnelle des politiques de l'emploi, dont on a vu qu'elles reposaient largement sur les initiatives discrétionnaires et plus ou moins volontaristes de l'État central, avec selon les cas plus ou moins de déconcentration et de partenariats. Cet élargissement et cette décentralisation prennent tout leur sens au niveau européen, tant pour l'impulsion que pour le financement. Mais cette perspective laisse subsister en fait un large champ de responsabilités à l'État national, tout en les redéfinissant. Ce dernier aura à faire et à expliciter une redistribution en fonction de l'ampleur des besoins constatés région par région.

Une autre nécessité vient plutôt renforcer l'exigence de décentralisation. Il faut une infrastructure riche et dense pour donner un contenu à la plupart des droits évoqués cidessus. Par exemple, les droits à formation supposent des cours, des stages en entreprise bien organisés et des enseignants compétents et motivés. Oui, mais pourquoi penser que seul un réseau national et étatique peut répondre à ce besoin ? C'est précisément la formation continue qui en France a été confiée aux régions. Nous entrons dans l'ère de l'État modeste, soucieux de mettre en contact et d'inciter plus que d'ordonner. La complexité des politiques de l'emploi est déjà grande. Y ajouter la gestion des droits à mobilité vient l'accroître encore. Le parti-pris dans le cadre des « marchés transitionnels » est de hiérarchiser différemment les responsabilités et de rapprocher les conséquences des décisions des acteurs qui les prennent.

CHAPITRE 5

COMPÉTENCES EN TRANSITIONS

Une carrière professionnelle réussie commence par un parcours initiatique. Une jeune fille diplômée, par exemple en informatique, vient d'être embauchée par une firme multinationale. La nouvelle recrue va d'abord voyager un an ou deux tout autour du monde. L'entreprise désire qu'elle fasse connaissance avec la variété de ses implantations et de ses établissements. Ensuite, on lui confie un poste relativement peu exposé, pour qu'elle fasse ses premières armes. Après quelques années, il est possible que la jeune collaboratrice désire avoir des enfants, et l'entreprise, après les congés de maternité, lui accorde un mi-temps tout comme elle lui ouvre l'accès à une crèche. Vient le temps des programmes ambitieux, des postes de responsabilité croissante. Assez rapidement, compte tenu du rythme soutenu des innovations dans cette spécialité, apparaît la nécessité de se recycler. Un stage de six mois, voire davantage, lui permet d'actualiser ses connaissances et de rester à la pointe. Entre-temps une mutation géographique a pu se produire, pour suivre un conjoint ou pour accéder à un nouveau poste. Mais, au bout de quelques années encore, il devient difficile de rester à la pointe des innovations informatiques. L'entreprise décide alors de faire passer la technicienne sur un poste commercial, et de la soustraire à la pression permanente des changements techniques. Ce qui suppose une formation complémentaire spécifique, et de nouveau un premier poste d'accoutumance… Ainsi se déploie, dans cet exemple idéal, une carrière doublement favorisée, de salariée fortement diplômée, en très grande entreprise.

Ces multiples mobilités, avec parachutes et fortes chances de réussite, que la grande firme organise spontanément pour ses cadres et ses techniciens de haut niveau, sont déjà des « marchés transitionnels ». La question est de savoir comment les généraliser à toutes les entreprises et tous les travailleurs. Un débat se poursuit en France depuis de longues années sur les justifications et les risques attachés à l'utilisation de la notion de « compétence ». « Compétence » tend à se substituer à « qualification ». Les qualifications étaient l'outil qui, depuis la Révolution industrielle, permettait de classer les travailleurs, de justifier les écarts de salaire entre eux et d'organiser leur progression de carrière. Le niveau de diplôme initial, l'importance de l'expérience accumulée et l'importance des responsabilités prises sont les trois critères à partir desquels on jugeait de la qualification acquise par un travailleur. L'aptitude à apprendre et l'aptitude à diffuser ses connaissances autour de soi viennent aujourd'hui compléter la liste des critères et permettent de parler de compétences. Ces deux ajouts manifestent en fait un changement de priorité. Il ne s'agit plus seulement de constater, à un moment du temps, un niveau de capacités productives utilisables par l'entreprise, mais d'évaluer une aptitude individuelle à acquérir d'autres capacités au cours du temps, à évoluer et à faire évoluer les autres.

Avec cette arrivée explicite de préoccupations individuelles et dynamiques, la notion de compétences remet en cause les points de repère antérieurs. Le débat apparaît là. Les compétences ouvrent la porte à la valorisation de qualités subjectives étroitement liées à la personne, et moins aux acquis objectifs constatés pour des groupes entiers. Mais la compétence est bien en ligne avec les changements auxquels font face les entreprises et les métiers, qui valorisent les capacités d'initiative et d'adaptation individuelles. Et les partenaires sociaux peuvent s'impliquer dans des « démarches compétences » qui assurent le développement, la validation et la reconnaissance de celles-ci [1].

Dans la perspective des « marchés transitionnels », le recours à l'idée de compétences est naturel, et il est au centre de démarches collectives et négociées. Celles-ci doivent désormais prendre en compte les trajectoires d'accumulation de compétences tout au long de la vie professionnelle. Ces trajectoires commencent avec l'acquisition d'aptitudes de base et se poursuivent avec le jeu des spécialisations et recyclages. Elles sont soumises en permanence au risque d'obsolescence. Il faut, pour obtenir des parcours réussis, que ce risque soit perçu, traité et anticipé. Les compétences des travailleurs sont ainsi elles-mêmes en transition et appellent une gestion tout au long du cycle de vie pour éviter les impasses et les ruptures. Il s'agit, avec l'aide des principes gouvernant les « marchés transition-

1. Pour une illustration de ce débat et de ce processus, voir le numéro de mars 2001 de la *Revue de la Confédération française démocratique du travail :* « Compétences, vers un système de reconnaissance. »

nels », de rechercher les moyens de « contrer » les tendances apparemment irréversibles qui marginalisent les travailleurs jugés faiblement productifs ou faiblement adaptables. Alors on prend pied sur le continent encore largement ignoré des démarches préventives, ce qui remet en question certaines orientations des politiques traditionnelles de formation et ouvre à de nouvelles pratiques des entreprises.

Anciennes et nouvelles mobilités

Parler *en général* des entreprises et de leurs pratiques de gestion des salariés ne peut se faire qu'avec une grande prudence. Il n'y a pas grand-chose de commun entre un maraîcher et une raffinerie, si ce n'est qu'il s'agit de deux entreprises. Celles-ci peuvent aussi, à taille et spécialité identiques, adopter des comportements très différents vis-à-vis de leurs salariés. Mieux encore, une même entreprise peut choisir de traiter très différemment ses collaborateurs « centraux » et une périphérie faite de stagiaires, d'intérimaires ou même de travailleurs mis durablement à disposition par une autre firme (travailleurs en régie).

Mais l'éventail de base reste assez simple, voire simpliste. D'un côté des entreprises, souvent de petite taille, qui s'en tiennent à une gestion minimaliste de leurs salariés, et ne peuvent (ou ne veulent) ni les stabiliser durablement ni leur offrir de véritables carrières. Un marchand saisonnier de glaces et de limonades, qui passe à d'autres activités une fois la belle saison passée, n'est pas incité à élaborer un itinéraire professionnel complexe pour ses collaborateurs dont il va se séparer en septembre – ce qui ne veut pas dire qu'humainement il se désintéresse d'eux ! De l'autre on trouve des entreprises plus durables, aux reins plus solides, qui ont à leur disposition une palette de choix plus variés, incluant des politiques de stabilisation, voire d'attachement à très long terme.

Cette opposition élémentaire existe depuis une bonne centaine d'années. Mais elle a perdu une bonne part de son tranchant. Garder des « salariés à vie » pouvait être considéré, il y a trente ou quarante ans, comme la meilleure manière de constituer un collectif de travail, un groupe soudé de travailleurs qui maîtrisent une série de compétences et ont l'habitude de travailler ensemble. On pouvait croire que cet attachement permanent était le garant de leur motivation et de leur capacité d'adaptation. Il en allait de même pour les fonctionnaires. Désormais, cette option est critiquée. On dénonce les carrières à l'ancienneté, l'esprit routinier, le manque d'implication individuelle, et l'éloge de l'individualisation et de la flexibilité prend la place de l'ancien argumentaire. Mobilité, flexibilité et transitions, même combat ? Il est facile de montrer que ce credo n'est pas le bon. La stabilisation garde son actualité.

Il n'existe pas une forme de mobilité unique, mais plusieurs : géographique, fonctionnelle, promotionnelle, interne et externe, qui peuvent au reste se combiner ou s'impliquer les unes les autres [1]. Les employeurs et les salariés attendent des choses bien différentes de la mobilité. Pour les employeurs, c'est d'abord l'exigence de disposer

1. Les développements qui suivent s'alimentent aux travaux menés par Helen Burzlaff et Jean-Pierre Le Padellec, *La Stratégie du mouvement*, Éditions Liaisons, 2001.

de la bonne personne au bon endroit. Il peut s'agir aussi bien d'une mission temporaire, d'un projet à réaliser que d'un poste durable à pourvoir. Cette demande primordiale peut prendre des formes très contraignantes pour le salarié, certaines entreprises conditionnant le recrutement à l'acceptation d'une éventuelle mobilité géographique. En témoigne le cas ancien et extrême des gardiens de phares. Au XIXe siècle et au début du XXe, un long séjour « en enfer », dans un phare isolé et la plupart du temps coupé de la liaison avec la vie normale, était le préalable nécessaire avant d'accéder au « paradis » des phares simplement établis sur la côte. L'automatisation des phares a supprimé ces parcours d'initiation interminable, et a du reste largement réduit le nombre de postes dans la profession.

Il faut aussi alimenter en interne la hiérarchie et organiser, quand ce n'est pas canaliser la concurrence entre salariés. Les entreprises sont ainsi nombreuses à instaurer le passage obligé par tel ou tel type de poste pour accéder à des responsabilités. Il peut s'agir d'une exigence de formation préalable par diversification minimale des fonctions et des expériences ; ou encore d'un mouvement géographique imposé pour construire une légitimité – par exemple, les règles de la Fonction publique excluent qu'un(e) promu(e) devienne immédiatement responsable du service précis dans lequel il/elle occupait un poste d'exécution. Ce sont ainsi des préoccupations de gestion des carrières qui interviennent. Ces mouvements de mobilité interne peuvent se combiner à des recrutements externes et contribuer à une forme de brassage périodique délibéré, visant au renouvellement des équipes et de leurs dirigeants.

Pour les salariés, la mobilité s'envisage d'abord en fonction d'un plan de vie et de préférences individuelles ou familiales. Le choix d'un métier, d'une région, le goût pour une fonction ou l'attachement à une ville ou à un quartier constituent un premier ensemble de critères, complété (ou perturbé !) par les goûts et les contraintes du conjoint. Il en résulte des arbitrages complexes lorsque les souhaits, ou les résultats de négociations au sein du couple, se heurtent aux exigences ou aux règles du jeu édictées par l'entreprise. Tel salarié préférera renoncer à une promotion si elle s'accompagne d'une mutation non désirée.

Une seconde série d'aspirations sont directement liées aux projets de carrière. Obtenir un poste de responsabilité, progresser sur un itinéraire en diversifiant ses expériences ou simplement être mieux payé sont des motivations sous-jacentes aux décisions de mobilité à l'initiative du salarié. Plus négativement, quitter un groupe de travail dont on n'apprécie pas l'ambiance ou un supérieur avec lequel on est en conflit constituent d'autres objectifs traditionnels, fort répandus, de mobilité. Il résulte de ces attentes très différentes des conflits et des compromis, et beaucoup de cas de mobilités contraintes imposées par l'entreprise à des salariés qui ne sont pas en mesure de trouver des alternatives à la soumission ou à la démission.

Le contexte économique et social actuel introduit d'autres cas de figure. Les uns en rajoutent du côté de la contrainte : les licenciements, les pratiques d'externalisation, les emplois précaires induisent de la mobilité forcée, avec les risques d'exclusion déjà soulignés. Plus simplement et plus positivement malgré tout, le but de garder son emploi peut devenir un motif d'acceptation de mobilité. Du côté aussi des projets de carrière, la mobilité tend à prendre une autre signification. Elle peut en effet correspondre à une stratégie individuelle ou collective d'accumulation de compétences, dans un contexte de changement permanent. À l'extrême, certains travailleurs peuvent développer des « carrières sans frontières », au cours desquelles ils vont de projet en projet et de collaboration en collaboration [1]. Et certaines entreprises créent des « pools » de compétences dans lesquels elles puisent en tant que de besoin pour constituer les équipes chargées d'un projet donné.

La nouvelle donne de la fidélisation des travailleurs

Cette mise en mouvement des mobilités transforme leur rôle dans la gestion des carrières. Les défis de l'adaptation au changement conduisent les entreprises, on l'a vu, à mettre l'accent sur la capacité à apprendre et à prendre des initiatives autant que sur l'adéquation instantanée à un poste. Une première réaction s'observe dans le cadre d'entreprises ayant instauré des « marchés internes », c'est-à-dire des pratiques de fixation à très long terme de salariés, pratiques allant parfois jusqu'au recrutement préférentiel de leurs enfants. Elle consiste à remettre en cause les « rigidités » de ces « avantages acquis ». Il s'en est suivi des affrontements avec les syndicats et une recherche plus ou moins systématique de flexibilisation. Le cas de Renault-Billancourt est assez exemplaire de ce type d'évo-

1. Michael Arthur et Denise Rousseau, *The Boundaryless Career*, Oxford University Press, 1996.

lution heurtée. L'établissement était en quelque sorte cogéré avec la CGT. Les salariés, souvent très peu qualifiés, travaillaient dans un établissement devenu malcommode qu'il a fallu fermer [1]. Une série de conflits violents à la fin des années 1980 a conduit au reclassement partiel des salariés, beaucoup de travailleurs immigrés ne bénéficiant que d'un « chèque-valise » censé financer le retour dans leur pays d'origine. Les pratiques de recrutement de Renault se sont depuis considérablement diversifiées. Une part croissante de la production est désormais effectuée chez des sous-traitants, qui recrutent sans garantie d'emploi des salariés jeunes et fortement qualifiés [2].

Une autre réponse possible est de juxtaposer délibérément dans le même établissement, parfois pour une même tâche, des groupes de travailleurs aux statuts différents. Le but est d'organiser, sinon l'extinction progressive du groupe bénéficiant des dispositions les plus avantageuses, du moins sa mise en concurrence avec d'autres travailleurs moins bien traités mais a priori tout aussi productifs. Le risque est de déboucher sur des conflits et des incohérences.

Toutefois, les entreprises perçoivent de plus en plus que l'essentiel est dans une respiration désormais perçue comme nécessaire, celle du ressourcement individuel au cours des étapes de la carrière. Détachement, mise à disposition, mobilité entre les métiers, ouverture sur des compétences complémentaires, passage d'opérationnel à fonctionnel et vice versa, voire expatriation, voilà quelques-uns

1. Daniel Labbé et Frédéric Périn, *Que reste-t-il de Billancourt ?*, Hachette, 1988.

2. Armelle Gorgeu et René Mathieu, « L'emploi dans la filière automobile », *La Lettre du Centre d'études de l'emploi*, n° 55, décembre 1998.

des outils qui, sans être des passages obligés, contribuent à diversifier les expériences et les points de vue, construisant par là cette compétence qui doit déborder du poste actuellement occupé ou à pourvoir immédiatement.

Dans ce contexte, les choses se renversent. La mobilité devient une condition de la stabilisation. Cela vaut tant du côté de l'entreprise que de celui des salariés. Pour les entreprises, la nécessité d'aligner les disponibilités en travail sur les besoins qui découlent des choix stratégiques continue à être prioritaire, avec une préoccupation supplémentaire, celle d'anticiper les nouveaux métiers et de préparer les nouvelles activités. C'est d'abord sur ces points que se renforcent les liens entre performance et mobilité. Il faut disposer de la bonne personne au bon moment et au bon endroit, avec des capacités d'apprentissage, de renouvellement, de réaction et d'anticipation[1]. La capacité à mobiliser des travailleurs sur un projet donné, puis à les redéployer sur un autre, devient une des conditions de la réussite économique.

L'exigence de régularité ressurgit alors, au sein de groupes de travailleurs que l'on cherche à fidéliser. Même purement interne, une mobilité excessive est en effet nuisible. L'exigence de diversification des expériences pour des cadres sur la voie de la promotion, affirmée par de nombreuses entreprises, peut les conduire à organiser des pas-

1. C'est ainsi que les firmes de travail temporaire organisent désormais pour les plus demandés de leurs salariés des carrières sécurisées et variées. Toutefois une majorité des intérimaires ne bénéficient pas de ces conditions favorables et subissent la discontinuité de l'emploi. Voir Gilbert Lefèvre, François Michon et Mouna Viprey, « Les stratégies des entreprises de travail temporaire, acteurs incontournables du marché du travail, partenaires experts en ressources humaines », *Travail et emploi*, janvier 2002, p. 45-64.

sages trop brefs dans certains services. Ces cadres pressés en trajectoire ascendante n'ont pas le temps de suivre les éventuels changements qu'ils mettent en route, et partent avant d'avoir pu en tirer les enseignements. Leurs subordonnés, voyant passer les météores, sont rapidement désabusés et s'en tiennent au service minimum : une exécution routinière des tâches prescrites. Il ne s'agit donc pas de développer n'importe quelle mobilité, ni d'en faire une panacée.

Vis-à-vis des salariés, la mobilité interne devient un argument de fidélisation et de motivation. L'existence de possibilités de promotion, mais aussi de mi-temps, de mutations dans différentes régions, d'accès à des formations, etc., vient compléter l'offre de salaires ou de compléments au salaire tels que les primes et les avantages en nature. L'organisation de concours internes, la perspective de davantage d'autonomie ou de responsabilité peuvent aussi être des substituts à des hausses de salaires généralisées, et entretenir la motivation. Ces perspectives prennent d'autant plus d'importance que les salariés concernés sont durablement attachés à l'entreprise et susceptibles de s'enfermer dans la routine ou la démotivation. Elles s'appliquent a fortiori aux fonctionnaires, plus généralement à toute « main-d'œuvre à statut ». La mise en mouvement de ces travailleurs peut prendre ainsi la forme de nouveaux droits, au lieu d'être imposée sous la forme du démantèlement des garanties antérieurement consenties.

Ces politiques, initialement destinées aux cadres, tendent à aller nettement au-delà, et dans certains cas s'appliquent à l'ensemble des salariés. Elles partent des besoins de l'entreprise : celle-ci cherche à fidéliser, à travers des parcours qui peuvent être complexes, les salariés dont elle juge utiles les compétences actuelles ou futures. Mais certaines entreprises, soucieuses d'assumer leurs responsabilités citoyennes ou simplement désireuses d'entretenir une image d'entreprise « sociale », cherchent à associer performance économique et performance sociale, en étendant cette gestion des mobilités à l'ensemble de leurs membres. Elles mènent alors la lutte contre l'exclusion qui frappe ou menace les moins productifs des travailleurs. Mais ces démarches sont restées dispersées.

Le management transitionnel des mobilités

L'apport des « marchés transitionnels » est d'abord de proposer une vision d'ensemble des flux de mobilité, qui sont traditionnellement perçus et gérés de manière séparée. Dans le langage de l'entreprise, le passage de la formation à l'emploi devient ainsi le recrutement de jeunes diplômés ; le passage de l'emploi vers la formation correspond aux congés de formation et de recyclage, etc. On met alors en évidence, au niveau d'une firme ou d'un établissement, le jeu conjoint des mouvements qui affectent les salariés. Il peut s'agir aussi bien de nécessités fonctionnelles de base que de choix délibérés de l'entreprise au-delà de ces mouvements inévitables. Le flux des recrutements qu'induisent les départs à la retraite ou les démissions est un exemple de la première catégorie ; cependant que les éventuelles contributions à des actions d'insertion dépendent d'un engagement auquel certaines entreprises peuvent consentir au nom de leurs responsabilités sociales.

L'analyse des flux de la mobilité est d'abord purement quantitative. Elle consiste à collecter les informations permettant d'établir le total des mouvements sur une période donnée, par exemple un an. Pour fixer les idées, les entrées en provenance du monde de l'éducation peuvent être de 6 300, cependant que les entrées et sorties vers les activités hors marché du travail seraient de 700, etc. On complète par la recension des acteurs et des institutions concernés par ces mouvements, acteurs internes ou externes : organismes de formation, agences de placement, dispositifs de préretraite… pour l'externe ; cellule de reclassement, filiales… pour l'interne. Enfin, dans cette première phase de collecte des données, la démarche inclut une évaluation de ce que coûtent les transitions, au moins de manière approximative. Des ratios comme le coût global d'une embauche, le coût global d'une reconversion complètent la panoplie. Apparaît alors, plus ou moins cohérent, coûteux et développé, le système de mobilité avec lequel vit l'entreprise.

La gestion des ressources humaines est une grande consommatrice de modes et de recettes miracles. Les promoteurs de l'une d'entre elles voulaient précisément garantir l'adéquation des besoins et des ressources en main-d'œuvre. Il s'agit de la Gestion prévisionnelle des emplois et des compétences, ou encore GPEC. Celle-ci a été un échec spectaculaire. Pourtant, les développements ont été importants en France durant les années 1980 et le début des années 1990. La GPEC rassemble une série de pratiques, de techniques et de préconisations qui semblent avoir tout pour elles : l'intérêt à long terme de l'entreprise et de ses salariés, l'anticipation, le dialogue social. Le cœur de la démarche est simple[1]. Il consiste à effectuer, puis à comparer, deux projections à trois

1. Voir par exemple D. Thierry, C. Sauret et N. Monod, *La Gestion prévisionnelle de l'emploi et des compétences*, L'Harmattan, 1993.

ou cinq ans. D'un côté, les disponibilités en ressources humaines, compte tenu du niveau et de la palette existants des qualifications, de la démographie et d'hypothèses sur les flux de recrutement, de départ et de recyclage ; de l'autre, l'anticipation de l'évolution de la production, de la productivité, ainsi que du type de postes qui seront à pourvoir, afin d'apprécier les besoins en personnes et en métiers et compétences. La confrontation de ces deux projections doit permettre d'identifier des écarts, à plus ou moins brève échéance. On peut alors chercher à résorber ces écarts, soit directement, soit en élaborant différents scénarios et en comparant leurs mérites et leurs inconvénients. Concrètement, si les projections montrent qu'à l'horizon de trois ans tel type de technicien va manquer, on peut intensifier et élargir les efforts de recrutement, ou chercher à le remplacer par d'autres catégories de travailleurs – ou combiner les deux réponses.

Cette démarche prévisionnelle a été largement proposée et diffusée. Devant la multiplication des plans sociaux par lesquels certaines entreprises se sont débarrassées brutalement de centaines, voire de milliers de salariés jugés excédentaires, la réaction consistait à dire : plus jamais ça ! Il faut anticiper ces « sureffectifs » de manière à amortir le choc et négocier des voies de sorties progressives. Mener une gestion prévisionnelle de l'emploi devait permettre de négocier avec les syndicats et les pouvoirs publics, et d'anticiper les reconversions et les reclassements.

Patatras. Ces bonnes pratiques ne se sont pas généralisées, loin de là, même auprès des très grandes entreprises qui auraient eu les moyens intellectuels et financiers de les mettre en œuvre. L'inconvénient de la démarche si pleine de vertus apparentes est simple. Elle suppose une explicitation assez détaillée et à moyen terme des choix stratégiques de l'entreprise : les marchés ou les secteurs sur lesquels il est envisagé de pénétrer ou de se développer, les grandes orientations de localisation et de délocalisation, le type d'avantage concurrentiel que l'on entend construire, les grands projets, leur calendrier de réalisation… Dès les années 1980-1990, il était devenu clair que la plupart des dirigeants des entreprises ne disposaient pas de cette visibilité de moyen terme. De surcroît, s'engager sur la voie des confrontations fines entre besoins et disponibilités, c'est figer un rythme de croissance (ou de décroissance) des effectifs, c'est prendre le risque de planifier explicitement l'élimination de certains travailleurs. Dans le cadre d'une « gestion participative » associant les syndicats, l'affichage anticipé des rejets a un effet désastreux. La GPEC a assez rapidement rejoint le cimetière des modes gestionnaires qui ont fait leur temps. Ses apports techniques demeurent. La perspective des « marchés transitionnels » permet de leur redonner une nouvelle actualité.

Ce qui prend la place de la méthode des projections détaillées et de l'identification des écarts est un *diagnostic des mobilités*. Aujourd'hui, les entreprises, dans le contexte instable de la concurrence mondiale et des innovations technologiques, continuent à effectuer et expliciter des choix qui engagent leur avenir. Mais elles ne les détaillent pas, se contentant d'axes de développement. Elles cherchent en revanche à entretenir leur capacité d'adaptation pour faire face aux imprévus du court terme. La prise en compte des orientations stratégiques générales permet de déterminer les axes d'effort, et donc les grandes masses de compétences et de personnels nécessaires pour l'obtenir. Le diagnostic des mobilités déborde ainsi la question trop courte de l'adéquation des besoins et des ressources, pour détecter les transitions à freiner et celles qu'il faut développer, remodeler ou tout simplement inventer.

Il est alors possible d'allouer les budgets et de mettre en place un marché interne de l'emploi et des compétences. Ces deux processus sont toutefois, eux aussi, transformés. L'imputation des coûts, tout d'abord, doit prendre en compte les coûts indirects et de long terme associés à telle ou telle transition. Par exemple, la perte de savoir-faire qui découle de décisions de mises en préretraite. Ensuite, la préoccupation dynamique conduit à envisager des valorisations en termes d'*investissements*, et pas seulement de coûts d'exploitation. On peut inventer des transitions qui n'existent pas. Par exemple, l'anticipation d'un manque de techniciens à l'horizon de quelques années peut conduire à conclure un accord avec un IUT et à désigner une personne responsable d'une série d'enseignements et de stages élaborés en liaison avec l'entreprise. Il y a ainsi établissement d'un partenariat et création d'une nouvelle transition. L'investissement ne consiste pas simplement à payer pour obtenir ultérieurement des salariés disposant de telles ou telles compétences, il consiste aussi à se mettre d'accord avec un organisme de formation et à établir des pratiques de coopération qui pourront évoluer dans le temps et s'adapter à de nouvelles demandes.

Enfin, la recherche de l'adéquation entre besoins et ressources cède la place à une *politique de mobilité*. Il convient pour ce faire de construire un lieu systématique de recension des mobilités auquel les salariés comme les dirigeants pourront avoir accès de manière à élargir l'espace de leurs choix. Ensuite, la politique de mobilité suppose d'éviter les incohérences entre transitions afin d'éviter les effets pervers qui freinent les motivations et les performances des salariés. Par exemple, l'organisation des parcours obligés préalables à une promotion peut, dans certains cas, se révéler nuisible, comme on l'a vu. On débouche alors sur l'organisation d'un marché interne des mobilités et des compétences. Les disponibilités et les demandes peuvent se confronter, soit directement (cas d'annonces en Intranet), soit indirectement (via des conseillers pour la mobilité auxquels les salariés peuvent avoir recours). Et l'entreprise peut ainsi décider de favoriser telle ou telle mobilité, à l'aide d'incitations monétaires ou d'autres outils tels que les accélérations de carrière, les aides au déménagement, etc.

L'espace du métier

Ces dispositions ne valent toutefois que pour des entreprises dont les frontières, les configurations ou les propriétaires sont assez stables pour permettre d'identifier les responsabilités à moyen ou à long terme. Elles perdent de leur pertinence lorsque l'entreprise elle-même est prise dans un mouvement perpétuel [1]. Que proposer par exemple à une entreprise qui vient de changer trois ou quatre fois de propriétaire ? Nous expérimentons l'emploi précaire, mais ce qui est devant nous va plus loin, car c'est l'entreprise elle-même qui devient précaire. Depuis la nuit des temps les firmes naissent et disparaissent. Mais les ten-

1. Voir Hugues Bertrand, « Nouveaux métiers, nouveaux emplois : les métamorphoses des métiers », in « Les deuxièmes entretiens de l'emploi », *Les Cahiers*, ANPE, octobre 2001.

dances actuelles, que nous avons passées en revue dans le chapitre 1, sont plus inquiétantes. Elles sont à la réduction de leur taille moyenne, et plus encore à leur décomposition en de multiples entités qui n'ont plus les contours simples et stables antérieurs. Sous-traitance, externalisation, politique d'autonomie grandissante reconnue aux filiales ou aux « centres de profits », ces pratiques se répandent et dissolvent le lien de responsabilité directe qui unissait un patron et ses salariés. Certaines entreprises ont complètement « externalisé » leur fonction « ressources humaines ». Autrement dit, les services qui décident de l'embauche, des salaires et de l'avancement sont confiés à une autre entreprise spécialisée dans ce domaine. Un peu comme si la gestion des hommes était considérée comme une activité qui n'engage pas l'entreprise, hors de l'affectation de quelques cadres dirigeants. D'autres entreprises laissent à leurs filiales le soin de mener, établissement par établissement, leur propre politique de recrutement et de rémunération. Et chacun doit faire du profit faute de quoi la suppression guette.

L'aboutissement de telles tendances n'a pas encore de nom. Les observateurs hésitent et mobilisent un vocabulaire tantôt inquiétant tantôt poétique : firmes précaires, éphémères, transitoires, décomposables… La seule figure stable à laquelle on peut se raccrocher est celle du réseau. Les établissements continuent malgré tout à être insérés dans un ensemble de relations avec d'autres acteurs, qui leur fournissent des machines, des matières premières, de l'expertise, des clients… Et les travailleurs eux-mêmes peuvent s'organiser en réseaux de compétences, qu'ils mobilisent et déplacent en fonction des opportunités. L'appartenance à un ou plusieurs réseaux devient pour eux une question de vie ou de mort. Compte tenu de l'internationalisation grandissante des firmes, une condition sine qua non de survie apparaît, c'est la maîtrise de l'anglais. Les réseaux sophistiqués et dynamiques marchent à l'anglais. Bien des travailleurs aujourd'hui sont sur la voie d'une exclusion tacite, ou d'une relégation dans des filières condamnées, simplement parce qu'ils ne parlent pas l'anglais.

Il y a des limites à ces tendances dissolvantes, et les entreprises commencent à s'en rendre compte. Certaines firmes qui avaient « externalisé » complètement leurs services de gestion du personnel ont commencé à les réintégrer, et pas seulement pour la gestion des cadres « à haut potentiel ». En fait, le bon fonctionnement des réseaux suppose des normes communes et des régulations, et la mobilisation des personnes ne peut guère se faire durablement sans stabiliser leurs interlocuteurs et leur environnement. Mais ce serait se rassurer à bon compte que de voir dans ces forces de rappel le début d'un retour à une situation vraiment moins turbulente.

Ces défis vont très au-delà de la simple mobilité interentreprise telle que l'organisent des « marchés professionnels » à l'allemande, sur lesquels circule la main-d'œuvre issue de l'apprentissage. Pour les affronter, il s'agit de construire des espaces de mobilité nouveaux, qui seront sans doute centrés autour de l'idée de métier. Cela signifie un ensemble de relations durables des entreprises avec des partenaires qui les aident à traiter leurs problèmes de recrutement, à renouveler leur expertise et à collecter les informations sur les innovations et les marchés. Les entreprises y trouvent pour elles-mêmes un point fixe. Elles peuvent centrer leurs activités autour d'un ou plusieurs métiers, et en suivre les transformations au cours du temps par l'accumulation et le renouvellement de leurs compétences. Du côté des salariés, l'espace de mobilité est formé des firmes auxquelles ils ont accès, et de tous les outils qui permettent de reconnaître et de classer leurs compétences. Ici aussi le métier fournit un ancrage et le lieu d'une spécialisation qui les protège.

Ce peut même être une occasion de rebond pour des professions très générales, dites « transversales », dont on a parfois tendance à considérer qu'elles servent indifféremment dans toutes les filières. La profession de secrétaire, face à la diffusion de l'informatique, a perdu une bonne part de ses activités traditionnelles, telles que la frappe de courrier. Elle était ainsi menacée de disparition. Mais elle a pu se redéployer en se mettant à gérer la circulation d'une masse d'informations de toutes sortes qui sont nécessaires au bon fonctionnement de l'entreprise. Elle a pu ainsi se transformer et se spécialiser. En cela le métier se marie aux spécialités de l'entreprise.

L'existence des « espaces de mobilité » est reconnue depuis longtemps. Ils constituent eux aussi des démarches transitionnelles spontanément pratiquées dans certaines filières. La question est d'aménager systématiquement ces dispositifs, désormais centrés sur des métiers en évolution permanente. La circulation et la sécurité des travailleurs y reposent sur l'identification de compétences à la fois générales et spécialisées. Générales parce qu'il ne s'agit pas de qualifications non transférables comme en avaient certains ouvriers détenteurs d'un « tour de main » particulier et seuls à même de maîtriser une machine propre à une usine. Mais spécialisées aussi parce que les qualifications sont propres à un procédé ou une gamme de produits. Par exemple, un spécialiste de dessin assisté par ordinateur maîtrise certains logiciels qu'il retrouvera dans de nombreuses entreprises et sur de nombreuses machines, ce qui rend ses qualifications transférables ; mais il peut se spécialiser dans le dessin des bateaux, ce qui le lie à un métier. Pour organiser ces espaces de mobilité, un des points clés est de raccorder les deux modalités de reconnaissance professionnelle que sont le diplôme initial et la professionnalité acquise au cours du temps. Les négociations collectives autour de la transférabilité et la certification des compétences sont ainsi le complément indispensable de l'organisation des mobilités au sein des firmes.

L'effet-Matthieu de la formation [1]

Il existe des salariés très peu qualifiés, dans lesquels l'entreprise, quelle qu'elle soit, n'a guère tendance à investir. Ceux-ci, s'ils sont licenciés, risquent d'être enfermés dans le circuit des emplois précaires et déqualifiés, qui peut les conduire à l'exclusion. Ils font ainsi face à des mobilités très défavorables dans lesquelles ils ne souhaitent évidemment pas s'engager, dont ils voudraient se dégager, des mobilités forcées. Pour ces firmes et ces salariés, l'intervention publique est un préalable nécessaire, car seul un ensemble de droits garantis collectivement à tous les travailleurs peut surmonter les obstacles. Il faut définir ces droits et montrer comment les droits, une fois affirmés et garantis, peuvent être utilisés par ces firmes et ces travailleurs dans le cadre de leurs relations de travail et au cours de leur carrière.

1. « On donnera à celui qui a, et il en aura plus ; mais celui qui n'a pas, on lui enlèvera même ce qu'il a », Évangile selon saint Matthieu, XXV, 29.

La formation, initiale et continue, constitue depuis longtemps la principale réponse des politiques publiques à ces défis. Nous disposons, en France comme dans tous les pays développés, d'un dispositif de formation initiale et continue très développé. Et le congé formation constitue une des principales « transitions ». « Apprendre tout au long de la vie », « formation continue », « compétences », sont pourtant les mots d'ordre d'un consensus mou. Il faut être mieux formé, plus compétent : cette évidence est souvent martelée par les responsables politiques ou managériaux[1]. « Formation tout au long de la vie », voilà une de ces idées à la mode et dans l'air du temps. Si l'on considère, avec beaucoup d'observateurs, que le rôle des connaissances est sans cesse croissant dans notre société, devenue une « société (ou une économie) basée sur la connaissance », alors la formation continue devient une priorité pour tous. L'actualisation des connaissances et les recyclages sont indispensables et conduisent à recommander, pour tous les travailleurs de tous niveaux, un bilan périodique de compétences suivi d'actions de formation. L'exigence se renforce encore dans le cas des travailleurs faiblement diplômés ou faiblement qualifiés, qui doivent bénéficier d'une seconde chance et d'appuis spécifiques. Alors tout converge dans une belle rhétorique de l'intérêt bien compris. Les pays riches, innovants, qui ont recours essentiellement à de la main-d'œuvre très compétente, doivent

1. Ces développements s'appuient sur Éric Maurin, *L'Égalité des possibles*, *op. cit.,* et sur certains travaux de R. Boyer, notamment « Promoting learning in the enterprise : the lessons of international comparisons in the light of economic theory », communication à la Conférence internationale sur l'apprentissage des adultes, Séoul, décembre 2001.

confirmer cette situation en réduisant progressivement la taille du groupe de travailleurs faiblement qualifiés qui subsiste, et donc en améliorant continûment le niveau général de formation des travailleurs. Apprentissage permanent, validation des acquis, innovation, tout s'enchaîne tant au niveau du pays qu'à celui des entreprises, et même des individus. Les rapports rédigés dans le cadre de l'Europe ou de l'OCDE ont ainsi largement popularisé cette promotion de la formation, et spécialement de la formation continue, au rang d'ardente obligation [1].

Il y a pourtant loin de la coupe aux lèvres. En France, la « loi Delors » de 1971 avait pour but de stimuler les dépenses et les pratiques de formation à l'initiative des entreprises, et de « donner une seconde chance » aux salariés les moins formés. Elle a atteint le premier de ces buts, pas le second. Une de ses dispositions, toujours valide après la loi de mai 2004 sur la formation professionnelle, oblige les entreprises à dépenser un montant minimum de leur masse salariale en programmes de formation pour leurs salariés : 1 % en 1974, 1,5 % aujourd'hui. Au cas où leurs dépenses n'atteindraient pas ce seuil pour certaines entreprises, celles-ci doivent verser les sommes correspondantes sous forme d'une taxe destinée aux organismes de formation.

Beaucoup d'entreprises, principalement les plus grandes, mais aussi certaines PME « high-tech », dépassent le montant légal et consacrent entre 5 et 10 % de leur masse salariale à la formation de leurs employés. La loi a de

1. M.J. Rodrigues (dir.), *The Knowledge Economy in Europe. A Strategy for International competitiveness with Social Cohesion*, Edward Elgar, 2001 ; OCDE, *L'Économie fondée sur le savoir : des faits et des chiffres*, OCDE, 1999.

ce point de vue parfaitement rempli sa mission : amener les entreprises les plus faibles ou les moins concernées à un minimum, et permettre à toutes de choisir ensuite dans une offre diversifiée d'organismes de formation et de programmes, allant des enseignements les plus généraux et les plus abstraits aux stages pratiques. Le second but, offrir une seconde chance, devait quant à lui être atteint par la création d'incitations et d'aides à la formation destinées aux salariés eux-mêmes ; notamment le congé individuel de formation, affirmé comme un droit, peut être pris par les travailleurs qui le désirent.

Mais, fort logiquement, les entreprises, auxquelles une large initiative était reconnue en échange de l'obligation légale de dépense, ont privilégié les salariés les plus compétents à leurs yeux, et les formations qui leur étaient directement utiles. Un chiffre fourni par Éric Maurin est ici éloquent. Dans le privé, entre 1988 et 1993, près de 40 % des « professions intermédiaires » : techniciens, agents de maîtrise, représentants de commerce, etc., ont reçu une formation, contre 10 % des ouvriers non qualifiés. Qui pourtant avait le plus besoin d'une seconde chance ? Les « professions intermédiaires » sont non seulement mieux formées au départ, mais aussi bien plus assurées de rester dans l'entreprise en cas de restructuration. Nous retrouvons ici les effets cumulatifs et polarisés de la « machine à trier ».

Les entreprises ont privilégié les formations très courtes (quelques jours), pour simplement actualiser les connaissances des salariés et accumuler des savoirs directement utilisables. Rares sont celles qui ont saisi l'occasion d'élever le niveau de leurs collaborateurs les moins qualifiés. L'exemple de la fermeture de Renault-Billancourt est ici, à nouveau, probant. Certains des ouvriers qui étaient à la chaîne depuis de nombreuses années ne savaient tout simplement pas lire... Ce qui évidemment rendait difficile, voire impossible, leur reclassement ou leur adaptation à des conditions de production nouvelles.

La conclusion d'Éric Maurin est sans appel : « Telle qu'elle est pratiquée en France, la formation continue est ainsi à l'opposé de ce dont on a aujourd'hui le plus besoin, à savoir un dispositif luttant avant tout contre les passages prolongés par le chômage : s'adressant en priorité aux salariés occupant les emplois les plus vulnérables et accompagnant, non les évolutions techniques spécifiques à telle ou telle entreprise, mais l'accroissement des requis généraux nécessaires à de fréquents changements d'entreprise[1]. »

Voici confirmé pour la France l'effet-Matthieu de la formation : « On donnera à celui qui a, et il aura plus ; mais celui qui n'a pas, on lui enlèvera même ce qu'il a », selon la parole de l'évangéliste. Si vous n'avez pas de bonnes bases, il sera difficile de vous recycler ; si vous prenez un mauvais départ, les dispositifs de compensation seront faiblement opérants, et surtout ils ne s'adresseront pas à vous. Parmi les explications de cette apparente fatalité, une hypothèse vaut d'être mentionnée. Ce sont les personnes concernées qui elles-mêmes n'y croient pas et qui ne veulent même pas envisager que le dispositif puisse leur profiter. Les travailleurs les moins qualifiés sont en effet les perdants du système éducatif initial. Leur cursus scolaire est la plupart du temps, et en particulier en France, une série d'échecs et de relégations dans des filières de moins en moins valorisées. Dès lors, en tant que travailleurs adultes, ils ne sont pas du tout incités à prendre le

1. *L'Égalité des possibles, op. cit.*, p. 70.

risque de se former à nouveau et de se retrouver dans les situations d'échec qu'ils avaient fuies en entrant rapidement et peu formés dans la vie active. Reprendre le chemin de l'école, très peu pour eux.

Modèles nationaux, modèles salariaux

D'autres pays ont pu faire mieux – ou moins bien encore. Les mérites et les limites d'autres systèmes de formation des travailleurs, initiale et continue, sont maintenant bien connus, à l'issue de multiples travaux de comparaison internationale[1]. Il n'existe pas de système parfait, assurant à la fois un renouvellement rapide des compétences et la protection des moins qualifiés. Dans l'éventail des expériences nationales, trois grandes possibilités sont ouvertes. L'une consiste en quelque sorte à ne pas agir et à laisser faire le marché. C'est, très grossièrement, le choix retenu aux États-Unis. La formation professionnelle est alors largement laissée à l'initiative des firmes et des organismes privés de formation. Ceux-ci sont, dans ce contexte, soucieux de répondre dans les plus brefs délais aux besoins qu'expriment les entreprises. Il en résulte une adaptation rapide des compétences, et pas de politique correctrice envers les plus mal formés.

Les pays qui ont instauré l'apprentissage à l'allemande avancent sur une voie bien différente. Des accords entre partenaires sociaux organisent la formation en alternance

1. Cf. Robert Boyer, *op. cit.*

pour les apprentis, moitié en entreprise et moitié en salles de cours. Une fois formés, ceux-ci peuvent circuler d'entreprise en entreprise avec une professionnalité reconnue. La formation continue est alors laissée à l'initiative des firmes et des salariés, avec une assez large place reconnue à des formations générales. Trois problèmes demeurent. L'apprentissage fonctionne mieux dans l'industrie pour les jeunes hommes que dans les services pour les jeunes filles. Il y a ensuite l'infériorisation des travailleurs qui n'ont pas eu accès à l'apprentissage, qu'il est difficile de réinsérer dans le circuit normal. Enfin, les changements techniques aujourd'hui demandent de plus en plus de formation initiale générale, celle que le modèle ne fournit par définition que peu.

Enfin, dernier cas de figure, le système japonais organise pour tous les salariés des grandes firmes, et notamment les opérateurs à la base, un processus continu d'adaptation et de formation. On a longtemps vanté les mérites de ce choix, solidaire des autres composantes du « miracle japonais ». Celui-ci s'étant effondré, on voit mieux aujourd'hui ses limites. L'adaptation progressive risque d'être insuffisante face aux ruptures qu'introduisent les mutations technologiques ; et d'autre part le système laissait évidemment de côté les salariés qui ne bénéficiaient pas de l'« emploi à vie » pratiqué par les grands groupes.

Quoi qu'il en soit, ces grands modèles nationaux n'ont jamais supprimé la variété des situations à l'intérieur de chaque pays. Il est possible de distinguer avec Robert Boyer au moins trois modèles de relations d'emploi et de formation que l'on retrouve, selon des modalités et selon des proportions variables, dans tous les pays, et notamment en France[1]. Il y a tout d'abord la « stabilité polyvalente », qui correspond, pour l'entreprise, aux pratiques japonaises présentées plus haut : elle conserve des travailleurs stabilisés et recherche la souplesse par une organisation qui favorise la polyvalence. Elle s'appuie donc sur une formation continue permanente, principalement acquise sur le tas. Ces travailleurs plutôt favorisés n'ont guère d'initiatives en termes de mobilités, puisqu'ils sont stabilisés en interne. Mais d'autres travailleurs bien plus favorisés encore vont se révéler plus mobiles, à leur propre initiative cette fois. Leur carrière se déroule dans le cadre de l'« emploi professionnel », et ils doivent leur qualification à leur diplôme initial. Alors leurs compétences sont à la fois essentielles à l'entreprise et transférables d'une entreprise à une autre : ils peuvent ainsi circuler, et ils se révèlent très adaptables dans le cas des innovations radicales qui bouleversent l'activité des firmes. Dernier modèle enfin, le modèle de la « flexibilité sur le marché du travail ». Dans ce cas, les compétences sont limitées et transférables. Les travailleurs sont faiblement qualifiés et tendent à le rester. La formation n'est que faiblement utile à l'accroissement de la productivité de l'entreprise. Celle-ci est efficace grâce à ses choix d'organisation et de processus de production, et peut ainsi rejeter des salariés qu'elle n'a pas besoin de s'attacher. Mobilité de grande ampleur et contrainte, pour ces salariés subissant la flexibilité externe.

1. Il s'appuie sur un travail antérieur : Jean-Louis Beffa, Robert Boyer et Jean-Philippe Touffut, « Les relations salariales en France : État, entreprises, marchés financiers », *Notes de la Fondation Saint-Simon*, juin 1999.

En somme, le savoir-faire peut être à la fois dans les entreprises et les salariés, c'est le cas de la « stabilité polyvalente », ou encore seulement dans les salariés, c'est le cas de l'« emploi professionnel », ou enfin seulement dans l'entreprise, c'est le cas de la « flexibilité sur le marché du travail ». Ce sont donc des raisons très profondes qui justifient la variété des engagements des entreprises dans la formation de leurs salariés. Dans certains cas, l'entreprise crée en quelque sorte sa capacité productive et concurrentielle en formant en interne ses collaborateurs. Dans d'autres, elle ne peut ou ne veut pas le faire : cas des travailleurs très qualifiés qui doivent être recyclés à l'extérieur, ou cas des travailleurs faiblement qualifiés utilisés comme tels. Alors, l'entreprise « fait faire » et recrute en tant que de besoin. Et les institutions scolaires et universitaires propres à chaque pays font le reste.

La conclusion pratique de ce petit panorama est simple. Différentes mobilités sont effectivement attachées à différentes variétés et niveaux de compétences. On voit tout de suite qu'accroître la formation des moins formés est nécessaire mais pas suffisant. Accorder un droit universel à la « formation tout au long de la vie », sans organiser l'accès des moins favorisés, revient à maintenir les dérives que nous avons vues. Celles-ci peuvent même s'accentuer. C'est le cas en France. Au regard de ces expériences nationales variées, la « loi Delors » apparaît largement obsolète. Elle pouvait initialement s'appuyer sur un processus dans lequel les grandes entreprises jouaient une fonction d'intégration et suppléaient aux défaillances de la formation initiale. Il n'est guère possible d'espérer que la nouvelle loi de 2004 sur la formation professionnelle, qui conserve la logique initiale, puisse « relancer la machine » : le ralentissement des recrutements et l'accélération de la modernisation des entreprises jouent contre les moins formés, qui sont de plus en plus condamnés aux emplois précaires.

Les temps sont désormais bien plus durs pour les non-qualifiés en France, et en particulier pour les jeunes sans véritable formation. Il y a quelques années, ceux-ci parvenaient à s'intégrer grâce au *modèle de la « file d'attente »*. Ils faisaient leurs premières armes dans les emplois précaires, pour ensuite obtenir des emplois stables. Peu à peu s'est imposé un autre modèle, le *modèle de la partition*, dans lequel les ponts sont rompus entre les emplois temporaires et permanents, au moins pour un groupe significatif de travailleurs. Durant les années 1990, la France est passée progressivement d'un modèle de « file d'attente » à un modèle de partition[1]. La durée du séjour dans les emplois précaires s'accroît, le fossé s'est élargi entre un réservoir de précaires permanents et les autres.

Les voies de la résorption des travailleurs non qualifiés

Un premier réflexe est d'abaisser le coût de ces collaborateurs faiblement productifs, par exemple par des subventions, ou en autorisant de faibles rémunérations, au-dessous du salaire minimum, afin que les entreprises trouvent intéressant de les recruter malgré tout. Il y a de bonnes raisons d'être sceptique vis-à-vis d'une stratégie dont l'axe central

1. C'est la conclusion de Bénédicte Galtier et Jérôme Gautié, « Flexibility, stability and the interaction between employment protection and labour market policies in France », in Peter Auer et Sandrine Cazes (dir.), *Employment Stability in An Age of Flexibility : Experience from the Industrialized Countries*, BIT, 2003.

est d'abaisser le coût du travail non qualifié. Cette stratégie, poursuivie depuis longtemps dans le cas de la France, peut bien réussir à remettre en emploi une partie des travailleurs non qualifiés, ce qui n'est certes pas négligeable à court terme. Mais, si elle n'est pas accompagnée d'efforts pour modifier leurs trajectoires et leurs compétences, elle ne peut pas « contrer » le circuit de la précarité dans lequel ils risquent d'être enfermés. Plus grave encore, cette stratégie risque de « tirer » vers le bas les tarifs et les prestations du marché du travail. Au lieu d'obtenir un équilibre dans lequel des travailleurs compétents sont bien payés, on obtient un équilibre dans lequel des travailleurs dévalorisés sont mal payés.

Il faut pourtant subventionner le travail faiblement qualifié et même très faiblement productif. Mais on doit le faire au cas par cas. Pour des personnes très handicapées, l'inactivité avec un revenu versé par la collectivité est la seule solution. En revanche, d'autres personnes, par exemple les handicapés légers, peuvent bénéficier de programmes leur ouvrant l'accès à des emplois protégés si elles le souhaitent, c'est alors une logique d'ergothérapie. Le travail leur apporte une vie sociale et des échanges, et il peut constituer une source de bien-être. Un exemple bien connu est l'emploi de handicapés légers dans des restaurants d'entreprise. Les subventions pour des emplois ordinaires se justifient dans le cas de catégories désavantagées telles que les chômeurs de longue durée. Elles doivent alors être ciblées et massives. Et dans le cas de personnes qui sont simplement non qualifiées, elles doivent être complétées par des actions de formation volontaristes.

Même énoncé de manière trop optimiste dans la rhétorique de la « formation tout au long de l'existence », l'objectif doit être réaffirmé. Il s'agit bien de parvenir à une quasi-disparition du travail non qualifié dans les pays développés. La coexistence dans l'emploi entre des qualifiés et des non-qualifiés ne pourrait s'avérer avantageuse à ces derniers que s'ils sont suffisamment rares pour faire l'objet d'une demande forte d'employeurs désireux de les attirer. Et, même dans ce cas peu probable, ils feront face à la concurrence des travailleurs immigrés, dont beaucoup sont faiblement qualifiés et très mobiles.

Plusieurs voies sont disponibles pour construire peu à peu un marché du travail plus homogène et plus qualifié. Une première voie est restée ouverte en France, et elle a été saisie notamment dans le cas de salariés menacés par des restructurations de grande ampleur. C'est le cocktail « requalification + validation ». Les salariés faiblement qualifiés peuvent bénéficier d'initiatives de recyclage ou de mise à niveau qui, validées par un accord d'entreprise ou de secteur, leur ouvrent une véritable seconde chance. Un exemple important a été l'accord A cap 2000, signé en 1990 pour la sidérurgie. Signé par Usinor-Sacilor et par tous les syndicats (sauf la CGT), il prévoit d'organiser systématiquement le passage de la qualification à la compétence, en liant les carrières à des progressions individuelles appréciées tous les deux ans. Quatre dispositions montrent qu'il s'agit bien d'un processus collectif et négocié. En cas de divergence sur les bilans de compétences, le recours à une commission paritaire a été prévu ; un « parcours minimal de carrière » est garanti ; on valorise les compétences de groupe ; et on prend en compte les mandats syndicaux dans l'expérience acquise. Bien des difficultés ont jalonné la mise en œuvre de cet accord. Et l'un des ses apports s'est révélé paradoxal : la reconnaissance des savoir-faire en situation a fait réviser à la baisse les besoins de formation supplémentaire…

Ces actions, quels que soient leurs mérites, demeurent ponctuelles et arrivent après coup. Il faut agir plus en amont et de manière plus générale. Une seconde voie est d'affirmer une priorité politique bien plus forte en faveur des jeunes les moins formés. Il peut s'agir d'abord de construire ou reconstruire une base de connaissances initiales plus large pour les personnes qui sont rejetées par le système scolaire. Il peut s'agir aussi de développer des formations en alternance. Dans les deux cas, l'action doit être massive pour avoir un sens, ce qui suppose de dégager des moyens financiers et pédagogiques importants. Pour donner une idée de ce qui est nécessaire, il suffit de se mettre en mémoire ce qu'un État comme la France dépense, par an, pour un étudiant inscrit à l'université. Le coût d'une année d'études est de l'ordre de 10 000 euros par an. Bénéficiant de ce système gratuit, les étudiants ne payent, en guise de frais d'inscription, que des sommes de l'ordre de 300 à 500 euros. Certes, il leur reste à se nourrir et se loger. Mais la subvention est très importante, et beaucoup d'analyses ont souligné qu'elle profitait aux plus aisés, qui sont les plus nombreux à poursuivre leurs études. Les jeunes qui abandonnent leur formation ou sont rejetés par le système méritent au moins une subvention annuelle égale à ce montant, et logiquement ils ont besoin d'une aide au moins égale, voire supérieure, compte tenu de leurs handicaps. Dans notre pays, chaque année 60 000 jeunes sortent du système éducatif sans diplôme. On estime leur nombre total à 350 000. Si on envisage une allocation de 10 000 euros par an, cela fait 3,5 milliards d'euros annuels. Ce chiffre est à comparer au montant des dépenses publiques pour l'emploi actuellement consenties en France, qui était de 67 milliards d'euros en 2001. Au-delà de la question du coût, le défi est d'abord un défi d'imagination, car il faut trouver des formes de prise en charge et de formation qui soient adaptées à ces jeunes.

Même massive, l'action correctrice n'infléchira que peu les trajectoires professionnelles si les entreprises n'utilisent pas toutes les modalités de développement et de valorisation des compétences. Une troisième voie est alors la reconfiguration des progressions de carrière. Elles sont trop souvent étanches et organisées selon une seule échelle de progression. L'accumulation et la valorisation des compétences n'obéissent pas à un schéma unique, mais dépendent de voies variées encore mal reconnues. Tous les jeunes très diplômés qui désormais vont de stage en stage avant d'occuper un emploi montrent assez que la formation théorique, si poussée soit-elle, doit être complétée par un parcours d'initiation pratique. Faute de quoi la catastrophe guette. Mais, au bout d'un moment, il leur faudra aussi actualiser leurs connaissances initiales. Et jusqu'à un certain point, on peut compenser par l'expérience l'absence de certains diplômes. C'est surtout le cas lorsque la formation initiale est solide. Les cheminements de la compétence sont ainsi un va-et-vient entre les connaissances les plus abstraites et les connaissances implicites, tacites. Cette continuité entre l'abstrait et le concret, entre l'expérience et le diplôme, plaide en faveur d'un double réseau de passerelles, passerelles de formation et passerelles de carrières. Dans les deux cas, il s'agit d'éviter la constitution ou le maintien de mondes étanches qui perpétuent des castes, et de rendre possible la valorisation des étapes successives de la vie professionnelle.

Les « seniors » restent avec nous

Les travailleurs seniors ont mauvaise réputation. Ils sont lents, rigides, et ne peuvent plus apprendre. En conséquence, les entreprises tentent de s'en débarrasser, elles les confinent dans des tâches répétitives et spécialisées, elles ne les mettent pas sur les nouvelles machines et ne leur apprennent pas les nouvelles techniques ; du reste, certaines tendent à les exclure de la formation continue dès 45 ans.

Ce regard porté sur les seniors est injuste et même suicidaire. Nos sociétés vieillissent et il faudra payer les retraites. Si tous les travailleurs âgés étaient condamnés à l'inefficacité, on comprendrait mal l'âge moyen des dirigeants dans la plupart des pays ! Une fonction se perd à mesure que l'âge avance, c'est la mémoire immédiate. Mais on ne peut même pas dire que les travailleurs seniors sont plus lents. De multiples observations ergonomiques ont montré qu'ils préparaient plus les gestes et les tâches, et compensaient par davantage d'anticipation ce qu'ils perdent en réactivité musculaire et nerveuse[1]. En réalité, la réputation faite aux travailleurs âgés s'explique par un effet de génération. Ceux-ci ont en effet reçu une formation initiale nettement moins poussée que les jeunes qui entrent sur le marché du travail aujourd'hui. Il y a ainsi une illusion d'optique. On attribue à l'âge ce qui est dû à un décalage trop fort entre niveaux de formation. Ajoutons à cela les facilités que donne le chômage, les possibi-

1. Serge Volkoff, « Travailler à tout âge : prévenir et gérer le vieillissement », in *Âge et Travail*, La Documentation française, 2001, p. 21-26.

lités de recruter des jeunes très formés à des salaires plus faibles, il en résulte la tendance à rejeter les plus âgés à tout propos. Ceux-ci intériorisent eux-mêmes cette image, et aspirent à passer du statut dévalorisé de « travailleur âgé » au statut moins dévalorisé de « jeune retraité ».

Le chapitre précédent a montré que les préretraites instaurées en réponse générale étaient une impasse. Sans les exclure dans certains cas, par exemple pour les personnes prématurément usées par des tâches pénibles, l'orientation des « marchés transitionnels » rejoint le bon sens en plaidant pour le maintien dans l'emploi tant que celui-ci est souhaité. Justement, ce n'est pas toujours le cas. Bien des personnes aspirent à quitter l'univers concurrentiel et contraignant du « boulot » dès que c'est possible. Il faut donc ouvrir des options intéressantes. Cette ouverture des choix dépend des conditions de travail et de rémunération offertes par les entreprises et les administrations. Ce qui vient mettre en cause leur organisation du travail et des carrières.

On peut envisager le maintien d'un « senior » dans le poste qu'il occupait antérieurement, ou sa mutation sur un autre poste, ou enfin son changement d'entreprise, voire d'activité. Le maintien dans le poste exige parfois des aménagements très simples et concrets. Par exemple, on a remarqué que les charpentiers plus âgés nécessitaient un plus grand espace de travail, afin qu'ils puissent mieux assurer leur équilibre en écartant davantage les jambes ! Mais le cas le plus fréquent est le changement de poste. Celui-ci est pratiqué spontanément par les groupes d'assemblage, par exemple dans l'aéronautique et dans le montage de cuisines. Des collaborateurs jeunes et plus âgés se répartissent les tâches en fonction des aptitudes et des préférences de chacun. Enfin, le senior peut changer de métier.

Par exemple, la tenue d'un commerce ou d'un magasin, activité à forte composante relationnelle, qui suppose d'assumer une permanence et de bien connaître les produits, est très bien adaptée à des seniors, pourvu que les horaires ne soient pas trop contraignants.

Parfois, des changements mineurs suffisent pour exclure certaines collaborations. L'instauration d'un nouveau logiciel a souvent pour conséquence de bouleverser les points de repère des salariés, ce qui rend inopérante l'expérience que les seniors ont pu accumuler. Les consignes rigides et les mises sous pression les empêchent d'utiliser leurs représentations et leurs schémas de pensée. On peut donc les éviter. Mais on peut envisager une politique plus ambitieuse à visée préventive. Celle-ci revient alors sur l'ensemble des étapes de la carrière. La démarche « transitionnelle » plus développée consiste à définir dans chaque entreprise une stratégie générale d'amélioration de la qualité des emplois, ou du moins de minimisation des risques associés à ses postes de travail. Toute entreprise génère des postes plus ou moins exigeants et plus ou moins exposés. Il s'agit d'en minimiser les conséquences sur les salariés tout en instaurant un processus d'aménagement, d'amélioration de ces postes, voire de suppression de ceux qui sont les plus pénibles ou dangereux. Cette stratégie à la fois préventive et intégratrice est présentée par le sociologue hollandais Ton Wilthagen, qui propose l'expression de « rotation des risques » pour en résumer le point clé. Il s'agit d'organiser une rotation du personnel sur les postes qui pourraient se révéler risqués à tel ou tel égard[1].

1. Ton Wilthagen, « Managing social risks with transitional labour markets », in H. Mosley, J. O'Reilly et K. Schömann, *Labour Markets, Gender and Institutional Change*, Edward Elgar, 2002, p. 277 sq.

Découpage des postes exposés en postes à temps partiel, création de postes protégés pour les travailleurs vulnérables à un titre ou à un autre (arrivés récents, handicapés), passages périodiques d'un poste exposé à un poste qui l'est moins, et emplois de transition (« *bridging jobs* ») permettant d'accueillir ou de conserver les travailleurs seniors : ces dispositions mettent en jeu tous les « champs » de transitions que nous avions repérés au chapitre précédent.

Le catalogue de préconisations peut sembler décourageant, d'autant plus que certains pays, dont le nôtre, se sont installés dans une véritable culture de la sortie précoce. Les associations le savent bien qui sollicitent les services des préretraités et parviennent à en disposer gratuitement. Plusieurs pays se sont pourtant engagés avec succès sur la voie de la mise en valeur des compétences à tous les âges de la vie. C'est le cas de la Hollande, et surtout celui de la Finlande [1].

Pourtant, en 1995, ce pays était en passe d'éliminer complètement ses « vieux » du marché du travail. Le taux d'emploi des 55-64 ans y était alors de 36,1 %, ce qui veut dire que les deux tiers des personnes de cette tranche d'âge étaient exclus du travail. À titre de comparaison, à la même date, le taux d'emploi était supérieur à 60 % dans des pays aussi différents que la Suède, le Danemark et les États-Unis, et de 38,7 en France. Nous voici donc, comme en France, dans un des royaumes de la sortie précoce.

Cette situation est apparue suffisamment préoccupante pour qu'un groupe tripartite ait été constitué en 1995, avec des représentants du patronat, des syndicats et de

1. Anne-Marie Guillemard, « Les enseignements des comparaisons internationales », in *Âge et Travail*, *op. cit.*, p. 39-49.

l'État. Il a établi un plan national cohérent et systématique. Le diagnostic s'est en fait centré, non pas sur le poids de retraites ni sur les effets délétères de l'âge, mais sur l'écart de formation entre les jeunes et les seniors, qui a été jugé très excessif. D'où le mot d'ordre « L'expérience est une richesse nationale ». En 1997, pas moins de quarante mesures ont été mises en œuvre en faveur des plus de 45 ans. Il y a d'abord un effort massif de rattrapage en formation professionnelle pour eux. Dès 1998, leur participation a rattrapé celle des autres groupes d'âge. Ensuite, la Finlande a lancé une vaste campagne d'information et de formation des employeurs et des cadres supérieurs consacrée à la meilleure manière de gérer des travailleurs seniors. L'inspection du travail a été chargée d'une mission d'aide et de conseil. D'autres mesures visent à améliorer la santé et les conditions de travail. En ce qui concerne les chômeurs âgés, des actions de réhabilitation et de suivi personnalisé ont été lancées. Le volet retraite a consisté à flexibiliser les sorties de vie active, et non pas à supprimer les possibilités de départ précoce. Dès l'âge de 56 ans, les travailleurs ont accès au temps partiel et à la retraite flexible. S'ils poursuivent jusqu'à 60, voire 65 ans, ils bénéficient de bonifications. Et le dispositif est complété par un important programme d'études et recherches qui doit notamment permettre d'en évaluer l'efficacité.

Le plan a été établi pour les années 1998-2002. Le taux d'emploi des 55-64 ans est remonté à 40,1 % en 1999, la France restant à 38,9 % à cette date. La Finlande se donne toutefois du temps et prévoit dix à quinze ans pour résorber complètement l'écart de formation entre les âges. Des premiers résultats concernant les traitements en faveur des chômeurs âgés ont d'ores et déjà été diffusés et ne sont pas très favorables. Ce qui se comprend bien : dans leur cas, l'action correctrice arrive bien tard. La démarche finlandaise est exemplaire à plus d'un titre. Elle n'a pas recours à des interdictions ou à des mesures autoritaires obligeant tout le monde à prolonger sa vie active pour rétablir l'équilibre entre cotisants et retraités. Elle agit sur plusieurs plans à la fois, dans le but de favoriser le développement, l'entretien et la valorisation des compétences tout au long de la vie. Au départ, on observe une accumulation de ruptures néfastes : formation professionnelle interrompue, compétences dévalorisées, pertes d'emploi, inactivité précoce. Dans chaque cas, la continuité des « transitions » a été rétablie. Les actions de formation des plus de 45 ans sont désormais équivalentes à celles dont bénéficient les autres groupes d'âge, l'expérience est valorisée, ce qui permet le maintien dans l'emploi. Enfin, les plus de 55 ans peuvent choisir entre de multiples options de départ, précoce ou retardé, progressif ou non.

CHAPITRE 6

LE PARTAGE DES TÂCHES

Préférez-vous faire la lessive ou laver la voiture ? On peut bien sûr aimer ces tâches de la vie quotidienne, on peut aussi considérer qu'elles sont nécessaires et qu'il faut les accomplir ; beaucoup préféreraient enfin s'en dispenser, éventuellement en payant les services de quelqu'un d'autre ou d'une machine. Mais il y a fort à parier que, même en cas de nécessité, un homme rechignera à faire la lessive et une femme à laver la voiture. Ils y verront une corvée qui leur est imposée. Tâche fastidieuse, imposée, voire humiliante, la corvée évoque le Moyen Âge et des temps que l'on aimerait voir disparaître. Mais la corvée fait de la résistance. Des statisticiens français lui ont même donné une définition et l'ont mesurée. Dans la vie quotidienne, la corvée pour une personne d'un sexe donné est la tâche qui appartient au stéréotype de l'autre sexe. Pour un homme, laver la voiture n'est peut-être pas amusant, mais ce n'est pas humiliant. Ce n'est pas une corvée parce que c'est typiquement masculin, comme autrefois couper du bois ; tandis qu'étendre du linge est une corvée. Et symétriquement pour la femme. Les enquêtes d'opinion confirment ce clivage de manière très claire, ce qui n'empêche évidemment pas quelques papas-poule d'aimer faire la lessive ; quelques mamans conquérantes peuvent aussi décrasser la carrosserie de leur voiture et faire briller ses enjoliveurs. Cette mesure statistique retrouve une répartition archaïque des rôles, qui remonte à l'époque des cavernes. À l'homme tout ce qui est censé être extérieur à la maison : chasse, pêche, collecte et traitement du bois, lavage de la voiture… à la femme tout ce qui est à l'intérieur : cuisine, lessive, ménage… Les statisticiens ont pu ainsi classer toutes les activités ménagères. Avec une seule difficulté, révélatrice : le lavage des vitres, dont ils n'arrivent pas à déterminer pour qui c'est une corvée. L'explication, un peu comique, est que les vitres ont deux côtés, l'un externe et l'autre interne… Sans doute faudrait-il, pour rester dans la cohérence, que monsieur lave le côté extérieur et madame le côté intérieur ?

À moins que les choses ne puissent évoluer, et que les stéréotypes s'atténuent ou se déplacent. Au reste les activités ne sont pas les mêmes selon que l'on vit dans un appartement ou à la campagne, avec ou sans jeunes enfants. Avec les tâches domestiques, nous sommes face à une classe de transitions qui est restée jusqu'à présent à l'arrière-plan, celles qui alimentent le pôle « travail domestique et activités sociales utiles » ou en partent. Elles correspondent à la vie quotidienne d'un ménage, mais aussi à des activités temporaires telles que le soin des enfants ou aux personnes âgées dépendantes durant une période donnée. Il faut élargir encore la perspective et y inclure les congés pour convenances personnelles (congés « sabbatiques »), et les périodes que l'on peut consacrer à du bénévolat, voire à des activités militantes.

Selon le vocabulaire qui est désormais le nôtre, ces transitions prennent place dans la vie des gens après l'arrivée d'« événements critiques » de nature très variée : formation d'une famille, naissance d'enfants, divorce, crise de la quarantaine (« *midlife crisis* », comme disent les Anglais), nécessité de prendre en charge une personne âgée dépendante, mobilité de l'un des conjoints du couple… On peut y adjoindre des motifs plus individuels tels que l'envie de réaliser une ambition politique ou culturelle, le besoin de prendre du recul avant de faire un choix de vie professionnelle, de faire le point ou de se réorienter, ce que l'on pourrait qualifier d'expériences de découverte de soi-même.

Cette diversité de motifs et de situations a un point commun. Elle suppose, pour une période donnée, qu'une personne consacre tout ou partie de son temps à des activités non rémunérées. Traditionnellement, dans le cas de la famille, la réponse principale aux « événements critiques » était simple : la femme au foyer. Par son retrait durable, voire définitif, du marché du travail, l'épouse servait en quelque sorte d'amortisseur. Il en allait ainsi évidemment lorsque l'épouse abandonnait son travail ou se mettait à temps partiel pour élever les enfants ; mais aussi lorsqu'elle accompagnait son mari muté et devait soit rechercher un autre emploi dans le nouveau lieu de résidence, soit renoncer à son activité professionnelle. En somme, la femme au foyer comme forme d'assurance contre les risques d'incompatibilité entre travail et famille.

On le sait, cette réponse ne fonctionne plus. La montée des taux d'activité et d'emploi des femmes est un processus très puissant et général, notamment dans les pays de l'OCDE. En moyenne, les jeunes femmes qui sortent de l'appareil de formation initiale sont plus diplômées que les jeunes hommes de leur classe d'âge. Elles sont donc de moins en moins disposées à renoncer à l'autonomie financière, d'autant plus que l'expansion de l'emploi tertiaire leur est favorable.

Mais la répartition des responsabilités familiales n'a pas évolué pour autant, celles-ci continuant à être très largement imputées aux femmes, et notamment aux mères. La principale conséquence de ce décalage est une énorme pression sur ces dernières, à qui il est implicitement demandé de concilier engagement professionnel et tâches familiales [1]. La surcharge de travail qui en résulte permet de parler de « double journée de travail » pour les femmes. Dans ce contexte à la fois évolutif et bloqué, développer les « transitions » entre emploi rémunéré et tâches domestiques apparaît à la fois naturel et dangereux.

Naturel, d'abord. Parce que la gestion des « événements critiques » peut passer, et passe le plus souvent, par l'organisation d'écarts temporaires à la norme de l'emploi rémunéré à temps plein. De ce point de vue, les temps partiels, tout autant que les congés parentaux ou sabbatiques, aident à concilier tâches domestiques et carrière professionnelle. Dangereux, ensuite, et pour des raisons évidentes. Si ces périodes de transition s'avèrent majoritairement réservées aux femmes, la conciliation travail/famille se fera, mais au détriment de leur carrière et de leur autonomie financière. Trop nombreux sont les exemples de transitions qui se sont révélées des marchés de dupes, de « mauvaises transitions », enfermant les femmes qui s'y

1. Voir Dominique Méda, *Le Temps des femmes*, Flammarion, 2001.

sont engagées dans des voies détournant du retour à l'emploi.

Nous voici projetés dans un débat central de notre société. Derrière la question de la compatibilité entre emploi et enfants se profile tout bonnement la question de l'égalité entre les hommes et les femmes. Ce handicap et ces pressions ne sont évidemment qu'une part du problème. Il faut en effet rajouter, sur le terrain économique, les inégalités salariales, la ségrégation des emplois, les discriminations à l'embauche ou dans les carrières et les promotions, le harcèlement sexuel dans le travail... Les dimensions politiques et culturelles interviennent elles aussi, pour ne rien dire des enjeux symboliques, identitaires et privés. Ce livre n'a pas pour objet de détailler ce défi clé de notre époque, qui concerne tout un chacun et affecte tous les domaines de la vie sociale. Mais il y touche, et sur le point central de l'autonomie des femmes. Les transitions sont de toute évidence sexuées, elles affectent différemment les hommes et les femmes. La manière dont la société organise la compatibilité entre vie familiale et vie professionnelle est un des domaines essentiels dans lesquels l'égalité entre hommes et femmes peut et doit progresser. Les « marchés transitionnels », correctement conçus, ont quelque chose à apporter sur ce point et appartiennent à la panoplie des outils de l'égalité entre « genres ».

La discordance des temps

Le partage des tâches professionnelles et familiales est une question de répartition et d'organisation du temps, à une échelle colossale. Le nombre d'heures annuelles consacrées actuellement, en France, aux tâches domestiques est de 43 milliards, et il est supérieur au nombre d'heures consacrées au travail professionnel dans l'emploi rémunéré : 39 milliards[1]. Qui fait quoi, et avec quelles conséquences ? C'est le leitmotiv de l'approche transitionnelle, il ne faut pas se contenter d'un point de vue statique ou instantané. Imaginons une femme qui prend un congé de maternité. Pour apprécier la qualité de cette transition, on doit considérer d'abord la durée du congé et le niveau du revenu qui lui est garanti, mais ensuite les répercussions éventuelles sur son retour à l'emploi et sur sa carrière peuvent se révéler tout aussi importantes. Quelle autonomie, quel pouvoir sur sa vie retire-t-elle de ce passage ? Il faut donc évaluer dans le temps les effets transitions qui relient la vie professionnelle et la vie privée.

En matière de travail et de maternité, tout le monde n'a pas les mêmes buts. Une première distinction peut être faite entre différents projets de vie formés par les femmes d'aujourd'hui. Catherine Hakim[2] distingue trois types de profils. Il y a les femmes « centrées sur la famille », entendons par là les femmes d'éducation traditionnelle, privilégiant le mariage et la maternité. Ces femmes n'iront chercher un travail rémunéré qu'en cas de nécessité. Ce profil

1. *La Lettre du LASMAS*, n° 22, avril 2002.

2. Catherine Hakim, *Key Issues on Women's Work*, Athlone Press, Londres, 1996.

correspond à d'importants groupes de femmes, notamment dans les pays du sud de l'Europe. Mais elles sont souvent âgées, et leur poids diminue. À l'opposé, on peut évoquer un profil « centré sur la carrière ». Ce sont des femmes qui sont fortement qualifiées et n'auront des enfants que si cela n'interfère pas avec leur carrière. Elles représentent une minorité plus ou moins importante, allant de 10 % dans la plupart des pays européens à 20, ou même 30 % dans les pays anglo-saxons. Mais la plupart des femmes ne se reconnaîtraient pas dans ces deux profils, et optent pour le « rôle dual » : elles veulent à la fois un emploi et des enfants. C'est sans aucun doute et de loin le groupe le plus nombreux autour de nous. Elles sont à la recherche d'une conciliation entre ces deux impératifs.

La trouvent-elles ? On peut considérer, avec Gösta Esping-Andersen et ses collaborateurs [1], que cela dépend : des politiques publiques d'aide aux mères qui travaillent, du type d'emplois qui sont disponibles pour elles et des salaires qu'elles peuvent espérer gagner. Sur le premier point, deux politiques sont au fondement de tout, la possibilité d'avoir des places en crèche ou de faire garder un enfant en bas âge ; l'existence et la durée de congés payés de maternité. Ici, tout oppose un bloc constitué des pays nordiques avec la Belgique et la France au reste de l'Europe, surtout aux pays anglo-saxons. Les premiers offrent des places de crèche à un enfant sur quatre, voire un enfant sur deux, et organisent jusqu'à trois ans de congé de maternité. Les derniers se refusent purement et simplement à développer une politique publique d'appui

1. Gösta Esping-Andersen, Duncan Gallie, Anton Hemmerijck et John Myles, *op. cit.*

aux mères qui travaillent. On comprend mieux déjà comment certains profils de femmes peuvent se répandre ou non. Le nombre plus important, dans les pays anglosaxons, de femmes « centrées sur la carrière » s'explique au moins partiellement par l'absence de toute aide significative à la conciliation du travail et de la maternité. De même, les pays latins du sud de l'Europe, mais aussi l'Allemagne, aident au congé plus qu'à la garde, ce qui est conforme à la prégnance du modèle traditionnel de la mère au foyer.

En attendant que les hommes s'impliquent davantage, le poids du soin des enfants retombe principalement sur les mères. Une enquête portant sur 1995 [1] montre que le continent européen dans son ensemble reste dominé par le modèle de la mère au foyer. Mais le tableau est extrêmement varié selon les pays. Deux cas extrêmes se détachent : le Danemark (et avec lui les autres pays nordiques), pays dans lequel les mères travaillent massivement, et l'Europe du Sud, à laquelle vient ici s'adjoindre l'Allemagne, pays dans lesquels les mères dans leur grande majorité ne travaillent pas. L'option temps partiel est très peu développée voire inexistante pour l'Espagne et l'Italie, et nettement plus importante dans d'autres pays, notamment au Royaume-Uni. Un pays se détache ici, la Hollande, avec un taux global supérieur à 30 % en 1999. L'éventail par pays est extrêmement ouvert. En 1999, il va, pour les hommes, de 2 ou 3 % (Espagne, Italie) à 18 % (Hollande), et pour les femmes de 10 % (Espagne, Italie) à 45 % (Royaume-Uni) et 70 % (Hollande).

1. *Idem.*

Une question vient alors à l'esprit. Ces personnes qui prennent un temps partiel le font-elles faute d'un temps complet qu'elles n'ont pas pu trouver, ou de choix délibéré ? C'est le débat récurrent sur le temps partiel « choisi » ou « contraint ». Les termes en sont bien peu clairs. Si une femme déclare rechercher un temps partiel pour raisons familiales, cette réponse est souvent rangée à tort dans la catégorie des choix délibérés. Or il peut bien s'agir d'une contrainte dans le cas où son choix résulte de l'absence de crèches ou d'une impossibilité de faire garder son enfant.

Dans ce paysage fait de contrastes, les emplois occupés par les femmes, qu'ils soient à temps complet ou à temps partiel, ne sont pas spécialement précaires. En moyenne pour l'Europe, les femmes sont touchées par la précarité autant que les hommes, et les situations varient fortement de pays en pays. En revanche, et c'est une caractéristique importante, les emplois féminins en Europe sont très fortement concentrés dans certains secteurs. En effet, en 1999, 60 % des emplois féminins sont rassemblés dans six grands secteurs de la nomenclature NACE, qui en comporte soixante. Ces six secteurs sont de gros secteurs puisqu'ils rassemblent 39 % du total des emplois. Il s'agit de la santé et des services sociaux, du commerce de détail, de l'éducation, des administrations publiques, des services aux entreprises, et enfin des hôtels et restaurants. En 1994, ils rassemblaient 58 % de l'emploi féminin. La ségrégation des emplois est donc croissante à la fin des années 1990.

Au sein de ces secteurs, on peut isoler les employeurs publics ou parapublics, largement abrités de la concurrence internationale. Pour l'ensemble des pays de l'OCDE, les secteurs de l'éducation, de la santé et des services sociaux comptent près de 2 femmes pour 1 homme. La proportion monte à 3 pour la Suède et 3,5 pour la Finlande. Il y a là des emplois stables, plus aisément adaptables aux contraintes de la double journée féminine, et plus aisément convertibles en temps partiel, et vice versa. Une voie de sortie se dessine sous nos yeux. Elle consiste à combiner la fourniture de services aux parents (crèches, garderies) et un accès privilégié à des postes de travail abrités. Toutefois, le commerce de détail et les services aux entreprises (nettoyage, etc.) font eux aussi partie des secteurs féminisés, et n'offrent pas toujours, tant s'en faut, les mêmes facilités. Et force est de constater que l'accès à l'emploi des femmes faiblement qualifiées est beaucoup plus difficile que celui des hommes de même niveau.

Nous commençons à identifier des modèles nationaux qui sont nettement en avance, et aussi une situation fortement inégalitaire. Car les femmes les plus qualifiées sont celles qui ont le plus de moyens à leur disposition pour résoudre le conflit entre temps professionnel et temps familial : gardes à domicile, assistance ménagère… Les inégalités entre sexes sont traversées par les inégalités entre classes sociales, et nous retrouvons ici la tendance à la polarisation au détriment des plus fragiles, les perdants. En l'occurrence : les perdantes.

Le cas français : petits arbitrages et grands dilemmes[1]

Comme souvent, la France occupe dans ce tableau une position médiane, avec toutefois quelques caractéristiques instructives. Une comparaison approfondie avec la Suède[2] nous donne un ordre de grandeur plus précis sur le partage des tâches au sein du couple. Un résultat fort se dégage de la comparaison d'enquêtes sur les emplois du temps. La division du travail entre hommes et femmes reste traditionnelle dans les deux pays, en ce sens que les femmes consacrent plus de temps aux activités domestiques et parentales que leurs homologues hommes, et moins de temps aux activités professionnelles. Mais le partage est nettement plus inégalitaire dans le cas français. Pour le temps passé aux tâches domestiques et parentales, la part relative des Françaises s'élève, pour 1998, à 70 %, tandis qu'elle n'est que de 60 % pour les Suédoises.

On constate en France une assez bonne prise en charge des tout-petits dans la journée. Au-delà des places en crèche, plusieurs dispositifs permettent et subventionnent la garde à domicile ou par nourrice agréée. Tout compris, ils font que la moitié des enfants de moins de trois ans bénéficient d'une prise en charge publique. Un pro-

1. Ce titre est repris de l'ouvrage de Jeanne Fagnani, *Un travail et des enfants. Petits arbitrages et grands dilemmes*, Bayard, 2000.

2. Dominique Anxo, Lennart Flood et Youssef Kocoglu, « Allocation du temps et partage des tâches en France et en Suède », *Premières Informations et premières synthèses*, ministère de l'Emploi et de la Solidarité, DARES, mars 2001 ; voir aussi Marie-Agnès Barrère-Maurisson, Sabine Rivier et Olivier Marchand, « Temps de travail, temps parental. La charge parentale, un travail à mi-temps », *Premières Informations et premières synthèses*, ministère de l'Emploi et de la Solidarité, DARES, mai 2000.

gramme important et vivement critiqué a pour effet d'écarter durablement certaines mères du marché du travail : l'Allocation parentale d'éducation. Celle-ci consiste en une aide financière relativement importante aux mères d'enfants entre 0 et 6 ans pour leur permettre de s'y consacrer à temps plein et compenser leur retrait complet du marché du travail. Les évaluations montrent que les mères, le plus souvent peu qualifiées, qui choisissent de bénéficier de cette allocation lorsqu'elles sont initialement au chômage sont particulièrement mal placées ensuite pour retrouver du travail et sont massivement rejetées par le marché du travail. Cette interruption complète pendant plusieurs années a des effets très négatifs sur l'autonomie des mères bénéficiaires. De nombreux auteurs ont souligné que cette allocation avait en fait pour but implicite de lutter contre le chômage en suscitant des retraits vers l'inactivité.

Plus positives pour notre propos, les deux lois de 1998 et 2000 sur les 35 heures méritent qu'on s'y attarde quelque peu. Ces lois, controversées tant dans leur principe que dans leur mise en œuvre, ont eu des effets intéressants en ce qui concerne la conciliation entre travail et famille[1]. Elles ont prévu quatre modalités différentes de réduction du temps de travail. Près d'un salarié sur trois a réduit sa durée du travail sous la forme de journées ou de demi-journées régulières. Généralement c'est un jour fixe dans la semaine, souvent le vendredi. Une proportion

1. Outre Jean-Louis Dayan, *35 heures, des ambitions aux réalités*, *op. cit.*, voir Christine Gavini, *La Métamorphose du travail*, Éditions Liaisons, 2001, et Dominique Méda et Renaud Orain, « Transformations du travail et du hors-travail : le jugement des salariés sur la réduction du temps de travail », *Travail et Emploi*, n° 90, avril 2002.

similaire a obtenu des jours de congé supplémentaires, en moyenne 16 jours par an. Un salarié sur cinq a réduit sa journée de travail. Enfin, la modulation, c'est-à-dire la réduction du temps de travail pendant la période de basse activité de l'entreprise, concerne aussi un salarié sur cinq. Certaines modalités de réduction peuvent ainsi fournir soit des marges de manœuvre pour les salarié(e)s, soit au contraire des contraintes sous forme d'une flexibilisation accrue des horaires. Les effets sont eux aussi ambivalents en ce qui concerne les conditions de travail, certaines entreprises pouvant tenter de rattraper les horaires réduits par une intensification du travail.

Cette diversité des modalités de réduction fait que l'impact des lois Aubry sur la conciliation entre travail et famille a été très divers lui aussi. L'enquête « RTT et modes de vie » pilotée par le ministère de l'Emploi (DARES) durant l'année 2000 examine les effets sur un échantillon de salariés à temps plein et permet d'isoler le cas des parents de jeunes enfants. Une première information est que, avant la réduction du temps de travail, près d'une femme mère d'enfants de moins de 12 ans sur deux déclare « manquer toujours ou souvent de temps » et une proportion similaire trouve ses horaires « incommodes ». Les améliorations induites par la RTT sont indéniables. C'est ainsi qu'un peu moins de la moitié des femmes comme des hommes ayant des enfants déclarent passer globalement plus de temps avec eux, et c'est le cas de 63 % des femmes avec des enfants de moins de 12 ans et de 52 % des hommes[1].

1. Dominique Méda et Renaud Orain, *op. cit.*, p. 32.

Toutefois, ces effets majoritairement positifs ne sont pas les seuls à apparaître, et le bilan, globalement favorable, est, une fois de plus, polarisé. 61 % des femmes jugent que la RTT a été porteuse d'améliorations de leur vie quotidienne, 13 % jugent qu'elle a apporté une dégradation, et 26 % qu'elle n'a pas apporté de changement. Il y a des gagnantes, mais il y a aussi des perdantes, en nombre non négligeable. Et ces proportions ne sont pas les mêmes selon les catégories sociales : seulement 8 % des femmes cadres concluent à une dégradation, alors qu'elles sont 20,4 % chez les femmes non qualifiées[1]. Il y a donc matière à correction.

Nous pouvons ainsi mieux apprécier ce qui rapproche et ce qui sépare la France de la Suède. Une certaine méfiance vis-à-vis du temps partiel rapproche les deux pays, mais la France a tenté, au cours des années 1990, de le développer fortement. Outre le retard de notre pays dans le domaine de l'égalité entre les sexes, les choix qui ont dominé récemment sont marqués du sceau de l'universalisme : les « 35 heures » sont censées valoir pour tous et toutes. Il reste à en éliminer les effets pervers et à les aménager. La Suède, elle, a développé des transitions protégées dans des secteurs abrités.

L'expérience française est assez représentative des problèmes européens. Les « petits arbitrages », par exemple des parents qui déclarent, grâce aux « 35 heures », passer plus de temps avec leurs enfants, coexistent en fait avec le maintien de la spécialisation sexuelle des rôles dans le couple. Le dilemme central subsiste. Ou bien la femme se retire du marché du travail, et elle doit affronter une dis-

1. Jean-Louis Dayan, *op. cit.*, p. 136.

continuité dans sa carrière et des handicaps pour revenir dans l'emploi ; ou bien elle choisit de travailler, c'est alors le manque de temps, voire la culpabilisation à l'égard de ses enfants.

Les outils de l'égalité

Le décalage reste ainsi énorme, dans la plupart des pays, entre la féminisation du marché du travail – une révolution accomplie – et le maintien des habitudes traditionnelles en ce qui concerne les tâches domestiques et parentales – ici une révolution reste à faire. Surchargées de tâches ou reléguées, et parfois les deux à la fois dans le cas de carrières inintéressantes, les femmes n'ont souvent pu répondre à cette situation qu'en jouant sur la maternité. Elles renoncent à faire des enfants, en limitent le nombre, ou diffèrent la date de naissance du premier. Cette dernière réponse est particulièrement justifiée si l'on remarque le rôle clé des premières années d'insertion professionnelle. La période où l'on fait ses premières armes est aussi celle qui conditionne largement la suite de la carrière. Bien des femmes, et notamment les plus qualifiées, en concluent qu'il leur faut d'abord se rendre pleinement disponibles afin de prendre rapidement des responsabilités et de s'engager sur la trajectoire la plus favorable possible.

Ces réponses qui limitent ou diffèrent la maternité sont probablement une des clés de la faible fécondité des femmes européennes, dont on sait qu'elle n'assure plus, et depuis longtemps, la simple reproduction des générations. Dans ce tableau, la France est une exception, avec des taux de natalité relativement plus élevés, sans toutefois être suffisants. Cette situation est tout simplement intenable à long terme. Elle l'est d'autant moins que les enquêtes disponibles sur les souhaits de maternité exprimés par les femmes font état, pour la majorité d'entre elles, d'un nombre d'enfants variant entre 2 et 3, c'est-à-dire largement suffisant pour assurer la relève des générations.

Nous sommes à la recherche d'un nouveau contrat social entre les sexes, selon la formule d'Esping Andersen. Celui-ci doit de toute évidence associer les hommes et les femmes et prendre en compte les droits et les exigences des enfants. Tâche difficile. Réticences des pères, indifférence ou comportements discriminatoires des entreprises, inerties institutionnelles, la recherche de marges de manœuvre et de solutions, même provisoires et partielles, est encore devant nous.

Deux stratégies possibles apparaissent. L'une est celle des pays nordiques, et notamment la Suède, en avance sur les autres pays du monde dans ce domaine. Elle combine l'usage intensif de « transitions » pour les deux parents et le développement massif d'emplois protégés. Elle est en route, et vaut d'être examinée d'abord. Au-delà des leçons qu'elle apporte, elle apparaît toutefois très difficile à transposer dans d'autres pays. Une seconde perspective, plus générale, se dessine, qui cherche à éviter la ségrégation et à obtenir l'appui des entreprises comme des hommes en général. Elle va en quelque sorte plus directement vers l'égalité entre les sexes, par la biactivité des hommes et des femmes. Ce qui passe par le développement concerté d'un ensemble plus vaste de « transitions ».

Les deux leviers suédois

Les hommes suédois, on l'a vu, mettent la main à la pâte nettement plus que leurs homologues français. Parmi les institutions que Dominique Anxo et ses collaborateurs [1] identifient comme une des explications de cet état de fait, il y a la générosité et la souplesse des congés parentaux, qui concernent aussi bien les hommes que les femmes. Depuis 1980, les parents suédois ont le droit d'utiliser un congé parental de 18 mois quand ils le veulent, avant que leur enfant n'atteigne 8 ans. Voici les options disponibles : le père ou la mère peut rester à temps plein à la maison et se consacrer à l'enfant. Ils peuvent aussi se mettre tous les deux à temps partiel, les heures passées à la maison étant décomptées sur leur congé et indemnisées par ce canal. Le nombre d'heures et le parent qui les prend sont à la discrétion du couple, et ces modalités peuvent changer tous les mois. Les taux d'indemnisation sont de 90 % du salaire antérieur à la maternité – ou du salaire actuel si celui-ci se révèle plus élevé, pour le premier mois de congé pris par chaque parent. Les dix mois suivants, l'État compense les gains auxquels a renoncé celui/celle des parents qui a choisi de rester à la maison, à hauteur de 75 %. Si le père ne prend pas son congé d'un mois, et si la mère le prend à sa place, alors l'indemnisation n'est que de 75 % et non de 90 %. Il y a donc une incitation spécifique qui pousse les pères à partager le congé parental. Toutefois, ce dispositif ne joue pas isolément. À l'issue du congé, l'un des parents a le droit de ne travailler que trente heures par semaine tant que l'enfant n'a pas atteint sa huitième année. Ce

1. Dominique Anxo, Lennart Flood et Youssef Kocoglu, *op. cit.*

temps réduit ne donne pas lieu à compensation financière, le choisir équivaut à accepter la baisse correspondante de rémunération.

L'autre face de la médaille, c'est la faible participation des hommes (pour l'instant ?) aux congés paternels. C'est ensuite le rôle très important joué par les emplois publics et les emplois « abrités ». Ceux-ci sont massivement occupés par les femmes en Suède, et les facilités qu'elles obtiennent dans ce cadre découlent aussi de cette concentration. Lorsque la hiérarchie est occupée par des femmes, des problèmes tels que l'accès à un temps partiel et le retour au temps plein, ou encore les absences découlant d'un enfant malade que l'on doit garder à la maison, ont plus de chances de recevoir une attention compréhensive. Les droits dont bénéficient les mères suédoises sont ainsi ancrés dans une politique d'emplois publics qui leur sont largement réservés. Ce qui confère une forte crédibilité aux garanties offertes et nourrit un sentiment de sécurité.

Une expérience a contrario a mis à nu les bases du modèle. Au milieu des années 1990, la Suède a connu une très brutale dégradation de son marché du travail. Contenu jusqu'alors à des taux exceptionnellement faibles de 2 ou 3 %, le chômage a fait un bond au-delà de 8 % dans un contexte macroéconomique dégradé. Parmi les réponses, les autorités suédoises ont brusquement contracté le nombre des emplois publics. Il s'en est suivi… une forte chute de la fécondité ! La causalité précise de cet épisode n'est pas établie avec certitude, et le débat reste ouvert, certains faisant valoir que c'était la dégradation générale des perspectives économiques qui avait découragé les parents suédois. Sans doute, mais on peut penser que la brutale contraction du nombre des emplois publics a joué un rôle important, d'autant plus qu'ils correspondaient largement à des services offerts aux familles (santé, éducation, garderie).

Voici donc une première version d'une politique en faveur de l'égalité entre les sexes. Elle est implantée depuis longtemps. Les choix fondamentaux en la matière remontent à 1968. Elle est aussi puissante, pragmatique. Elle se retrouve, déclinée différemment, dans d'autres pays nordiques, et notamment au Danemark. Mais elle apparaît difficile à transposer à d'autres pays. En effet, elle repose sur un des modèles d'États providence identifiés par Esping-Andersen, le modèle nordique, précisément. Il est caractérisé par de très importantes dépenses sociales et une redistribution massive. Celles-ci sont acceptées parce qu'elles profitent clairement aux groupes sociaux qui les financent. Les classes moyennes sont au cœur du dispositif et lui apportent le soutien politique nécessaire. Précisément cet appui risque de manquer dans d'autres « régimes » d'État providence. Dans les choix faits en Europe continentale, et que nous avons brièvement présentés dans notre premier chapitre, on trouve une logique professionnelle dont la base tend à se réduire, cependant que les compléments financés par l'impôt destinés aux plus pauvres risquent d'être contestés par les contribuables, et sont donc limités de ce fait. Ajoutons à cela qu'étendre le secteur protégé, notamment public et parapublic, n'est plus tellement à la mode.

Une autre limite vaut d'être soulignée. L'égalité est ici obtenue malgré un processus de ségrégation professionnelle, à moins que cela ne soit grâce à lui. Les femmes et les mères vont vers des emplois qui leur sont en quelque sorte réservés. De ce point de vue, le contraste est très fort avec les États-Unis. Dans ce pays, les politiques publiques protégeant la maternité et les parents sont simplement inexistantes. Pas de congé payé parental, pas de crèche publique, chacun(e) se débrouille. En revanche, l'arsenal antidiscrimination est conséquent. Une batterie de droits et de procédures permet à tout individu de faire respecter ses droits à un traitement neutre dans l'entreprise, en ce qui concerne les embauches comme les carrières et les droits sociaux. Une entreprise qui s'aviserait de traiter différemment un homme et une femme s'expose à des procédures judiciaires et à de très lourdes pénalités. Le résultat de cette situation est simple. La ségrégation des emplois est beaucoup plus faible entre les hommes et les femmes aux États-Unis qu'en Europe, et a fortiori en Suède. Cet égalitarisme-là a une lourde et simple contrepartie : ne faites pas d'enfants… ou si vous en faites, c'est à vos frais. Les temps partiels sont difficiles à obtenir, il n'y a pas de garanties de retour à temps plein, pas d'autorisations d'absence pour garder un enfant malade, les frais de garde et d'éducation doivent être assumés sur une base privée.

L'expérience suédoise, avec son mélange de pragmatisme et d'égalitarisme, montre que l'on peut agir et inciter les pères autant que les mères à changer de comportement. Mais il y faut des ressources, une volonté politique durable. La plus difficile à obtenir est sans doute la crédibilité de l'ensemble, de manière que les parents puissent se saisir des droits et des incitations.

L'instauration récente d'un droit à congé paternel en France représente un petit pas dans cette direction. Lancé en janvier 2002, celui-ci reste modeste : deux semaines. Il s'avère d'ores et déjà un succès. Alors que les pères disposent de quatre mois pour prendre le congé, la plupart décident de le prendre immédiatement à la naissance, comme pour créer des liens plus étroits entre le père et l'enfant. Sur l'ensemble de l'année 2002, près de la moitié des nouveaux pères pourraient bénéficier de la nouvelle loi. Une première étude montre que, une fois n'est pas coutume, toutes les catégories socioprofessionnelles se sont également saisies de ce droit [1]. Notamment, parmi les premiers bénéficiaires, 47 % sont des ouvriers, 31 % des employés, 12 % des professions intermédiaires et 10 % des cadres, ce qui correspond à peu près à la part de chacune de ces catégories dans l'emploi total.

Nous avons ainsi retrouvé une des options de base des « marchés transitionnels ». Donner plus de droits aux travailleurs, élargir leurs options de mobilité est un outil de réforme et peut stimuler des changements de comportements. Mais pour aller où si l'option nordique se révèle peu praticable ?

Retour aux principes « transitionnels »

Appliquons aux transitions entre travail rémunéré et non rémunéré les quatre principes gouvernant les « marchés transitionnels ».

Le premier principe est celui de l'autonomie garantie à chacune et chacun dans le choix des transitions. Il en découle une individualisation rigoureuse des droits, qui ne doivent être variables ni selon le sexe, ni selon la situation familiale ou personnelle. Il en découle également la néces-

1. Pascale Krémer, « Lancé en janvier, le congé de paternité rencontre déjà un grand succès », *Le Monde*, 14 mai 2002.

sité d'une très large palette de transitions, car les situations individuelles et familiales peuvent être très diverses.

Le second principe est celui de la solidarité. Les tâches non rémunérées, parentales ou autres, sont socialement nécessaires et relèvent ainsi d'une gestion collective des risques. C'est un risque que d'avoir un parent âgé dépendant, et pouvoir s'en occuper en prenant un congé doit être une option possible, avec d'autres telles que le recours à des institutions spécialisées. Pour des raisons affectives ou économiques, l'option « congé » à temps complet ou à temps partiel peut être dans de nombreux cas préférable à la mise en institution. D'où la nécessité de garantir à chacune et chacun l'ensemble des droits à la protection sociale durant la « transition » qui aura été organisée. La question du maintien du revenu durant la « transition » devient ainsi cruciale. C'est celle-ci qui pourra faire « bouger » des hommes gagnant leur vie à temps plein et leur fera prendre des congés.

Le troisième principe vise à garantir une mise en œuvre effective des droits et de la négociation de leur application. Il entraîne l'idée de négociations coordonnées, appuyées sur un ensemble développé d'infrastructures. Dans le domaine qui nous occupe, il s'agit des crèches et des jardins d'enfants, mais aussi des institutions de formation et de placement qui permettront aux adultes ayant pris des congés de revenir vers l'emploi. Ajoutons ici le rôle clé joué par les transports. Un dernier point rejoint ce que nous avons déjà examiné avec les congés à la danoise. Les entreprises ne doivent pas être pénalisées par les nouveaux droits à congés. Les petites et moyennes entreprises notamment ne peuvent pas facilement faire face à des défections. Il y a donc lieu d'assortir le droit à congé de dispositifs de remplacement tels que la « rotation des emplois » développée au Danemark.

Enfin, le quatrième principe recherche la maîtrise des coûts et leur répartition la meilleure sur les différents acteurs concernés. En ce qui concerne les congés pour raisons familiales, le financement largement par la fiscalité s'impose dans la mesure où il s'agit de besoins sociaux généraux. Ce qui n'exclut pas des cofinancements, dans certains cas, les bénéficiaires peuvent de toute évidence participer, et ce partage est l'une des modalités importantes d'une gestion évitant les gaspillages. Un exemple concret est le financement de congés pour convenance personnelle, qui devrait être assuré au moins partiellement par une épargne préalable du bénéficiaire.

Ces principes aident à redéfinir les buts en ce qui concerne la répartition des tâches, des temps et des trajectoires, et certains des moyens qui contribuent à les atteindre. Les buts, tout d'abord, sont largement en accord avec les propositions en faveur de l'égalité des sexes telles que les formule actuellement Dominique Méda : « déspécialisation » et « biactivité [1] ». En effet, le maintien du partage traditionnel des rôles, avec la spécialisation des femmes dans les tâches ménagères, n'apparaît plus guère tenable. Sans prôner la confusion des rôles parentaux – débat dans lequel cet ouvrage n'a pas à rentrer –, l'idée qu'au sein des couples les hommes et les femmes doivent consacrer en moyenne autant de temps les uns que les autres à leurs enfants est une idée simple et de bon sens. C'est la « déspécialisation ».

1. Dominique Méda, *Le Temps des femmes*, *op. cit.*

Les arguments selon lesquels les femmes seraient mieux adaptées que les hommes à ces tâches, pour des raisons d'aptitudes innées ou de présence affective nécessairement féminine, ne tiennent plus guère la route. Et les arguments inverses qui prétendent cantonner aux hommes les tâches professionnelles, notamment celles qui supposent de la force physique, de fréquents déplacements ou de l'autorité, ne valent guère mieux. En ce qui concerne la pénibilité physique, tout le monde croit savoir qu'il n'est pas bon pour les femmes de soulever des objets lourds. On leur interdit donc les métiers qui comportent de tels gestes… sauf quand la nécessité l'exige ; par exemple, les infirmières doivent fréquemment soulever les malades. Et bien rares sont désormais les métiers masculins où les femmes n'ont pas pris pied : conduite de camions, armée… Il y a beaucoup d'hypocrisie sur cette question de la pénibilité et de la force physique. Ce n'est pas la tendance actuelle à la mécanisation qui risque de redonner de la pertinence à ce genre de considérations. En ce qui concerne les déplacements, tout dépend de l'organisation familiale (nous y revoilà). Quant à l'autorité qui serait l'apanage des hommes, il devient de plus en plus difficile de ne pas y voir le plus éclatant des stéréotypes sexistes.

La solution du temps partiel, *si elle est réservée aux femmes*, risque d'entériner la spécialisation, avec pour conséquence le maintien de carrières ralenties, et donc de positions professionnelles dominées pour les femmes. Elle est donc, à très long terme, largement contraire aux principes des « marchés transitionnels », même si les temps partiels représentent des « transitions » qui peuvent être plus ou moins bien aménagées.

La « biactivité » pour les hommes comme pour les femmes, c'est-à-dire une situation où les engagements professionnels et familiaux des unes et des autres sont de même intensité et correspondent en moyenne à la même portion du temps, apparaît donc comme le seul horizon compatible avec l'autonomie de chacune et de chacun. L'approche en termes de « marchés transitionnels » conduit à insister sur deux points qui, sans exclure les options suédoises, aident à définir une perspective stratégique plus vaste.

Si la norme de l'emploi devient la biactivité, il faut organiser la possibilité de grandes variations par rapport à cette norme, pour les hommes comme pour les femmes. La biactivité doit s'entendre sur toute la vie, et non comme un état à réaliser à chaque instant. Comment alors s'assurer que cette faculté de se consacrer, durant certaines périodes et à certaines occasions, à des tâches familiales ne sera pas exclusivement réservée aux femmes ? auquel cas les droits supplémentaires se révéleraient une mystification. C'est ici qu'apparaît une seconde priorité. Il faut créer un réseau d'infrastructures et d'incitations qui reçoive l'aval de la masse des travailleurs et travailleuses, hommes et femmes, et favorise le mouvement vers l'égalité, mais aussi vers une forme de solidarité sociale élargie.

Les trente heures « flottantes » et le « modèle hollandais »

La « biactivité » passe d'abord par la redéfinition de la norme du temps plein. Celle-ci pourrait être de 30 heures par semaine pour les hommes comme pour les femmes.

Pourquoi ce choix, qu'est-ce qui peut le justifier ? Il y a deux raisons, l'une pragmatique et l'autre politique. En fait, les 30 heures sont un peu au-dessous des normes actuellement en vigueur (autour de 35 heures). Celles-ci ont été instaurées dans un contexte où l'engagement des hommes dans l'emploi demeure très supérieur à celui des femmes. Sans faire l'hypothèse – fausse, au demeurant, et nous y reviendrons – que la quantité de travail serait fixe dans un pays à un moment donné, on peut considérer que le travail est actuellement bien mal distribué, entre les personnes surmenées et les personnes inactives ou au chômage. On peut donc se donner un horizon pragmatique égalitaire, qui évidemment n'a rien d'intangible et peut varier en fonction des besoins sociaux et macroéconomiques. Le chiffre de 30 heures est dans ce cadre celui qui bouleverserait le moins le potentiel productif de nos pays.

Un argument plus politique en faveur des 30 heures tient à la recherche d'un équilibrage des tâches au sein du couple. Si l'on entend rééquilibrer progressivement les durées de travail domestique, il faut rendre possible l'engagement parallèle des deux membres à la fois sur le marché du travail et en faveur du soin des enfants, ce qui conduit à rechercher un plein-temps raccourci.

Mais l'ancrage des 30 heures doit permettre d'amples variations. Il ne s'entend pas comme une norme nationale telle que nos 35 heures, mais plutôt comme le point moyen d'une fourchette allant, par exemple, de 28 à 32 heures, cette norme « flottante » pouvant être négociée avec les partenaires sociaux et varier de branche en branche. Ensuite et surtout, les facilités « transitionnelles » doivent permettre à tous les salariés d'obtenir des écarts temporaires importants, tel le mi-temps. Cette souplesse apparaît nécessaire pour permettre l'adaptation à des contraintes ou au contraire à des possibilités et des préférences locales. Les lois françaises sur les 35 heures, qui ont préféré poser une norme unique et contraignante, ont d'ailleurs prévu très largement la possibilité d'adapter les dispositions à des contextes locaux, ce qui a relancé fortement le processus de négociation collective.

Il s'agit donc d'une « semaine flexible de 30 heures », qui viendrait succéder à deux régimes déjà expérimentés au cours de l'histoire : le régime traditionnel, avec peu de femmes au travail et la majorité des hommes concentrés sur un horaire légal typique tel que 48 ou 40 heures hebdomadaires ; et un régime souvent constaté à l'heure actuelle et que l'on pourrait qualifier de « dual », avec la majorité des hommes à temps plein et un groupe important de femmes à temps partiel. Le terme « dual » se justifie parce que la distribution de fréquence des horaires se présente avec deux bosses, une pour les hommes autour par exemple de 35 ou 40 heures et une autre pour les femmes autour de 20 heures hebdomadaires.

Ce régime flexible autour de 30 heures existe déjà. Il correspond au « temps partiel long » que pratiquent de plus en plus les Hollandais. Celui-ci tend à s'imposer comme la norme centrale dans ce pays. Nous rencontrons ici un troisième « modèle » nordique, qui, à l'instar du Danemark et de la Suède, repose sur l'aménagement de certaines « transitions ». Royaume du temps partiel, les Pays-Bas représentent-ils un « miracle », comme certains l'ont dit, conciliant la lutte contre le chômage et la promotion de l'égalité entre les sexes ? En France, un rapport du Conseil d'analyse économique sur la promotion du temps partiel a trouvé une bonne part de son inspiration dans les leçons du « modèle hollandais [1] ». En fait, la démarche hollandaise ne se réduit pas du tout à la promotion du temps partiel, et ses succès indéniables ne vont pas sans contrepartie.

Le problème au début des années 1980 était double, une présence beaucoup trop faible de femmes sur le marché du travail et un taux de chômage élevé qui faisait parler de « maladie hollandaise ». En 2000, 73 % des femmes de 25 à 54 ans étaient actives, dans une société où un salarié sur trois travaillait à temps partiel. Le taux de chômage, qui était de 12 % en 1983, a été ramené à 2,8 % en 2000. Dès les années 1970, le temps partiel était en développement rapide. Les grands choix politiques remontent à 1982 et au « pacte de Wassenaar », qui a conclu un accord avec les syndicats instaurant une modération salariale durable et une série de réformes destinées à développer l'emploi et les transferts en faveur des personnes au chômage ou en invalidité. Une intense politique de redistribution permettait de compléter les revenus des personnes ne travaillant qu'un nombre limité d'heures par semaine. Dès le début des années 1990, le taux de chômage passait au-dessous de 7 %.

Les principales contreparties de ce « miracle » sont le nombre très important de personnes qui bénéficient du statut d'handicapé (plus de 10 % de la population active), ou d'autres programmes d'aide au revenu. Une partie de la performance hollandaise est obtenue grâce à de nombreuses mises à l'écart du marché du travail, et relève du trompe-l'œil. Lorsqu'on additionne le nombre des chô-

1. Gilbert Cette, *Le Temps partiel en France*, La Documentation française, 1999.

meurs officiels, des préretraités, des bénéficiaires du statut de handicapé et des mesures de politique de l'emploi, on obtient tout au long des années 1990 des ordres de grandeur comparables en Hollande et en Allemagne : entre 20 et 25 %[1]. Une autre limite du « miracle » est que les Pays-Bas se sont limités pour l'essentiel à redistribuer le volume de travail généré par leur économie sans parvenir à l'accroître, ce qui leur impose de poursuivre les transferts sociaux, faute de quoi les inégalités entre différentes catégories de travailleurs et de travailleuses pourraient exploser.

Ce mouvement de grande ampleur vers le temps partiel a été complété à la fin des années 1990 par plusieurs séries d'initiatives politiques[2]. D'abord la mise en place de la « flexicurité ». En 1996, les Hollandais ont fait le choix, avec l'accord de leurs syndicats, de déréguler certains aspects de leur marché du travail, et notamment d'autoriser très largement le recours à l'intérim et aux horaires atypiques, par exemple le travail le dimanche. Voilà qui ferait hurler bien des gens dans d'autres pays, par exemple en France. Mais cette « flexibilisation » a été contrebalancée par l'instauration de droits sociaux consistants. Chaque heure en intérim ou dans des emplois de courte durée apporte en effet autant, voire plus, de droits que les heures effectuées dans un emploi traditionnel à temps plein et de long terme.

1. Günther Schmid, *Wege in eine neue Volbeschäftigung*, Campus, 2002, chapitre 3.

2. Voir le dossier « Les villes courent après leurs temps », présenté par Sandra Moatti dans *Alternatives économiques*, juin 2002, et les développements de Dominique Méda, *op. cit.*, p. 128-142.

La seconde série de changements affecte toutes les entreprises. Une loi de 1996 oblige l'employeur à intégrer dans son organisation du travail les contraintes extraprofessionnelles des salariés. Il peut s'agir des exigences familiales, mais pas seulement. La loi cherche ainsi à équilibrer les besoins de l'entreprise et ceux des salariés, et à établir par la négociation un compromis entre les contraintes de la production et celles du salarié.

Le résultat de cette démarche progressive et négociée est que le temps partiel n'est pas resté réservé aux femmes. En 1999, rappelons-le, 18 % des hommes sont à temps partiel en Hollande, contre 5,6 % en France. Ce qui, sans être bouleversant, est révélateur d'une percée. Les évolutions récentes montrent que la progression se poursuit et que le « modèle » a commencé à s'autoréformer. Après bien des débats, la Hollande a commencé à réduire l'accès aux programmes d'indemnisation des handicapés et développe les mesures de réhabilitation et les incitations poussant les bénéficiaires actuels ou potentiels à chercher une insertion dans l'emploi. Une loi promulguée en 2000 affirme le droit de tout salarié travaillant dans un établissement de dix salariés et plus de réduire son temps de travail, et de l'augmenter si aucune disposition conventionnelle n'est venue restreindre cette dernière possibilité. Chaque employé a le droit de discuter de l'aménagement de son horaire avec son employeur sans avoir à justifier d'aucun motif. Les possibilités de refus de l'employeur sont limitées. Ce qui permet aux hommes de diminuer leur temps de travail et aux femmes, si elles le souhaitent, de l'augmenter. On aurait tort de sous-estimer la portée de telles dispositions, qui confirment que le « modèle » hollandais, loin de se limiter à la promotion du temps partiel pour les femmes, expérimente, peu à peu, sans relâche et avec pragmatisme, des voies nouvelles de conciliation entre travail et vie familiale et personnelle.

Des « ultramobiles » à la solidarité du « tiers secteur »

Cette norme souple des 30 heures flottantes vaut pour tous et toutes. Elle est donc neutre, pour ne pas dire asexuée, et vaut pour chacun individuellement. Ne serions-nous pas en plein mirage individualiste ? La souplesse garantie à tous indépendamment, justement, du sexe et des tâches familiales, n'est-elle pas la porte ouverte à des choix purement personnels en apparence, soumis en réalité aux pressions des entreprises et du marché du travail ? La question doit être posée, et elle a été anticipée par Ulrich Beck dans *La Société du risque*[1]. Celui-ci évoque en effet, dans des expressions frappantes, deux tendances qui caractériseraient notre modernité. Nous irions vers une « société ultramobile de célibataires » et nous pourrions voir se généraliser la « famille négociée à durée déterminée[2] »... Il affirme que l'individualisme actuel a des racines et une signification profondes, ancrées dans notre modernité de « société du risque ». Il serait au bout du compte synonyme de dépendance vis-à-vis du marché.

Il n'y a pas besoin des « marchés transitionnels » pour aller dans cette direction. Le monde des « *executive* » aux États-Unis, et notamment des « *executive women* », ces

1. Ulrich Beck, *La Société du risque*, *op. cit.*
2. *Ibid.*, p. 267 et 279.

femmes cadres supérieurs qui ont renoncé à la maternité pour suivre, sinon anticiper, les aléas de leur carrière, la culture des « travailleurs sans frontières » qui vont de projet en projet, tous ces éléments sont d'ores et déjà présents dans notre capitalisme. Ils ont été analysés par un autre sociologue, américain, Richard Sennett, dans un livre, remarqué lui aussi, consacré à la « corrosion du moi [1] » qui découle de ces exigences de mobilités permanentes.

Ensuite et surtout, nous avions déjà remarqué que c'était plutôt le contraire qui était vrai : les « marchés transitionnels » redonnent des marges de manœuvre aux salariés pour stabiliser leurs conditions d'existence. Dans ses préconisations politiques, Ulrich Beck mentionne le « droit à l'immobilité pour raisons familiales [2] ». C'est précisément ce qu'apportent les « marchés transitionnels », tout en introduisant le complément indispensable : le droit à l'immobilité *pendant une période spécifiée*, celle qui correspond au besoin familial ressenti.

La démarche consiste, en ayant le moins possible recours à des interdictions contraignantes, à redonner du pouvoir de négociation aux travailleurs afin de les armer face à l'expression des besoins et exigences des entreprises. Il ne s'agit pas de les « verrouiller » dans une position fixée une fois pour toutes, ce qui serait la vieille sécurité de la carrière routinière, mais bien de les rendre capables de saisir les opportunités compatibles avec leur équilibre personnel et familial et de rejeter les autres.

1. Richard Sennett, *Le Travail sans qualités*, trad. fr. Albin Michel, 2000.

2. Ulrich Beck, *La Société du risque*, *op. cit.*, p. 271.

Cette négociation, on l'a vu, suppose l'instauration d'alternatives crédibles et leur mise à la disposition des individus et des familles confrontés à telle ou telle « transition ». Le rôle clé des crèches, des réseaux de transports et des services a déjà été souligné. Ici nous pouvons tirer profit de la généralité de la démarche « transitionnelle ». Elle prend en compte comme transitions possibles entre travail rémunéré et travail non rémunéré, outre les tâches parentales et familiales, les activités militantes et bénévoles. Ce qui ouvre le champ des organisations sans but lucratif, des associations, et permet ainsi d'envisager le développement de tout un tissu productif et relationnel.

La démarche des « marchés transitionnels » croise alors la promotion du « tiers secteur », notamment en ce qui concerne les services aux personnes. Une argumentation comme celle développée par Jean-Louis Laville et Marthe Nyssens va dans ce sens[1]. Ils proposent de développer la coopération basée sur un engagement volontaire dans des associations. Il y a alors affirmation d'un projet collectif à travers la constitution et l'animation d'une association qui, dans sa visée même, promeut l'initiative des usagers devenus sociétaires. Les auteurs entendent lancer par ce moyen la construction d'une série d'« espaces publics de proximité », de lieux de débats collectifs dans lesquels les besoins des uns et des autres peuvent se confronter et se formuler. Ce processus permet de faire apparaître de nouvelles demandes et de les conduire vers leur satisfaction. Par exemple, pour faire naître et consolider une profession

1. Jean-Louis Laville et Marthe Nyssens (dir.), *Les Services sociaux, entre associations, État et marché*, La Découverte/MAUSS/CRIDA, 2001.

telle que l'aide à domicile, les réseaux associatifs ont pu jouer un rôle moteur en mettant en contact les personnes isolées. Elles ont aussi permis d'affronter la question de la solvabilisation des plus pauvres, en pratiquant de bas tarifs et en favorisant le recours à des bénévoles.

L'économie non marchande n'est pas pour autant angélique, elle peut avoir ses propres problèmes – népotisme, faible productivité –, que nous aurons l'occasion d'évoquer lorsque nous examinerons les conditions de mise en œuvre et d'efficacité des « marchés transitionnels ». La direction à prendre est toutefois claire. Elle est celle d'une économie délibérément composite. L'économie non marchande des associations, mutuelles et coopératives doit coexister, directement ou indirectement, avec les entreprises plus classiques. En effet, elle peut être mise en concurrence avec elles, ou encore être mélangée dans des « entreprises sociales » qui pourront gérer à la fois des services payants pour les personnes qui peuvent payer et des services gratuits pour les plus pauvres : services « mixtes », en quelque sorte, produits par une nouvelle génération d'entreprises, qu'annoncent Jean-Louis Laville et Marthe Nyssen.

Ce complément à l'État providence prend ici une signification plus riche que de simplement venir compenser les doubles défaillances de l'État et du marché, ce qui ne serait déjà pas si mal. En ouvrant un espace de solidarité à propos des tâches familiales, les réseaux associatifs et l'économie « solidaire » créent des emplois et satisfont des besoins, mais aussi évitent d'enfermer la famille dans une confrontation purement privée. Ils fournissent des armes à l'égalité et au débat démocratique.

Les modèles suédois et nordiques en général sont impressionnants par leur pragmatisme et la constance des efforts déployés en direction de l'égalité entre les sexes. Ils enseignent que les « transitions » peuvent et doivent être mobilisées et devenir des incitations, éventuellement massives, à redistribuer les tâches domestiques et professionnelles. Ils invitent aussi à rechercher les points d'appui à ces « transitions ». Dans le cas nordique, un État-providence légitime et de grande taille joint à un processus de ségrégation des emplois, et notamment des emplois publics, fournissent de tels appuis. D'autres combinaisons sont possibles, et nous en avons identifié quelques composantes : outre une norme d'emploi « neutre » au regard des sexes et suffisamment courte pour permettre l'engagement dans les tâches familiales, un ensemble de réseaux d'équipements et de services, et d'associations ou d'entreprises « sociales ».

Ce sont là les leviers qui donnent sa chance à l'Europe du Sud, sans chercher à décalquer les options de l'Europe du Nord. Une telle combinaison est en fait possible en France, comme un débat international entre spécialistes et acteurs de la protection sociale l'a mis en évidence en janvier 2002 [1]. Nous retrouvons ici les effets des 35 heures. Certes différenciés selon les catégories, et c'est un vrai problème, ces effets ont semble-t-il contribué à desserrer une partie du carcan et des contraintes qui perpétuent les réticences masculines et

1. Voir notamment la synthèse de l'économiste américaine Eileen Appelbaum, dans Peter Auer et Bernard Gazier (dir.), *L'Avenir du travail et de la protection sociale : dynamique du changement et protection des travailleurs*, *op. cit.*

l'immobilisme des institutions comme de la division sexuelle des tâches.

Deux obstacles, et non des moindres, restent à surmonter. La « course de rats », d'abord, qui fait qu'hommes et femmes continuent à s'affronter pour les promotions dans les entreprises, les femmes souffrant du handicap de devoir assumer l'essentiel des tâches et des contraintes familiales. Nous avons vu que les hommes, souvent sur la défensive, pourraient tenter de perpétuer leur avantage en saturant leur emploi du temps par la mobilisation professionnelle et en affirmant systématiquement leur disponibilité totale. Ce scénario reste toujours possible. Il méconnaît toutefois la diversité des aspirations masculines et leurs propres demandes en termes de transitions, qu'elles soient parentales, militantes ou sabbatiques. Il peut être combattu par des initiatives très ponctuelles telles que la suppression, dans les entreprises, de toute réunion professionnelle se terminant après 18 heures. De telles interdictions sont sûrement nécessaires, mais pas à l'échelle du problème.

Le second obstacle est financier. Pour de très nombreux travailleurs faiblement qualifiés et au bas de l'échelle des rémunérations, la réduction du temps de travail, à 35 ou pis encore à 30 heures, apparaît d'abord comme un manque à gagner. Ces personnes ont pris l'habitude de compléter une paye insuffisante par le recours aux heures supplémentaires, traditionnellement mieux payées que les heures normales. Elles prennent de plein fouet la limitation de leur rémunération qui découle d'un moindre recours aux heures supplémentaires ou d'un moindre rendement de celles-ci.

L'avantage de l'approche systématique en termes de « marchés transitionnels » est qu'elle donne des outils pour prendre en compte et affronter ces résistances ancrées dans les pratiques quotidiennes. Bien utilisé, le parti pris de traiter ensemble les transitions liées au travail marchand et non marchand aide à détendre la « course de rats ». En effet, la « banalisation » des transitions liées aux tâches familiales, leur intégration dans un ensemble de droits plus vaste sont susceptibles de rallier la majorité des hommes. Si tout travailleur et toute travailleuse dispose du même ensemble de droits, par exemple à congés de formation, parental et sabbatique, les entreprises seront moins réticentes à accorder un congé parental à l'un de leurs employés, et leur employé sera moins réticent à le prendre.

Le problème des revenus tirés du travail prolongé ne peut recevoir de réponse vraiment satisfaisante que dans le long terme et la promotion d'une société plus égalitaire où dominent les travailleurs qualifiés. En attendant, le développement d'infrastructures ouvrant à tous l'accès à des loisirs de qualité et abaissant leur coût est sans doute un élément favorable. L'essor du bricolage consécutif aux 35 heures en France prouve qu'on peut concilier l'utilisation du temps libre et la réalisation d'économies. D'ores et déjà, les hommes ont montré qu'ils sont sensibles aux avantages découlant d'une vie mieux équilibrée et ouverte sur un ensemble élargi de possibles. Des réseaux de boutiques, d'associations, d'échanges entre voisins ou entre amis doivent ainsi venir à l'appui des droits « transitionnels ». On obtiendrait par là ce qui sera de toute manière indispensable pour rééquilibrer le partage des tâches entre les sexes : le soutien politique de la grande majorité des femmes, mais aussi des hommes.

CHAPITRE 7

NÉGOCIER LES TRANSITIONS

Travailler, c'est gagner sa vie, mais aussi prendre des risques. On risque, en travaillant, d'avoir un accident du travail, de subir des pannes, d'obtenir une production qui n'est pas de la qualité souhaitée, qui ne se vend pas, ou encore d'être malade, contraint à une absence… Tout modèle social repose sur une répartition et un mode de gestion des gains et des risques associés au travail. Il s'agit d'un équilibrage de droits et de responsabilités entre les différents participants à la production, qui doit être à la fois efficace et accepté par chacun. Dans le cas de l'entrepreneur individuel, la question se simplifie. Il supporte tous les risques associés à son activité de travail. Et il a le droit de recueillir tout le profit qui en résulte, avant, bien sûr, de payer ses impôts. Il assume tous les risques et recueille tout le revenu issu de son travail. Dans nos sociétés capitalistes développées, l'entreprise collective, avec ses propriétaires, ses managers et ses salariés, est le lieu central de création de richesses. Elle est dès lors un lieu de conflit et de compromis entre des intérêts différents portés par des acteurs différents, qui ne sont pas à la même place dans le processus de production. Ils supportent des risques différents et en retirent des avantages différents. Traditionnellement, les incertitudes sur la vente ou la mévente de la production, par exemple, sont du ressort de l'employeur. S'il fait des pertes ou de moins bonnes affaires, cela ne concerne pas, ou du moins pas directement, ses salariés. Ils touchent en principe un salaire fixe, et c'est l'employeur qui recueille, s'il y en a, les bénéfices, le profit.

Les « marchés transitionnels » sont des droits nouveaux qui sont destinés aux travailleurs. Ils ont une base légale et conventionnelle, leur mise en application relevant de négociations. Il est temps désormais d'en prendre une vue d'ensemble et de montrer comment ils viennent affecter la vie des entreprises et les relations de travail. Ce mélange de droits et de négociations ne vient pas simplement s'ajouter aux droits et négociations existants. Quelle est sa cohérence d'ensemble ? Et quelles sont les négociations susceptibles de se développer ?

La relation de travail : risques traditionnels et gestion conventionnelle

Des travaux juridiques et économiques[1] ont décomposé les risques découlant d'une prestation de travail, quelle qu'elle soit, et permettent d'en suivre pas à pas le traitement. Les questions qui servent de guide sont les suivantes : quels sont les risques ? Qui supporte tel ou tel

1. Voir les recherches dirigées par M.-L. Morin, in M.-L. Morin *et al.*, *Prestation de travail et activité de service*, La Documentation française, 1999.

risque, et pourquoi ? Et comment y fait-on face ? Ces questions ne sont simples qu'en apparence. Toute action humaine est confrontée à l'incertitude, que celle-ci soit évaluable ou pas. Faire du ski, ou même traverser une route, expose par là même à une probabilité d'accident, que l'on peut chiffrer assez précisément. Lorsqu'un homme d'affaires investit dans un nouveau processus de production, la rentabilité possible de cet investissement et son risque d'échec sont plus difficiles à évaluer. Déterminer qui doit supporter tel ou tel risque dépend du degré de responsabilité individuelle que l'on peut lui associer, des actions préventives susceptibles d'être menées et de son caractère plus ou moins assurable. L'assurance peut être facultative ou obligatoire et reposer sur des arrangements plus ou moins complexes.

L'exemple de l'accident d'automobile est ici parlant. Il s'agit d'un risque assurable. On connaît assez bien les probabilités d'accidents selon les horaires, les dates de vacances, le type de conducteur… On sait aussi qu'il existe des conducteurs avec de très faibles probabilités d'accidents, par exemple les personnes qui vivent à la campagne prennent rarement leur voiture et vont peu en ville. Et, au contraire des conducteurs qui, quelle que soit leur prudence, sont plus exposés : ceux qui vivent et conduisent fréquemment en zone urbaine. Les solutions retenues sont bien connues. L'assurance est obligatoire, faute de quoi les assureurs ne voudraient pas assurer les conducteurs statistiquement les plus exposés, ou alors à des tarifs prohibitifs qui feraient que ces conducteurs préféreraient se débrouiller tout seuls. Or les risques sont trop importants pour être laissés ainsi. Un carambolage en chaîne peut entraîner des blessés et la destruction de plusieurs véhicules du fait de l'inattention d'une seule personne. Sa responsabilité personnelle est certes engagée, mais elle pourrait bien être simplement incapable de faire face aux obligations financières qui en découleraient[1].

Les assureurs modulent les tarifs en fonction des classes de risques. Cette modulation les amène, par exemple, à faire payer nettement plus cher les jeunes conducteurs résidant en ville. Ces derniers peuvent avoir l'impression d'une défiance à leur égard. Il est vrai qu'il y a parmi eux des conducteurs prudents qui n'auront pas (ou peu) d'accidents ! La modulation des primes instaure donc autoritairement une certaine solidarité entre les personnes soumises au risque, mais elle est limitée et circonscrite par catégories.

Un second problème apparaît. On peut craindre que les conducteurs, sachant qu'ils seront remboursés en cas d'accident, relâchent, même inconsciemment, leur attention et leurs efforts de prudence. C'est ce que l'on constate notamment lorsque les conducteurs sont assurés « tous risques ». Il tendent à aller chez le garagiste pour une éraflure. La solution en assurance automobile est bien connue. Le contrat prévoit qu'une part de dépense, la franchise, reste à la charge de l'assuré, et il instaure un « bonus-malus » : selon que l'assuré a beaucoup ou peu d'accidents, ses cotisations sont fortes ou faibles.

L'assurance automobile traite ainsi les risques en combinant trois réponses. Elle est obligatoire et généralisée, elle est modulée par classe de risques et elle instaure des incitations à bien conduire. D'autres imputations et d'autres

1. Nous ne prenons pas en compte ici les éventuelles responsabilités pénales en cas de conduite en état d'ivresse, etc.

modulations sont utilisées dans le cas des relations de travail, salariées et non salariées. Ici aussi, plusieurs dispositifs se combinent. Tout acte de travail visant à produire une marchandise présuppose l'identification et la gestion de cinq grandes catégories de risques. Voyons-en l'imputation et la gestion selon la relation salariale traditionnelle.

Il y a d'abord les *risques entrepreneuriaux*. Ceux-ci : faillite, mévente, erreurs de production sont normalement supportés par l'entrepreneur. Ce dernier, en contrepartie, est le « créancier en dernier ressort », celui qui s'approprie les profits. Le salarié quant à lui, de par son statut de subordonné, n'a qu'une obligation de moyens, et son contrat lui garantit normalement une certaine sécurité en termes d'emploi et de revenus salariaux. En tout cas, son salaire, sauf exception, n'est pas directement lié aux aléas de la vente.

Les *risques d'emploi* : perte d'emploi, accident du travail, sont gérés différemment. Le risque de perte d'emploi est pour une part supporté par le travailleur, qui doit rechercher un autre travail, et indemnisé collectivement par l'assurance-chômage obligatoire, à laquelle cotisent employeurs et salariés. Nous l'avons déjà décrite, dans ses avatars récents en France. Le principe de la franchise est ici en action, puisque l'indemnisation ne compense pas, sauf exception, l'intégralité de la perte de revenu. Les accidents du travail relèvent quant à eux, selon une tradition désormais séculaire, de la responsabilité de l'employeur, tant en termes d'indemnisation qu'en termes de prévention.

Les *risques liés au capital humain* correspondent aux problèmes générés par l'absence ou par la perte de qualification. Ils sont, dans la relation d'emploi traditionnelle, gérés par la firme, mais de manière assez limitée. Elle peut organiser des programmes de formation en interne pour les travailleurs qu'elle a recrutés ou va recruter. Un cas d'implication forte est alors l'apprentissage. Les qualifications des salariés dans l'entreprise peuvent s'avérer obsolètes, alors que ceux-ci avaient été initialement recrutés à un niveau que l'entreprise jugeait satisfaisant. Dans cette conception du monde quelque peu statique, le risque de perte de qualification se confond largement avec un problème de vieillissement, et son traitement prend appui sur l'âge des personnes exposées. On isole comme un groupe spécifique les travailleurs obsolètes et vieillissants, et ce sont les préretraites qui constituent la réponse principale. Comme ces dernières sont classiquement cofinancées par les employeurs et par l'État, on arrive alors à une gestion partiellement publique.

Une quatrième catégorie est formée des *risques liés à la variabilité des temps*. Entendons par là le besoin d'heures supplémentaires, en sus des emplois du temps prévus par le contrat, ou au contraire la présence d'heures inutilisées. La gestion traditionnelle distingue les deux cas. Elle autorise la firme à payer des heures supplémentaires à un tarif majoré, ce qui constitue un report sur le travailleur des conséquences de la situation, report lui-même compensé par un paiement supplémentaire majoré. Les dispositifs de chômage partiel associent l'État à la gestion des excédents temporaires d'heures de travail. Les salariés demeurent dans l'entreprise et travaillent à horaire réduit, la baisse de leur paie étant compensée par une contribution financée par l'État et par l'employeur. Il existe d'autres manières de faire, dont un exemple important est le jeu, aux États-Unis, du « *lay-off and recall* », du licenciement et du rappel. Dans ce cas, la relation salariale est rompue un temps, les travailleurs jugés excédentaires sont licenciés, mais ils gardent un contact avec l'entreprise. En cas de redémarrage de l'activité, ils sont juridiquement prioritaires pour être réembauchés.

Enfin, nous retrouvons dans une dernière catégorie les *risques « sociaux »*, que nous avons déjà évoqués à plusieurs reprises, c'est-à-dire classiquement les interruptions de revenu découlant pour les salariés d'interruptions de leur activité productive : risque maladie, maternité, vieillesse [1]. Les assurances sociales obligatoires correspondantes illustrent la gestion largement collective de ces risques, alimentée par des cotisations patronales et salariales.

Voici donc la situation de départ, un empilement de risques, d'institutions, de pratiques formelles ou informelles. Il est issu de multiples tâtonnements, qui ont eu pour objet de cerner les responsabilités, de fixer les contributions et de préciser les cas donnant lieu à intervention publique. L'essentiel pour la relation salariale se résume dans l'échange que nous connaissons bien, échange de la sécurité contre la subordination. Il en résulte un équilibrage traditionnel de droits, de garanties et de responsabilités pour les salariés, leurs employeurs et les pouvoirs publics.

Cette répartition vaut pour les salariés, cependant que l'intégralité des risques qui viennent d'être énumérés sont supportés par les travailleurs indépendants. Ceux-ci répondent à cette situation de responsabilité pleine et

1. Dans le langage de la Sécurité sociale, la maternité et la vieillesse, événements dont on admettra qu'ils sont le plus souvent prévisibles, sont des « risques » au sens où ils viennent interrompre le travail et le versement du salaire.

entière par deux séries de comportements. Ils cherchent à accumuler un patrimoine conséquent qui leur serve d'amortisseur, et ont largement recours à l'auto-assurance, ou encore à l'assurance volontaire auprès d'organismes de prévoyance qui peuvent être publics ou privés.

Diversification et émergence de nouveaux risques

Depuis une vingtaine d'années, avec l'intensification et la diversification des risques, cette répartition est de plus en plus bousculée. Il en résulte une tendance systématique au report des risques sur le travailleur individuel.

Le *risque d'entreprise* s'accroît avec l'intensification de la concurrence sur les marchés des produits ainsi que l'instabilité et l'interconnexion croissantes des marchés. Apparaissent aussi de nouveaux risques, tels que le risque « panne ». En cas de défaillance d'une machine, et en l'absence d'une réaction rapide des opérateurs, les pertes subies par l'entreprise peuvent être très importantes. La réaction des entreprises à cette instabilité accrue est bien connue et nous l'avons déjà évoquée. Des systèmes d'évaluation individuelle et de primes mettent en évidence, stimulent et rémunèrent la réactivité et la prise d'initiative du travailleur.

Il y a aussi, on l'a vu, la tendance récente de certains actionnaires à demander une rémunération garantie de leur mise de fonds. Elle reviendrait, si elle se révélait durable, à une véritable inversion de la relation d'emploi traditionnelle. Nous ne serions plus dans l'échange « sécurité contre subordination », où les détenteurs du capital pouvaient associer prise de risque d'entreprise et revenus variables. Désormais, en cas de mévente ou de retournement du marché, c'est la masse salariale qui devrait s'ajuster, de manière à garantir le « fixe » demandé par les actionnaires. Autrement dit, l'instabilité serait directement et automatiquement reportée sur les travailleurs qui devraient toucher des salaires moindres. Nous pouvons ici saluer la naissance d'un nouveau risque, que nous proposons de baptiser « risque actionnaire »... Risque « panne » avéré ou risque « actionnaire » encore potentiel, dans les deux cas, la tendance est au report sur le travailleur.

Le *risque de perte d'emploi* quant à lui s'accroît évidemment avec la montée du chômage et son maintien à des niveaux élevés. Les entreprises peuvent être amenées à licencier en bloc des groupes entiers de travailleurs, et les faire basculer dans l'emploi précaire. La récurrence d'épisodes de chômage et d'emploi de courte durée est une autre manifestation de ce risque accru. Le risque accident du travail mérite une appréciation plus nuancée. Les efforts préventifs ont été considérables dans la plupart des entreprises. Même s'il subsiste encore des métiers exposés, un des grands acquis du XXe siècle a été la généralisation de consignes de sécurité strictes dans la plupart des entreprises. Mais le risque se transforme et se déplace. Avec la charge nerveuse, on voit grandir l'exigence de réactivité et le stress associés à la responsabilité de gros équipements.

Le *risque lié au capital humain* devient le risque de perte d'employabilité : risque d'obsolescence absolue ou relative des compétences de travailleurs qui n'ont pas régulièrement actualisé leurs connaissances. Dans le cas d'obsolescence absolue, les entreprises n'ont plus de postes pour eux ; si elle est relative, les entreprises leur préfèrent d'autres travailleurs qu'elles jugent plus qualifiés ou plus adaptables. La réponse classique des politiques publiques à ces problèmes est l'« activation » des politiques de l'emploi, autrement dit l'insistance mise sur la formation et les efforts individuels dans un cadre de diagnostic et de mobilisation personnels. On retrouve ici encore le rôle accru de l'initiative et de la responsabilité individuelles.

Le *risque de variabilité du temps* s'accroît avec la volatilité de la demande et le besoin ressenti par les entreprises d'en suivre au plus près les inflexions. Les entreprises cherchent à moduler les horaires selon par exemple les affluences de clientèle. C'est le cas des caissières des grands magasins, qui sont susceptibles d'être mobilisées à des horaires différents chaque jour. Le report sur les travailleurs est aussi direct que conflictuel. L'arrivée croissante des femmes sur le marché du travail et le maintien d'une configuration familiale où celles-ci assument l'essentiel des contraintes domestiques liées au soin des enfants créent ici un problème de plus en plus aigu. Une discordance peut éclater tous les jours entre les horaires demandés par l'employeur et les contraintes horaires découlant des tâches domestiques (aller chercher les enfants à l'école, les garder, les aider à faire leurs devoirs…).

Enfin, nous avons vu que la gestion des *risques « sociaux »* est affectée par la discontinuité croissante des carrières. Ce qui aboutit au « mitage » des droits sociaux, car ceux-ci ont le plus souvent comme critère d'accumulation, voire d'ouverture, une durée minimale dans l'emploi. Les conséquences du report sur les travailleurs se lisent dans l'extension des comportements d'auto-assurance qui rapprochent les salariés des indépendants. Par exemple, ils souscrivent des assurances complémentaires. Elles se lisent aussi dans l'instabilité des conditions de vie que subissent les générations actuellement d'âge adulte piégées dans la précarité et les « petits boulots ». Elles se liront bientôt davantage, dans des situations de pauvreté finale qui apparaîtront lorsque leurs maigres droits à la retraite seront décomptés.

À travers de multiples canaux et processus, les risques associés au travail se sont diversifiés, transformés, multipliés et en définitive accrus. Au départ, les principaux risques envisagés par les juristes qui ont élaboré le contrat de travail étaient externes et cycliques. C'est-à-dire qu'ils pouvaient résulter principalement de hasards tels qu'une mauvaise récolte, un retournement cyclique de l'économie. Les risques aujourd'hui ajoutent une dimension « interne » au sens où ils peuvent résulter, même dans des contextes favorables, des interconnexions croissantes entre nations et entre monde financier et monde commercial. Il en est des exemples particulièrement violents et révélateurs. Certaines entreprises font des profits substantiels et décident néanmoins de licencier une partie de leur personnel pour renforcer leur compétitivité ou améliorer leur image boursière. Un conflit ouvert apparaît ici entre une logique financière ou étroitement économique et une logique plus attentive aux intérêts collectifs, sociaux et économiques à plus long terme. L'entreprise dans ce cas se défausse à terme sur la collectivité des coûts qu'induit sa décision de licenciement. En l'absence de mécanismes correcteurs, le poids de la gestion de ces risques nouveaux est, d'une manière très générale, reporté en un premier temps sur les travailleurs à qui il est demandé de supporter les conséquences et de s'adapter. On comprend mieux, à l'issue de ce tour d'horizon, la sensation de pression accrue qu'ils peuvent ressentir. Elle ne vient pas nécessairement d'événements désagréables ou de dangers auxquels ils seraient clairement exposés, mais d'un diagnostic implicite et diffus. Les solidarités traditionnelles ne fonctionnent plus aussi bien, les règles du jeu ont changé et chacun doit prendre garde à soi.

Les réponses « transitionnelles »

Face à ces changements, deux attitudes au moins sont possibles. L'une consiste à dénoncer ces reports comme néfastes ou injustes, et, puisque le partage est désormais déséquilibré, à préconiser le retour au partage antérieur. Deux arguments montrent la fragilité de cette attitude. L'évolution que nous venons de décrire est profonde et elle affecte toutes les composantes de la relation salariale. Il serait donc difficile de la renverser. D'autre part, l'accroissement des risques supportés par les travailleurs correspond aussi à des opportunités de gains ou d'avantages initialement exclues de la relation salariale : la possibilité d'être associé aux bénéfices de l'entreprise en cas de succès de l'entreprise, et l'ouverture de carrières plus actives et variées. Il serait mal venu de demander aux travailleurs d'y renoncer.

Une seconde attitude apparaît plus fondée, celle qui consiste à donner aux travailleurs de nouveaux droits, afin d'une part de les équiper face aux nouveaux aléas et aux nouvelles opportunités, et d'autre part d'inciter les firmes à mieux contrôler les conséquences à long terme, économiques et sociales de leurs initiatives. On trouve alors les propositions des « marchés transitionnels », au cœur même de la relation salariale nouvelle qui se cherche aujourd'hui. Des quatre principes qui organisent les « marchés transitionnels », les deux premiers vont retenir toute notre attention : la recherche d'une autonomie accrue pour chacun, tant dans l'affectation de son temps que dans le niveau et la régularité de son revenu, et le renforcement de la solidarité entre différentes catégories de travailleurs [1]. Le report croissant de risques divers sur les salariés en tant qu'individus a pour effet de mettre en cause leur autonomie tout comme la solidarité, et il s'agit de les restaurer, voire de les accroître.

Comment faire ? Quelques intuitions simples peuvent nous aider. Nous avons ici deux systèmes, étroitement liés. D'un côté les rythmes, contraintes et exigences de l'entreprise et du travail, et de l'autre le système des garanties et des droits des travailleurs. Ces deux pôles sont devenus chacun plus instables et moins fiables, et ils sont plus difficiles à concilier. Alors il faut agir doublement, d'abord sur chaque pôle, pour en limiter l'instabilité. Et aussi sur les liens qui unissent les deux pôles, pour les rendre plus souples.

En fait, nous avons déjà vu une bonne partie de ce programme de stabilisation en ce qui concerne le pôle de la protection des travailleurs. En effet, le développement des droits à transitions entre l'emploi et les diverses positions hors emploi visent à apporter des garanties de revenu,

1. Nous retrouverons les deux autres, la recherche de l'efficacité et la décentralisation négociée, à propos de la mise en œuvre des préconisations.

d'opportunités, et finalement des protections aux personnes dans différentes étapes de leur vie. Le programme consiste à éviter les transitions « critiques » dans l'entreprise et hors d'elle, et à promouvoir de « bonnes » transitions. L'introduction de nouveaux droits « transitionnels » doit ainsi restaurer un meilleur fonctionnement du système de protection sociale.

Dans le pôle entreprise, il va s'agir de *régulariser* les flux de travail et de revenus dont on a vu qu'ils étaient soumis à davantage d'incertitudes et de volatilité. Régulariser, c'est chercher à compenser des variations indésirables, soit entre différentes périodes, soit entre différentes personnes ou différents groupes qui ne sont pas soumis aux mêmes exigences ou aux mêmes aléas en même temps. C'est donc instaurer une solidarité collective dont on a vu qu'elle n'était guère présente pour l'instant. Il est pourtant possible de la faire apparaître comme un intérêt bien compris des travailleurs ou comme un intérêt bien compris de l'entreprise, ou des deux ensemble.

En voici quelques exemples. La variabilité et l'individualisation des salaires sont un bon point de départ, car on vérifie tout de suite que l'enjeu a deux dimensions, dont l'une est favorable aux travailleurs s'ils sont associés aux succès de l'entreprise et voient leurs revenus croître avec leurs performances productives, qu'elles soient individuelles ou collectives. Le revers de la médaille apparaît en cas d'échec de l'entreprise. C'est ainsi qu'au début des années 1990 certains établissements de Renault avaient mis en place, pour toutes les catégories de personnel, un système de primes liées aux performances de l'établissement et de l'entreprise. La diminution des primes à la suite des difficultés rencontrées par le constructeur a été l'occasion de déceptions et de vives tensions. Les fluctuations de revenus salariaux individuels qui découlent de la multiplication des primes et de la diminution de la part fixe des salaires peuvent être amorties par des *dispositifs d'épargne salariale*. Ces comptes versent tous les mois une somme fixe, issue des revenus qui s'accumulent, ou organisent simplement leur accumulation pour qu'ils soient disponibles plus tard. Ils permettent ainsi de régulariser le montant des revenus salariaux complémentaires. La tendance des salaires à s'individualiser et à devenir variables en fonction des résultats de l'entreprise et du travailleur est ainsi partiellement neutralisée. Le double but de l'autonomie et de la solidarité est ici recherché sans négliger les ambitions et les aspirations des travailleurs. Des outils et des démarches de ce type existent depuis longtemps en France (on se souvient de la célèbre « participation » promue par le général de Gaulle) et n'ont certes pas représenté de révolution dans les entreprises. Et il y a tout un débat sur les diverses formules possibles et expérimentées, sur les différentes primes (individuelles ; d'équipe ou d'atelier ; d'établissement ; d'entreprise, etc.), leur calcul et leur légitimité. Il s'agit ici de reprendre de tels outils, même anciens, et de les mobiliser à nouveau au sein d'une panoplie plus large qui en renouvelle l'utilisation.

Les risques de variabilité des temps au sein de l'entreprise sont éclatants dans le cas de travailleurs contraints de subir des horaires qui varient de jour en jour. Il est clair que, dans ce cas, l'attribution d'heures supplémentaires mieux payées que les heures normales est une mauvaise solution qui leur accorde de l'argent en échange de la renonciation à leur autonomie. Il se peut bien sûr que ces heures supplémentaires soient très demandées, par certain(e)s salarié(e)s qui cherchent à arrondir leurs fins de mois et sont prêt(e)s à supporter les inconvénients d'horaires variables et non choisis. Pourquoi pas ? Mais il n'est pas possible que cela soit la seule option, et il est clair qu'il faut limiter le recours aux heures supplémentaires. L'outil transitionnel n'est pas celui-là. Il existe déjà, lui aussi, c'est le *compte épargne-temps*. Ce mécanisme permet d'accumuler des points donnant droit à des heures de loisir ou à des périodes de libre choix des horaires.

Imaginons ainsi un couple avec de jeunes enfants, travaillant dans une entreprise qui leur impose des horaires décalés et imprévisibles mais leur permet, une semaine sur deux, de choisir des horaires compatibles avec le retour de l'école. Les deux conjoints peuvent envisager d'alterner les semaines, et l'un(e) des deux a la certitude de pouvoir aller chercher les enfants. On a donc ici restauré leur autonomie et, par la même occasion, une forme de « microsolidarité ». Ces travailleurs et travailleuses se saisiront ou non de l'opportunité (ils peuvent aussi avoir recours à un(e) étudiant(e) à temps partiel ou à des voisins), l'essentiel est la restauration effective de leurs marges de manœuvre.

Compte d'épargne salariale, compte d'épargne-temps, voilà deux outils qui permettent de régulariser le temps et l'argent, sans empêcher les entreprises d'associer plus étroitement leurs salariés aux aléas du marché et aux fluctuations de la demande.

L'intérêt bien compris des entreprises apparaît plus directement dans le cas où elles souhaitent s'attacher les services réguliers, mais à temps partiel, d'un groupe de travailleurs. En effet, la formule des *groupements d'employeurs* autorise une même personne à exercer régulièrement plusieurs emplois à temps partiel, tout en lui offrant des conditions de travail et des garanties équivalentes à celles d'un temps plein. La régularisation provient ici d'un accord entre plusieurs entreprises, dont on conçoit qu'il ne soit pas toujours simple à élaborer et à mettre en œuvre. Les entreprises sont en général concurrentes, et ce sont les cas plus rares de complémentarité qui sont les plus favorables à de tels arrangements. Par exemple, un fabricant de pièces automobiles et un garage peuvent s'entendre pour se partager les services d'un technicien. La stabilisation réalisée dans le cas du groupement d'employeurs porte aussi sur les droits sociaux accumulés par le salarié.

Nous arrivons alors à la question de l'assouplissement des liens entre les deux pôles de l'entreprise et des droits sociaux. Il faut ici se laisser guider par un maître mot : le *découplage* entre l'établissement et l'accumulation de droits sociaux et le temps passé dans un emploi continu. La logique antérieure de notre contrat social valorisait la stabilisation dans un seul emploi ou la recherche de séquences régulières dans une succession d'emplois stables. Plus vous étiez stable dans l'emploi, plus vous aviez de droits garantis, et plus ces droits étaient avantageux. La démarche des « marchés transitionnels » consiste à organiser des transitions plus riches et plus complexes et à les rendre avantageuses pour les travailleurs qui s'y engagent. La solution est donc de lier la protection non plus à l'exercice effectif permanent d'heures continues dans un état donné et protégé, mais à un ensemble d'heures effectuées tout au long de la vie, en autorisant l'addition des heures effectuées dans des cadres différents pour qu'elles puissent se cumuler normalement et donnent des droits équivalents à ceux d'un emploi continu.

Les passerelles de l'indépendance

Un dernier exemple de traitement « transitionnel » possible et multiforme est celui des indépendants. Ils ont déjà une culture « transitionnelle » bien ancrée, dans leurs gènes, pourrait-on dire... Les valeurs des travailleurs à leur compte sont en effet l'autonomie, la prévoyance individuelle, la flexibilité. Ce statut professionnel se transmet très souvent de parents à enfants. Les liens familiaux instaurent du reste une solidarité qui peut jouer notamment lors de l'installation d'un jeune ou lors d'un coup dur. Mais les tendances actuelles ne rendent pas plus facile la gestion et le développement de l'entreprise individuelle. Le groupe des agriculteurs, autrefois dominant, continue à décroître. Il rencontre des problèmes spécifiques tels que l'isolement et le célibat dans des campagnes victimes de l'exode rural et la tendance au regroupement des terres. Le groupe des artisans est lui aussi en recul, mais dans une moindre mesure. D'autres secteurs sont en revanche plus dynamiques en termes d'emplois, c'est le cas des professions libérales.

Les défis qu'ils affrontent sont multiples. Le profil typique des revenus croît avec l'âge jusque vers 45 ans, pour ensuite plafonner ou décroître, traduisant la difficulté de rechercher toute sa vie de nouveaux clients ou de nouveaux débouchés dans le cadre de l'installation de départ[1]. La technicité croissante de certains métiers impose ici aussi de se tenir au courant, et la tendance au regroupement ou à la concentration peut pénaliser des tra-

1. Dossier : Les indépendants, *Économie et Statistique*, 1998, n° 319-320.

vailleurs qui ne rejoignent pas des réseaux. Enfin, l'indépendant peut être dans certains cas dépendant de gros clients réguliers et devenir, comme nous l'avons vu, quasi-salarié.

La première démarche « transitionnelle » à laquelle on doit songer est l'instauration de remplacements, permettant de prendre des vacances, de soigner une maladie, d'aller se former, et rendant les contraintes de l'indépendance un peu moins lourdes. C'est ainsi que sont apparus récemment en France des agriculteurs-remplaçants, que leur polyvalence autorise à gérer une grande variété de fermes pendant le temps où l'exploitant désire s'absenter. Ils renouvellent une forme de solidarité désormais trop étroite, celle qui unissait un couple ou une famille d'agriculteurs face aux exigences du bétail ou des récoltes. Ils doivent permettre désormais aux indépendants d'actualiser leurs connaissances et de se recycler.

Cette stabilisation directe va de pair avec un désenclavement du statut, autrement dit des possibilités améliorées d'y entrer ou d'en sortir. Les accès d'entrée sont par exemple des droits reconnus aux chômeurs qui tentent de créer leur propre entreprise. Ce peut être le droit de retrouver ses allocations-chômage en cas d'échec de l'installation à son compte. Ce peut être aussi des dispositifs d'accompagnement en faveur des créateurs d'entreprise. Il n'est pas évident du tout de « monter » sa propre affaire, cela demande des capacités d'obstination et de flair, ainsi que des ressources financières et de l'entregent. Autant d'éléments qui ne sont pas a priori à la disposition de tous les chômeurs. La première assistance est de l'ordre du conseil. Choisir son secteur, monter un projet crédible, effectuer les démarches nécessaires, trouver des financeurs, tout cela demande un guidage, quand ce n'est pas un suivi régulier.

Les sorties, elles aussi, appellent des aides et des balises. Ce peut être par exemple la reconnaissance d'une capacité professionnelle, un diplôme, une certification qui permettent à un indépendant de se faire recruter comme salarié. Ce peut être aussi la capacité à évoluer vers d'autres spécialités ou d'autres filières, qui demande que soit garanti aux indépendants l'accès à des formations dont bénéficient les salariés. Il s'agit ainsi de prendre le relais de l'organisation spontanée des métiers pour les ouvrir sur des espaces de mobilité plus larges.

Les « marchés transitionnels » et les négociations collectives d'aujourd'hui

Au fond, l'instauration des « marchés transitionnels » revient à une extension du champ et de l'importance des négociations concernant le travail et la protection sociale. L'idée de base est d'apporter des outils supplémentaires de coordination aux partenaires sociaux. On pourrait ainsi penser que ces derniers devraient discuter et mettre en œuvre directement les propositions « transitionnelles », en adaptant leur rythme aux acquis et aux priorités locaux. Cependant, la diversité des mesures proposées est grande, et elles peuvent varier considérablement d'un pays à l'autre. De surcroît, en Europe, il est bien connu que, selon les pays, le degré d'implication, d'influence et de responsabilité des partenaires sociaux varie énormément. Il est possible que dans certains pays un certain nombre de mesures soient tout simplement hors de l'atteinte des partenaires sociaux parce qu'elles relèvent d'une réforme générale de la protection sociale ou de lois encadrant le marché du travail et dépendant ainsi d'un processus purement politique. À l'inverse, d'autres mesures, qui ne seront pas les mêmes selon les pays, figurent déjà parmi les objets de négociation, et le problème est de les étendre et les généraliser.

Les négociations collectives constituent des systèmes complexes variant considérablement selon les pays. Elles ont lieu dans un cadre légal contraignant, et elles ont en général pour objet d'« améliorer » les dispositions légales, c'est-à-dire de les rendre plus favorables aux salariés d'une entreprise ou d'un secteur donné. Les « conventions » et accords collectifs sont censés « améliorer » la loi [1]. Des accords nationaux ou, désormais, européens peuvent fournir un premier cadre, ensuite décliné et repris à d'autres niveaux. Ces ensembles complexes et stratifiés sont de surcroît en évolution permanente.

L'enrichissement du contenu des négociations collectives est une tendance de très long terme qui se manifeste aujourd'hui encore avec vigueur. La liste des objets de négociation entre patronat et syndicats est de plus en plus longue. Au XIXe siècle, les partenaires sociaux négociaient initialement sur les salaires et sur les procédures de résolution des conflits. Les conditions de travail ont rapidement rejoint la gestion de l'hygiène et de la sécurité dans la liste

1. Ce n'est pas toujours le cas. Des rapports de forces très défavorables aux salariés peuvent conduire à des accords qui reviennent sur certaines dispositions antérieures jugées plus avantageuses et remplacées, avec ou sans contrepartie, par d'autres, par exemple plus « flexibles ».

des objets abordés pouvant faire l'objet d'avancées et de compromis. Les grilles de classification et les plans sociaux ont ensuite fait leur apparition, avec la possibilité, qui ne s'est pas généralisée, de négocier directement sur l'emploi. Et, désormais, les doubles champs de la formation/qualification/transférabilité d'un côté, et de la modulation des horaires de l'autre, sont venus enrichir l'agenda des partenaires sociaux.

Aujourd'hui, les droits à la mobilité ou aux « transitions » apparaissent et tendent à compléter ou remplacer les dispositions affectant l'emploi ; ils s'articulent aux questions de formation, qualification et transférabilité, ainsi qu'aux mesures de politique sociale telles que les congés. L'enrichissement continue donc, et il conduit peu à peu à déplacer le centre de gravité des confrontations vers davantage de prise en compte des enjeux de long terme liés aux carrières et aux trajectoires, vers une vision dynamique et non plus statique de l'emploi.

Les « marchés transitionnels » s'inscrivent très directement aussi dans la deuxième tendance, quant à elle plus récente et très caractéristique de notre époque, la tendance à la décentralisation des négociations collectives. Les critiques des accords plus globaux, de niveau sectoriel ou interprofessionnel, ont été nombreuses et sont venues d'horizons très divers ; ce qui vaut pour une entreprise peut ne pas valoir pour une autre dont l'évolution et les moyens sont différents. Dès lors les accords conclus au niveau de l'entreprise semblent les mieux adaptés à la diversité des situations. C'est en tout cas une conviction très répandue du côté patronal, et qui a trouvé de nombreux points d'appui depuis une vingtaine d'années. Tout un débat a mobilisé les partisans et les adversaires des négociations au niveau sectoriel[1]. Il a mis en évidence les inconvénients qui découlent d'une place trop grande réservée aux accords d'entreprise : difficulté à négocier sur des qualifications qui soient transférables d'une entreprise à une autre, et aussi risque d'incohérence. Deux accords concernant deux entreprises à peu près identiques et obtenus grâce à des rapports de forces locaux différents risquent de différer du tout au tout, générant des sentiments d'injustice parmi les salariés et pouvant créer une situation explosive.

Quoi qu'il en soit, les « marchés transitionnels » peuvent être négociés à des niveaux très différents les uns des autres et n'en excluent a priori aucun. Nous avons déjà indiqué qu'ils pourraient être mis en application à partir d'un cadre général européen, repris et adapté au niveau national. Nous verrons ci-dessous des accords au niveau de l'entreprise qui relèvent clairement d'une orientation « transitionnelle ». On peut considérer toutefois que l'essentiel de la discussion et des décisions se passe à un niveau local-régional, ce qui conduit à accorder ainsi une grande importance à des niveaux relativement décentralisés, sans privilégier le niveau le plus fin, celui de l'entreprise.

La troisième tendance se manifeste au niveau national. De nombreux « pactes sociaux » ont été sinon signés, du moins discutés dans la plupart des pays européens, à l'initiative ou sous l'égide des gouvernements. Ils consistent à lier, au nom de l'emploi, un ensemble de réformes du marché du travail et de la protection sociale à un engagement général de modération salariale.

1. Débat qui a mobilisé de nombreux économistes sur le thème du « corporatisme ».

Parmi les accords signés, nous retrouvons tout d'abord le célèbre accord de Wassenaar aux Pays-Bas (1982), qui a été suivi d'autres, notamment en 1993 et surtout en 1996, où a vu le jour un important accord cherchant à concilier flexibilité et sécurité, notamment par la réforme du travail intérimaire (accord sur la « Flexicurité »). La Norvège a signé deux « pactes », l'un en 1987 et l'autre pour la période 1992-1997, cependant qu'un autre accord proposé en 1998 n'a pas été signé. Le Portugal a conclu trois « pactes » partiels, sans l'accord du principal syndicat, en 1990, 1996 et 1997. La Belgique, après deux tentatives ratées en 1993 et 1996, a obtenu un accord pour 1998-1999, toutefois de portée réduite. Le Danemark a obtenu en 1997 l'accord des syndicats sur une norme informelle de modération salariale. En Allemagne, l'« Alliance pour les emplois » a échoué en 1995 et a été signée en 1999. En Grèce, c'est un « pacte de confiance » qui a été signé en 1997. L'Espagne a conclu en 1996 le « Pacte de Tolède sur le futur de la Sécurité sociale », et un autre pacte en 1997 sur la stabilité de l'emploi. L'Italie a connu plusieurs accords durant les années 1990. La France enfin a fait une tentative en 1997, dont l'échec a débouché sur les lois de réduction du temps de travail et de modernisation sociale[1].

Ces « pactes » conclus ou tentés au nom de l'emploi ont pu d'ores et déjà contenir des dispositions sur les mobilités, sur la formation, etc. Les accords, qui instaurent une

1. Voir Jelle Visser, « Industrial Relations, Social Dialogue and Employment Success », contribution au colloque « Wege zu mehr Beschaftigung » organisé par l'Institut für Arbeitsmarkt und Berufsforschung (IAB), septembre 2000.

sorte de discipline sur le marché du travail [1], trouvent souvent leur contrepartie dans l'accroissement et l'enrichissement des options de formation et de mobilité. Les « marchés transitionnels » s'inscrivent ici aussi comme un prolongement et un infléchissement. Sans exclure, notamment dans les situations de récession, de tels échanges de concessions, ils sont conçus dans une optique plus offensive qui fait de ces mobilités un ensemble de nouveaux droits.

Enfin, la dernière tendance est l'intervention de nouveaux acteurs dans les négociations : des organismes de formation, des comités de bassins d'emplois... Nous avons déjà dit que la mise en œuvre des « marchés transitionnels » supposait d'admettre à la table des négociations des partenaires tels que les municipalités, les régions, les comités de bassins d'emploi et les représentants des réseaux associatifs. Les possibilités de cofinancements qui en découlent viennent élargir les possibilités de l'accord recherché.

En somme, les « marchés transitionnels » consistent en des négociations collectives enrichies, décentralisées, qui associent de nouveaux partenaires et recherchent de nouveaux financements. Ces négociations lient des accords sur les mobilités et des accords salariaux. Elles s'efforcent de combiner une vaste gamme d'outils dans une perspective de réforme des relations de travail. Mais, on l'a dit, ce n'est pas l'accumulation d'outils ou de « bonnes pratiques » qui permettra en elle-même d'affronter les dérives qui affec-

1. Discipline rappelant les tentatives d'instaurer des « politiques des revenus » durant les années 1960. Il s'agissait alors de combattre l'inflation salariale.

tent la relation salariale et les tendances multiformes à reporter les risques du travail sur le salarié. Il nous faut aborder plus en détail et plus concrètement la mise en œuvre négociée des « marchés transitionnels ».

Les accords d'entreprise et de secteur

Un premier niveau tombe sous le sens. L'entreprise et les partenaires sociaux peuvent négocier des accords qui permettent de mieux gérer les transitions. Ce sont alors les composantes préventives et les coopérations, les partenariats, qui constituent la pierre de touche, la marque de fabrique des accords à orientation « transitionnelle ». En témoignent les deux exemples suivants.

L'accord signé en 1998 aux Pays-Bas par NS/Dutch Railways prévoit que tous les trois ans la firme offre à chacun de ses 14 000 salariés un bilan personnalisé de compétences et de carrière, effectué par un organisme indépendant. L'entreprise accorde une journée de congé à cette fin. Si une action de formation ou de recyclage apparaît nécessaire, l'employeur est tenu de la financer et de l'organiser, *et* le salarié est tenu de la suivre. Il y a ainsi une gestion concertée de droits et de devoirs réciproques. Cet accord sur le maintien de l'employabilité cherche ainsi non à garantir directement l'emploi, mais à garantir une maîtrise de carrière et d'emploi pour les salariés. Un tel accord, à la condition d'être inséré dans un ensemble d'opportunités localement proposées et contrôlées, est ainsi très représentatif de la philosophie générale des « marchés transitionnels ».

L'accord signé en 1999 par les deux branches de la métallurgie et de l'électricité en Basse-Saxe (Allemagne) illustre une autre démarche à portée « transitionnelle ». Il s'agit d'organiser un processus de partage du travail à travers des réductions du temps de travail donnant lieu à embauche compensatoire. L'accord concerne 80 000 salariés. Il crée une association dotée d'un capital de 10 millions de DM en provenance des employeurs et de 200 000 DM en provenance du syndicat. Les employés qui réduisent leur temps de travail reçoivent une compensation financière du manque à gagner qu'ils subissent, à hauteur de 70 à 90 % des pertes subies. Celle-ci n'est payée que si des chômeurs sont embauchés pour effectuer les heures ainsi libérées.

Dans ce cadre général, toutes les formes de partage du travail sont autorisées. Par exemple, six travailleurs à temps plein réduisent leur travail d'un sixième, dégageant assez d'heures pour créer un emploi à temps plein. La démarche la plus fréquente consiste à faire passer quatre salariés de 35 à 28 heures par semaine, ce qui permet d'en embaucher un cinquième à temps réduit (28 heures). Après une année, le projet pilote a été considéré comme un succès, et il a été renouvelé et étendu. Durant la première année, un total de 550 personnes ont réduit leur temps de travail, ce qui a entraîné la création de 120 emplois. Deux tiers des personnes embauchées sont des femmes, et au moins 40 % des salariés qui ont réduit leur temps de travail sont des hommes.

Pour que la démarche soit confortée, quatre limites devraient être surmontées. L'accord n'a été conclu que sur une base annuelle, même s'il peut être renouvelé. Mais cet horizon borné réduit les incitations pour les chômeurs à accepter ces emplois, cependant que les salariés qui ont effectué le partage peuvent souhaiter revenir à la situation antérieure. Ensuite, le partage n'est possible que si les chômeurs et travailleurs concernés savent réaliser les mêmes tâches, ce qui risque de le cantonner à des travaux peu qualifiés. Autre limite, les paiements compensatoires sont soumis à tous les prélèvements sociaux, ce qui réduit le niveau des ressources disponibles pour le partage. Enfin, les chômeurs susceptibles d'être recrutés peuvent manquer de certaines compétences et nécessiter une formation complémentaire. On voit ainsi que d'autres acteurs pourraient apporter leur contribution, tels que les agences pour l'emploi et des représentants des pouvoirs publics.

Le cœur de la démarche « transitionnelle » : structurer des négociations locales multipartenariales sur les mobilités

Les prolongements possibles de l'accord allemand de Basse-Saxe montrent la direction à suivre pour aller au-delà et impliquer l'ensemble du tissu productif d'une région. Il y faut un horizon temporel allongé, des droits à mobilité garantis par des cofinancements et des infrastructures, et l'association durable d'autres partenaires. Les accords, en effet, ne peuvent pas rester ponctuels. Car il s'agit de faire évoluer les comportements et de stabiliser les règles du jeu de manière que chaque travailleur et chaque entreprise puissent prendre connaissance des possibilités qui leur sont offertes et décider en conséquence.

Ensuite, l'apport d'autres acteurs et financeurs aux discussions entre les entreprises et les syndicats se révèle essentiel. Ils élargissent les marges de manœuvre et permettent d'atteindre d'autres compromis plus avantageux, surtout en contexte récessif. Les accords ne peuvent exister sans l'appui technique et organisationnel d'une série d'institutions et organisations publiques et privées, telles que les réseaux de placement et d'information, les organismes de formation, les experts en diagnostic professionnel... L'association durable des autres partenaires est ainsi nécessaire au bon fonctionnement de l'ensemble. Leurs apports ne consistent pas simplement à proposer des postes et à les financer partiellement. Il se trouve aussi dans la mise en évidence des besoins collectifs locaux en tâches socialement utiles. C'est un processus de « révélation de la demande » qui doit ainsi s'enclencher, au plus près des besoins ressentis par les communautés locales tels les quartiers d'une ville.

Cette fonction d'informateur est en fait créatrice, car elle rapproche des mondes qui s'ignorent. Quoi de commun entre les besoins de prise en charge de personnes âgées dépendantes et les soucis de reclassement d'une firme en restructuration ? La présence d'associations d'aide à domicile dans des négociations locales sur les mobilités pourrait pourtant connecter les deux mondes et en obtenir un avantage commun.

Le cœur de la démarche est ainsi de relier les décisions individuelles et sociales concernant la gestion des différents temps de vie. Nous sommes les héritiers d'une lente évolution vers la spécialisation des institutions, qui prennent chacune en charge un aspect donné du temps : les organismes de formation, les crèches, les aides à domicile… Les décisions concernant la gestion du temps sont le plus souvent prises séparément à l'échelle collective, laissant les personnes faire la synthèse pour elles-mêmes et leur famille. À chacun de construire la conciliation – lorsqu'elle est possible. Les éventuelles conséquences d'une conciliation difficile ou impossible sont alors subies par les personnes, ou encore par d'autres institutions qui supportent le report ainsi occasionné : consultations de médecins par des personnes surmenées, admission en institution de personnes âgées dépendantes qui auraient préféré et pu rester chez elles.

L'entreprise elle-même est partagée entre plusieurs logiques et plusieurs composantes gérant séparément différents aspects du temps. Si les congés de formation relèvent de l'investissement dans les « ressources humaines », et donc du monde professionnel, il n'en va pas de même des congés parentaux, par exemple, qui relèvent du « social » et donc appartiennent à un autre monde. Voici donc le défi que les négociations doivent affronter : l'interdépendance des différentes mobilités. Elle requiert de faire communiquer deux domaines que les négociateurs ont souvent du mal à relier, celui du « social » au sens large (congés parentaux, droits à mi-temps…) et celui des compétences. Mais cette interdépendance est aussi une source d'opportunités peu ou pas exploitées, qui redonnent des marges de manœuvre au cours des tractations.

La démarche des « marchés transitionnels » suggère que cette intégration pourra se faire grâce à la prise en compte la plus systématique possible du temps : temps productif, temps de formation, temps domestique et temps de loisir. Il s'agit bien en définitive d'une gestion dynamique des carrières et des cycles de vie, qui doit apparaître comme l'objet central des négociations locales ou régionales sur les mobilités.

Nous pouvons ainsi envisager un processus structuré, qui met en jeu plusieurs niveaux. Au niveau européen et au niveau national, des lois et des accords collectifs fournissent un cadre d'ensemble et précisent les principes des nouveaux droits ainsi que des normes minimales, concernant par exemple les durées de certains congés et leur indemnisation. C'est au niveau régional que ces droits sont principalement mis en œuvre, au cours de négociations associant les partenaires sociaux, les autorités régionales disposant d'une partie significative du budget réservé aux politiques de l'emploi, et les représentants des collectivités locales et des réseaux associatifs.

Les conditions du rééquilibrage de la relation salariale

Qu'est-ce qui assure que ces outils seront dans leur ensemble effectivement développés et utilisés par les entreprises ? Nous avions vu que les nouvelles politiques de mobilité pouvaient retenir l'attention de certaines d'entre elles, soucieuses de fidéliser une partie de leurs salariés. Aller au-delà paraît plus problématique, en dehors des entreprises qui affichent directement une préoccupation sociale. Actuellement, les entreprises dans leur ensemble bénéficient d'un rapport de forces extrêmement favorable dans le contexte de dérive de la relation salariale antérieure. Pourquoi adopteraient-elles, de leur plein gré, et sauf raison particulière, des pratiques qui les conduiraient à supporter davantage de coûts ou de contraintes ? Et si elles les adoptent, qu'est-ce qui garantit qu'elles ne tenteront pas systématiquement de les plier à leur intérêt ?

Trois réponses complémentaires apparaissent ici. D'abord, il peut y avoir réglementation dans certains cas, par exemple une limite à l'instabilité des horaires que les entreprises peuvent imposer à un salarié. Ensuite, l'intérêt bien compris peut motiver directement les entreprises et leur faire conclure des partenariats ou des engagements à long terme. On l'a vu pour les groupements d'employeurs qui, dans certains cas, viennent satisfaire des besoins précis. Enfin et surtout, ces négociations sont menées dans des contextes que les responsables politiques et sociaux peuvent aménager.

Le rééquilibrage de la relation salariale découle alors de deux sources. L'une, directe, est l'affirmation des nouveaux droits reconnus aux travailleurs, qui dépend de décisions politiques. L'autre, indirecte mais tout aussi importante, est le changement de rapports de forces sur le marché du travail qui peut résulter de la résorption du chômage.

En provenance des États-Unis, *Manufacturing Advantage*, livre involontairement provocateur, montre bien ce que pourrait être le ressort de ce renversement[1]. Une équipe de chercheurs s'est penchée, entre 1995 et 1999, sur une quarantaine d'établissements industriels américains, dans trois branches aussi contrastées que possible, la métallurgie, la confection et l'imagerie médicale. Leur but était de préciser les ravages, mais aussi la rentabilité du « management par le stress ». Ces chercheurs avaient mon-

1. Eileen Appelbaum, Thomas Bailey, Peter Berg et Arne Kalleberg, *Manufacturing Advantage. Why High-performance Work Systems Pay off.* Economic Policy Institute, ILR Press, Cornell University Press, 2000.

tré, dans une étude effectuée cinq ans auparavant, que les firmes américaines les plus profitables étaient celles qui pressuraient le plus leurs salariés. Ils voulaient actualiser et approfondir ce constat. Grâce à de très gros moyens, ils ont effectué une enquête extrêmement approfondie, et notamment interviewé plus de 4 000 travailleurs. Les données portent à la fois sur la productivité et la rentabilité de ces établissements, sur la politique suivie par la direction en matière d'organisation du travail et des ressources humaines, et sur les conditions de travail et de rémunération des salariés.

Le résultat est simple. Les firmes les plus rentables sont celles qui ont instauré un « système de travail à hautes performances », associant autonomie des travailleurs et management participatif. Et elles génèrent *moins* de stress que les autres ! Deux nuances avant d'interpréter ce résultat. D'abord, cette recherche ne porte pas sur les entreprises dans le tertiaire, qui pourtant emploient autour de 70 % des salariés, en France comme aux États-Unis. Ensuite, les auteurs ne disent pas *qu'il suffit* de ne pas stresser les travailleurs pour être rentable ! Ils disent que le choix participatif non stressant est *possible*, et peut-être compatible avec une forte rentabilité. Qu'en est-il alors ? Ces entreprises américaines ne sont évidemment pas devenues philanthropiques par miracle. Elles cherchent à retenir leurs salariés dans un marché du travail puissamment inégalitaire mais désormais proche du plein-emploi. C'est donc le contexte qui transforme le rapport de forces, et conduit les entreprises, éventuellement, à innover. Mais le contexte est changeant et les situations de « boom » ne durent pas. On peut gager que le ralentissement constaté à partir de 2001 contribuera à redonner, aux États-Unis mais aussi un peu partout dans le monde, de la pertinence à l'option « management par le stress »...

Instaurer les droits « transitionnels » à la mobilité ne peut évidemment se substituer à la croissance. Celle-ci est de toute évidence nécessaire à leur mise en œuvre. Mais développer les « marchés transitionnels », c'est aménager une situation dans laquelle les salariés bénéficient de davantage d'options au sein de leur entreprise ou en dehors d'elle. L'inventeur de l'idée de plein-emploi, William Beveridge, définissait celui-ci comme une situation dans laquelle le nombre des vacances d'emploi est supérieur à celui des chômeurs. Cette cible n'a rien perdu de son actualité. La démarche rejoint, sur une base structurelle et non plus simplement conjoncturelle, comme on l'a remarqué à propos du Danemark, le souhait de John Maynard Keynes que l'économie soit maintenue en permanence dans une situation favorable aux intérêts des travailleurs.

CHAPITRE 8

COMMENT ÇA MARCHE ?

Les « marchés transitionnels » doivent se développer dans l'économie mixte d'aujourd'hui. C'est-à-dire dans des sociétés qui, à côté d'un secteur privé prépondérant, ont développé un secteur public et un secteur « social » ou « non marchand » puissants. Comment tous ces éléments peuvent-ils coexister ? Les charges découlant de l'organisation et du financement des multiples « transitions » ne vont-elles pas ruiner la compétitivité des entreprises privées, voire appauvrir la société tout entière ? Nous vivons des temps de concurrence mondiale acharnée. À la lecture des chapitres qui précèdent, bien des lecteurs ont déjà dû se poser ces questions. Il est temps de les aborder frontalement.

Mais aussi avec sérieux et sérénité. Le Danemark, petit pays dont la survie même dépend de ses échanges internationaux, semble bénéficier d'une compétitivité plutôt renforcée par les « transitions » qu'il organise. Elles aboutissent en effet à la possibilité de recruter aisément des salariés flexibles et qualifiés. Si un peu partout de grandes entreprises ont pu développer des ensemble très complets de « transitions », c'est qu'elles y ont sans doute trouvé des avantages consistants. L'enjeu est donc l'extension de ces pratiques à l'ensemble des travailleurs. Il ne faut pas oublier enfin que nous appartenons à des sociétés riches, qui peuvent choisir de dépenser leur richesse dans bien des directions. Celle qui consiste à favoriser les droits à mobilité de leurs membres n'est pas la plus absurde ni la moins légitime.

Trois versions, deux cibles

Il y a trois versions possibles des « marchés transitionnels ». La première est une réforme des politiques publiques de l'emploi, qui se donne pour but central de lutter contre l'exclusion et de contribuer à la baisse du chômage. Il s'agit de favoriser de « bonnes » transitions, qui ouvrent davantage d'opportunités aux chômeurs et aux personnes vulnérables face au chômage. Et aussi de réduire le nombre des « mauvaises » transitions, pour les supprimer progressivement. En somme, un redéploiement des « transitions » qu'organisent les politiques de l'emploi. Cette réforme passe par une reconfiguration des mesures existantes. Elle passe aussi par une redistribution du pouvoir d'utilisation des fonds publics destinés à l'indemnisation, au placement et à la formation des chômeurs. Elle organise l'appropriation, par une série d'acteurs locaux, des leviers d'intervention sur le marché du travail. Cette première version ne peut s'envisager isolément. Elle doit être combinée à une politique macroéconomique expansive visant à obtenir une croissance le plus soutenue possible.

La deuxième version est une réforme de la relation salariale et des négociations collectives. Les « marchés transitionnels » affectent la gestion des risques associés au fait de travailler. Ils correspondent à de nouveaux outils de gestion collective de certains de ces risques. Ils redonnent des marges d'autonomie aux salariés pour qu'ils puissent se saisir des bons côtés des tendances actuelles, et les arment pour affronter et limiter les contraintes nouvelles. Ils aboutissent ainsi à un rééquilibrage des pouvoirs au sein des firmes. Ici encore, l'action des « marchés transitionnels » ne peut être isolée d'autres perspectives de réformes. La plus importante porte sur la répartition du pouvoir au sein de l'entreprise, sur la « gouvernance ». Le dégonflement de la bulle boursière et les falsifications comptables qui font la une des journaux du début de ce siècle montrent qu'il est nécessaire de réduire la place reconnue aux actionnaires face aux salariés et aux managers.

La troisième version, enfin, est celle dont nous étions partis. Elle réunit les deux premières pour constituer la pièce centrale du modèle social-démocrate renouvelé. Il s'agit, rappelons-le, d'atteindre l'objectif de l'« emploi soutenable », soit l'emploi compatible, à long terme, avec le développement d'activités sociales utiles et notamment familiales. Trois grandes priorités s'affirment. L'égalité entre les hommes et les femmes, puis la promotion de carrières désirées tout au long de la vie, qu'il s'agisse d'orientation professionnelle ou de loisirs. Enfin, la construction d'une société plus égalitaire, par l'obtention d'un marché du travail plus homogène dominé par des travailleurs qualifiés. Ici encore, il n'y a qu'une pièce d'un ensemble plus vaste. Le modèle social-démocrate renouvelé ne peut se réduire à ces buts, si ambitieux soient-ils, et comprend d'autres objectifs et d'autres priorités, par exemple en matière d'environnement, de justice, de démocratie locale, etc. L'« emploi soutenable » est solidaire du « développement soutenable ».

Les conditions de fonctionnement et d'évaluation des « marchés transitionnels » ne sont pas les mêmes selon chaque version. L'angle d'attaque demeure l'aménagement systématique et négocié des « transitions ». Dans le premier cas, les critères de réussite sont évidemment la réintégration des « exclus » dans le circuit de l'emploi normal, l'amélioration de l'emploi, la baisse du chômage et le coût pour les finances publiques. Dans le second et le troisième cas, le critère ultime devrait être la réponse aux aspirations des membres de la société, et la promotion de valeurs de solidarité et d'autonomie. C'est un critère difficile à appliquer. En toute logique, seules des enquêtes auprès de personnes de toutes les catégories sociales, recherchant leurs appréciations, permettraient d'évaluer le succès ou l'échec de ce modèle. Mais que veulent vraiment les gens ? Sont-ils prêts à jouer un jeu collectif et à promouvoir l'égalitarisme ?

Sans aller jusqu'à ces interrogations politiques et morales, on touche du doigt cette difficulté en se limitant au choix entre plus de temps ou plus d'argent. Chacun d'entre nous désire les deux sans doute, mais selon quelle proportion ? Ce n'est pas une question formelle. Les études qui ont évalué les premiers effets des lois instaurant les « 35 heures » en France ont montré qu'elles ont été l'occasion d'apports importants et aussi d'insatisfactions pour certaines catégories. Il y a là une appréciation et une évaluation à un instant donné. À plus long terme, l'évolution des salaires, des contraintes et des représentations peut changer les priorités ressenties par les personnes, et donc leur jugement. Proposer à chacun de choisir dans un ensemble le plus vaste possible, ce qui est le parti pris des « marchés transitionnels », est de ce point de vue une stratégie facile à justifier. Elle n'évitera toutefois pas les conflits. Une évaluation finale en termes de satisfactions à long terme est donc une tâche de longue haleine. On peut toutefois, plus pragmatiquement, poser une série de priorités intermédiaires. Par exemple : la baisse des inégalités sur le marché du travail et dans la société entière, la baisse du stress au travail, l'amélioration de l'accès du plus grand nombre aux décisions qui les concernent, l'enrichissement de la variété et de la densité du réseau des organisations culturelles et de loisirs…

Il en résulte deux cibles différentes, aussi importantes l'une que l'autre et étroitement complémentaires. La première est la lutte contre l'exclusion générée par le marché du travail. Il s'agit de contribuer à la baisse du chômage européen actuel, dont les niveaux sont inacceptables, et qui constitue de toute évidence un ensemble de « mauvaises », voire très mauvaises, transitions. Les « marchés transitionnels » ont historiquement d'abord été conçus et élaborés comme des outils de lutte contre le chômage de longue durée. La seconde cible est l'emploi soutenable. À travers l'aménagement et le redéploiement des transitions existantes, il s'agit de mieux sécuriser les itinéraires professionnels, d'améliorer la coordination des différents acteurs sur le marché du travail et de promouvoir l'égalité.

Combien ça coûtera ?
Deux estimations dans le cas de l'Allemagne

En ce qui concerne les coûts, plusieurs démarches sont possibles et ont d'ores et déjà été pratiquées. On peut prendre un programme existant, inspiré par les priorités des « marchés transitionnels », et en évaluer à moyen terme (horizon de trois à cinq ans) les effets positifs et négatifs comme on le fait pour les mesures classiques de politique de l'emploi. C'est alors une évaluation microéconomique d'un dispositif particulier. Nous en avons évoqué un certain nombre, par exemple à propos des « fondations de travail » en Autriche ou à propos de la rotation des emplois au Danemark. Dans ces deux cas, les études font état d'effets positifs qui montrent que ces dispositifs fonctionnent, le tout pour un coût acceptable. Il y a deux limites importantes pour notre propos. Toute mesure est particulière et agit dans un contexte particulier : il est difficile de généraliser ; et certains effets peuvent se produire ou disparaître à plus long terme. La seconde est une prévision macroéconomique. Elle consiste à se situer à l'échelle de l'ensemble de l'économie d'un pays et à circonscrire l'évaluation aux effets sur l'emploi et le chômage. On peut sélectionner un ensemble de « mesures transitionnelles » réalisables dans un délai donné, en rechercher les effets vraisemblables, isolés puis combinés, sur l'emploi et le chômage et en tirer un ordre de grandeur budgétaire pour les finances publiques. Enfin, la troisième est une estimation microéconomique, elle aussi prévisionnelle. Il s'agit de procéder à une analyse monétaire des coûts/avantages a priori pour un dispositif particulier, dont on veut établir la rentabilité vraisemblable pour les acteurs concernés comme pour la collectivité. L'évaluation mélange alors des calibrages issus de la réalité et des hypothèses (que l'on espère crédibles) sur les effets à court mais aussi long et très long terme (horizon de vingt ans, par exemple).

Centré sur le défi du chômage persistant en Allemagne, l'ouvrage de Günther Schmid *Wege in eine neue Volbeschäftigung*[1] présente et discute en détail ces deux derniers modes d'estimation. Quelques ordres de grandeur permettent de situer le problème du chômage en Allemagne aujourd'hui. Quatre millions de chômeurs, soit 9 % de la population active. Leur coût fiscal est de 75 milliards d'euros, soit 3,5 % du PIB allemand. Ce coût résulte de l'addition des sommes dépensées pour l'indemnisation des chômeurs, du manque à gagner en termes d'impôts et de cotisations sociales, et de charges supplémentaires pour les caisses de retraite et d'assurance maladie. L'auteur dresse un tableau d'ensemble des « transitions » financées par l'État fédéral, hors mesures financées par les Länder et les communes. En 1993, l'ensemble de ces « transitions publiques » a concerné 3 millions de personnes, et seulement 1,7 million en 2000. L'explication tient largement à l'Allemagne de l'Est. En 1993, un nombre très important d'Allemands de l'Est ont été admis à la préretraite et ont bénéficié de très gros programmes de création d'emploi. Cet effort s'est petit à petit relâché, cependant que les « transitions » financées pour la partie ouest ont connu des variations, mais pas de diminution drastique.

Schmid propose alors une série de programmes « transitionnels » à l'horizon 2005[2], qu'il précise et argu-

1. Günther Schmid, *Wege in eine neue Volbeschäftigung*, Campus, 2002.
2. *Ibid.*, p. 235 sq.

mente en détail pour chaque catégorie de transitions. Par exemple, en ce qui concerne la formation professionnelle, il estime à 200 000 par an le nombre de « transitions » supplémentaires qu'il est possible de créer, notamment en développant un dispositif de congés à la danoise. Il évalue à 300 000 les « transitions » supplémentaires vers l'emploi que l'on peut créer en procédant à des réductions négociées du temps de travail. Il estime que l'on peut développer les congés sabbatiques à hauteur de 50 000 par an, qu'il faut continuer à faire diminuer le nombre des préretraites à temps complet (- 22 000) et développer assez largement les préretraites à temps partiel (+ 100 000).

Ces chiffrages lui permettent de faire remonter le nombre de « transitions » financées par l'État fédéral vers un chiffre de l'ordre de 3 millions, ouvrant ainsi un total annuel de positions transitionnelles supplémentaires d'à peu près 1 million. Le coût de ces mesures est calculé au cas par cas. Celui-ci peut être nul, c'est le cas de certains congés sabbatiques financés préalablement par les bénéficiaires eux-mêmes. Il peut être partiellement supporté par les finances publiques. C'est le cas des mesures cofinancées, par exemple les congés de formation. Ceux-ci finissent par rapporter à l'entreprise un gain de productivité lorsque ses employés mieux formés reprennent leur travail, elle peut donc participer au financement. D'autres relèvent du financement public complet. L'évaluation finale donne pour les caisses de l'État une sortie supplémentaire de 2,4 milliards d'euros, soit entre 0,1 et 0,2 % du PIB.

Cette somme n'est pas très importante pour un pays comme l'Allemagne, et son faible montant s'explique par les multiples cofinancements qui sont envisagés. Il est vrai aussi qu'elle ne « règle » pas le problème du chômage, loin de là. À l'annonce de ces « transitions » ouvertes au public, des personnes qui sont inactives, soit parce qu'elles restent au foyer soit parce qu'elles sont découragées, peuvent se révéler candidates. La baisse escomptée du chômage sera donc très inférieure au million. Et surtout il faut introduire dans le calcul les répercussions macroéconomiques du financement de ces dépenses supplémentaires. Elles peuvent en affaiblir l'effet parce que ces sommes auraient pu être utilisées autrement et financer d'autres emplois – ou encore elles peuvent provoquer une poussée d'inflation. Le reste du livre est justement consacré à la question du financement et à la recherche d'une meilleure coordination entre les politiques de l'emploi et les politiques macroéconomiques, monétaires et budgétaires.

L'analyse microéconomique coûts-avantages qu'il rapporte étudie l'adaptation à l'Allemagne d'un congé à la danoise limité au congé-formation [1]. Dans son principe, la démarche se limite aux grandeurs monétaires. Elle consiste à recenser de manière systématique les dépenses et les recettes, aussi bien « positives » que « négatives » pour les bénéficiaires de la mesure, pour les entreprises, pour l'État et pour la collectivité dans son ensemble. « Positives » et « négatives » parce que la mesure peut avoir pour effet que l'un des acteurs dépense moins (c'est alors une « dépense négative ») ou au contraire cesse de toucher un revenu dont il bénéficiait avant (« recette négative »). Par exemple, le chômeur remplaçant la personne partie en congé cessera pour un temps de toucher son allocation-chômage (« recette négative ») et l'État cessera de la lui verser

1. *Op. cit.*, p. 372-379. L'analyse est fondée sur un travail collectif effectué sous la direction de Günther Schmid.

(« dépense négative »). L'évaluation estime ainsi les coûts et les gains de la formation. Les gains de productivité qui en découlent sont par exemple estimés à 4 %, mais leur effet, qui dure sur vingt ans, baisse de moitié tous les cinq ans. Consistant au début, il devient rapidement négligeable. Un autre jeu d'hypothèses concerne l'effet ultérieur du congé sur la qualification du chômeur-remplaçant et sur la durée moyenne du chômage qu'il peut subir à l'issue de son remplacement. Il est ici supposé que cette qualification s'accroît légèrement et qu'il en résulte en moyenne une diminution de trois mois de la durée du chômage.

L'évaluation prend en compte certains effets indésirables : l'effet « poids mort » par exemple, qui correspond aux entreprises qui auraient mis en œuvre le congé-formation de toute manière et remplacé le partant par un chômeur – et dans ce cas l'État paie pour rien. Les chiffres ainsi obtenus sont « actualisés » parce qu'ils portent sur le futur. On leur applique un taux d'escompte fixé conventionnellement à 3 %. Diverses variantes permettent de voir si les résultats sont modifiés lorsqu'on fait varier les hypothèses ou s'ils sont robustes. Toutes ces évaluations prévisionnelles se résument en définitive à un seul chiffre : la mesure serait rentable pour la collectivité, avec un rapport entre l'ensemble des avantages actualisés et les coûts actualisés de 1,21. Exclus du calcul, une série d'avantages non monétaires sont cependant présentés au cours de l'estimation et la complètent. Ils comprennent l'amélioration du moral des chômeurs et la baisse de la criminalité.

Prendre en compte les « externalités » du marché du travail

Nous ne disposons pas encore pour la France, ni dans le reste de l'Europe, d'évaluations ou d'estimations de ce type, parce qu'elles exigent une analyse fine des mesures existantes dans leurs effets et leurs coûts actuels, de leur potentiel « transitionnel » et des cofinancements que l'on peut leur associer.

Tant que les « transitions » profitent aux entreprises privées, publiques ou aux organisations non marchandes, il faut leur laisser le soin de les financer. Il convient simplement de les encourager dans ce type d'initiatives en leur montrant qu'il s'agit de leur intérêt bien compris. Le problème principal ici est de favoriser l'apparition d'un point de vue à long terme sur les salariés et sur les « ressources humaines ». Dans ce cas, les dépenses consenties en faveur des « mobilités » sont porteuses d'avantages sociaux, mais aussi économiques. Par exemple, assouplir l'horaire de salariés ayant des personnes à charge leur permet, jusqu'à un certain point, d'être plus disponibles et plus productifs.

La question principale est ainsi celle des « transitions » qui soit ne profitent pas aux entreprises soit ne les concernent qu'indirectement ou marginalement. Celles-ci doivent relever d'un financement public, et/ou de la part des individus. Soit à nouveau l'exemple d'une personne dépendante. Il est souvent de l'intérêt de sa famille et de la société (et non plus de l'entreprise) que l'un des membres de la famille puisse prendre un congé et la garder à domicile. Cette solution est dans la plupart des cas meilleure pour la personne dépendante et moins chère pour la collectivité que l'internement dans une structure de soins.

Nous entrons ici dans le domaine des coûts indirects, visibles et cachés. Les inconvénients occasionnés par un éventuel internement en l'absence de possibilité de congés pour les proches peuvent être par exemple une baisse de moral ou l'apparition d'une dépendance accrue et de problèmes supplémentaires de santé. Ces deux coûts sont l'un invisible, l'autre visible à terme (la Sécurité sociale devra payer). La personne dépendante s'en trouvera moins bien ; elle consommera probablement plus de soins, qui coûteront de manière tangible à la collectivité. Il y a là un problème classique en économie. Les personnes ou les institutions qui décident en matière de congés ne sont pas celles qui en définitive supportent les coûts, directs ou indirects, visibles ou invisibles des répercussions de la décision.

Un mot un peu mystérieux désigne les plus invisibles de ceux-ci dans le jargon des économistes : celui d'« externalités ». Les économistes ont souvent recours à un exemple bucolique pour les présenter. Imaginons un apiculteur dont les ruches sont situées à côté d'un champ de pommiers. Les abeilles butinent les fleurs des pommiers, ce qui ne nuit en rien au possesseur de ces arbres et leur permet de faire leur miel. Il y a alors un avantage dont profite gratuitement l'apiculteur. Cela ne nuit pas à son voisin, qui ne peut pas se faire payer : il serait bien en peine d'installer un péage pour les abeilles… On appelle « externalités » ce type d'avantage parce qu'il est en quelque sorte extérieur aux transactions que peuvent réaliser des acteurs économiques et échappe au système des prix. Une externalité peut bien sûr être négative, et correspondre à des désavantages et des coûts – c'est le cas de la dégradation de l'environnement qui résulte de l'installation d'une industrie polluante.

Le marché du travail recèle des externalités très importantes, aussi bien positives que négatives. Du côté positif, on trouve les avantages diffus mais consistants qui résultent de l'existence d'une main-d'œuvre homogène, adaptable et qualifiée. Si les gens savent lire et écrire, ils peuvent apprendre bien d'autres choses et toute la communauté en profite. Aucune entreprise n'a directement intérêt à prendre en charge l'alphabétisation d'une population donnée, mais elle profitera de l'élévation de son niveau d'instruction générale : il y a une externalité positive de la formation. Une autre catégorie d'externalité positive est celle qui résulte d'activités soutenues de recherche sur le marché du travail. Les recherches qu'effectuent les chômeurs pour trouver le meilleur emploi possible et les entreprises pour trouver le meilleur collaborateur. Si ces recherches sont approfondies, intenses et exigeantes, il en résultera des choix plus satisfaisants pour les deux parties, des relations d'emplois plus durables et productives, et en conséquence, à terme, moins de chômage[1]. Il y a donc bien un gain collectif ici, qui ne se résume pas à la satisfaction des deux parties mais profite aussi à la communauté tout entière (et notamment à l'assurance-chômage).

Un exemple central d'externalités négatives sur le marché du travail est le chômage de longue durée, dont on a vu qu'il entraîne des coûts très lourds pour la société, en

1. C'est pourquoi il est sans doute peu rentable à long terme d'obliger les chômeurs à accepter la première offre d'emploi qui leur est proposée, ce que font certains programmes d'« activation ». Ceux-ci sont non seulement autoritaires, mais aussi très probablement inefficaces.

termes de morbidité, mortalité, pertes de compétences, en sus des souffrances directement ressenties par les chômeurs qui en sont victimes.

La démarche des « marchés transitionnels » est précisément de faire en sorte que les décideurs sur le marché du travail : les travailleurs, les entreprises, les services publics de l'emploi, les partenaires sociaux, prennent davantage en compte ces coûts cachés, différés, et ces externalités dans leurs décisions. Un programme de redéploiement des transitions comme celui que présente Günther Schmid pour l'Allemagne leur fournit des occasions de le faire. On peut en attendre un effet de partage immédiat remettant dans l'emploi, pendant une période donnée, des personnes qui en sont exclues. Les gains à plus long terme sont, comme on l'a vu, l'amélioration du placement des chômeurs ainsi « remis en selle », l'accroissement de la production et la souplesse qui résulte d'un marché du travail plus homogène.

Le « plein-emploi soutenable » est ainsi peut-être moins cher qu'il n'y paraît. Il est coûteux si l'on considère le coût des « transitions » financées par les politiques publiques de l'emploi ou par les budgets de la Sécurité sociale spécifiquement consacrés à certaines d'entre elles, comme les congés parentaux. Mais si l'on prend en compte les effets indirects, il permet de réaliser des économies, notamment sur d'autres budgets « sociaux » comme les frais médicaux, de garde, de lutte contre l'exclusion. Nous avons donc en quelque sorte à éviter de dresser des comptabilités séparées. Il faut entrer dans une logique d'investissement social. Pour juger des effets, positifs ou non, d'une « transition », on doit prendre en compte ses effets à terme et dans l'ensemble des budgets sociaux.

En attendant des évaluations mieux fondées, il paraît ainsi raisonnable de prévoir, dans le cas d'un pays européen cherchant à lancer une politique « transitionnelle », des dépenses publiques pour l'emploi (destinées à indemniser, former et placer les chômeurs) à un niveau de type « nordique », 4 à 5 % du PIB. Ce qui est beaucoup, mais ne devrait pas être insupportable et pourrait être partiellement financé par l'Europe[1]. Ce n'est pas très éloigné de ce que nous payons en France aujourd'hui pour des dépenses essentiellement « curatives », après coup, qui cherchent à compenser les dégâts du chômage actuel. D'autres budgets pourront financer des « transitions » : soit ceux de certaines branches de la Sécurité sociale, comme c'est déjà le cas pour des congés parentaux et pour la prise en charge des personnes dépendantes, soit tout simplement des budgets privés, à l'exemple de ces personnes qui accumulent des sommes d'argent pour effectuer un tour du monde. Ils pourront être développés au fur et à mesure que les besoins s'affirmeront et que les collectivités s'en saisiront.

Incitations

Si l'on en vient maintenant aux risques d'abus et d'inefficacité des « transitions » accordées aux travailleurs, deux types de problèmes doivent être distingués. Il y a ce qui relève des décisions de chacun lorsqu'il cherche à tirer parti des options qui lui sont proposées, et ce qui provient du fonctionnement du système dans son ensemble. Ces

1. Comme c'est déjà le cas avec le Fonds social européen.

risques sont tout à fait inévitables. Nous allons les examiner successivement, montrer que les premiers sont moins importants que les seconds, et présenter les grandes réponses que l'on peut leur opposer.

Ce qui poussait le « sublime » à reprendre son travail était simplement le fait qu'il avait fini de dépenser sa paie. Qu'est-ce qui poussera au travail une personne qui a largement recours aux diverses transitions qu'on lui propose, sans jamais consentir à participer à un emploi rémunéré ? N'y a-t-il pas un risque de se trouver, à terme, face à des profiteurs du système qui, une fois leurs droits à transitions épuisés, végéteront aux crochets de la communauté ?

Nous retrouvons ici des préoccupations, pour ne pas dire des hantises actuelles. La réponse traditionnelle est qu'il faut pousser les gens vers l'emploi, ou encore, comme le dit l'OCDE, « *making work pay* », rendre le travail rentable financièrement. Notre idée est que ces incitations destinées aux personnes peuvent être utiles, mais qu'elles ne suffisent en aucune manière. Il faut considérer aussi les incitations qu'auront les entreprises et les institutions qui interviennent sur le marché du travail, incitations à fournir de vraies propositions d'emploi pour les travailleurs et pour les chômeurs. Nous en avions déduit le mot d'ordre « *making* transitions *pay* ».

Il en résulte quelques principes mettant en écho les incitations des uns et des autres. Tout d'abord, laisser chacun(e) choisir les « transitions » qu'il ou elle souhaite constitue une incitation pour les entreprises et les institutions à élaborer et construire les « transitions » qui correspondent à la demande des travailleurs. Elles sont en quelque sorte en concurrence les unes avec les autres et sont conduites à minimiser les coûts de ces « transitions ».

Ensuite, la plupart des transitions sont cofinancées par le bénéficiaire, une firme ou une agence pour l'emploi. Tel est, rappelons-le, le cas exemplaire de l'apprentissage. Il est cofinancé par l'apprenti, qui accepte d'être faiblement payé, et par l'entreprise qui organise la formation. Ainsi les deux parties ont intérêt à ce que tout se déroule bien, que la « transition » soit une bonne « transition » : ils la payent.

Enfin, il est de la nature même des « transitions » d'être proposées séquentiellement. Ce qui les fait apparaître à certaines étapes de la vie et permet de les rendre conditionnelles sans cesser d'en faire des droits. Par exemple, pour avoir droit à un recyclage, il faut avoir exercé un minimum d'années dans une spécialité donnée. La personne qui choisirait de « vivre aux crochets de la société » ne pourrait donc épuiser le stock entier des « transitions » possibles, mais seulement certaines d'entre elles. Plus profondément, les « transitions » sont des droits temporaires, soutenus par des services collectifs. Loin de la culture de la passivité, elles favorisent une culture de la prise d'initiative.

En fait, les droits « transitionnels » demandent, pour être exercés, que soient satisfaits des engagements réciproques. Les personnes auront par exemple l'obligation de suivre les recyclages qui auront été prescrits à la suite d'un bilan de compétences. Plus généralement, les personnes ont d'abord le droit et le devoir de choisir une séquence de « transitions » et d'effectuer les adaptations qui en découlent. Il ne s'agit évidemment pas d'instaurer une sorte de surveillance arbitraire, qui établirait unilatéralement les critères d'une bonne participation et prévoirait des sanctions en cas de manquement. Pour protéger les personnes contre de tels empiètements, on peut établir des comités d'utilisateurs comprenant des représentants des syndicats. Leur tâche serait d'arbitrer les éventuels conflits qui naîtraient autour de l'usage d'une transition lorsque celle-ci implique un engagement de la part du bénéficiaire et de la part d'une entreprise ou d'une institution.

Pour ces dernières, deux mécanismes pourront être instaurés : la mise en concurrence avec un cahier des charges bien spécifié, qui évite qu'une bureaucratie, même bien intentionnée, ne s'endorme sur son monopole. Par exemple, la mise en concurrence d'entreprises de placement et des agences publiques, non pas pour toutes les activités, mais pour l'organisation d'un service aux chômeurs d'une catégorie donnée. Second mécanisme déjà passé en revue, la mise en place de « *feedbacks* » financiers. Si des mesures « actives » des politiques de l'emploi réussissent à faire baisser le nombre des chômeurs indemnisés, il est intéressant d'instaurer une solidarité entre les organismes qui financent ces mesures et ceux qui financent l'indemnisation.

Enfin, les entreprises doivent elles aussi être incitées. Le partage des financements en est un premier mécanisme, et nous en avons considéré bien d'autres : en particulier des mécanismes par lesquels les entreprises sont amenées à percevoir et à assumer les coûts à long terme de leurs choix. La « fondation de travail » à l'autrichienne en était un exemple dans le cas de plans sociaux. Une autre possibilité est l'instauration d'un « bonus-malus » en matière de licenciements de toute catégorie ou d'emplois précaires. Les firmes qui licencient le moins, ou qui ont le moins recours aux emplois précaires, bénéficient alors d'un allégement de leur cotisation à l'assurance-chômage, cependant que celles qui sont dans le cas inverse voient leurs primes s'alourdir[1]. On peut aussi envisager de faire bénéficier de subventions les entreprises qui concluent avec les syndicats des accords sur des « transitions » dont l'intérêt social est avéré.

Les réponses ne manquent donc pas, et le risque que les « marchés transitionnels » subventionnent la paresse est plutôt moins important que celui qui résulte de l'organisation actuelle. Les gens ont en général plutôt envie de travailler, ils le font même lorsque ce n'est pas avantageux financièrement, et c'est l'absence de perspectives et d'opportunités qui les décourage. Quant à la « culture de la passivité », dans laquelle se laisseraient glisser des bénéficiaires indélicats et routiniers, elle est ici combattue car la prime est à celles et ceux qui formulent des projets et se saisissent des droits qui leurs sont reconnus.

Le risque de « transitions à deux vitesses »

C'est de l'autre côté que l'interrogation est la plus forte. N'y a-t-il pas un risque que, les hiérarchies étant maintenues entre différentes catégories de travailleurs, deux circuits se maintiennent : un circuit des « gagnants », de plus en plus sympathique car plus humain, les laissant débrayer, élever leurs enfants, faire une coupure dans leur carrière... et un circuit de « perdants », associant travailleurs faiblement qualifiés et « transitions » de mauvaise

1. Le système existe déjà aux États-Unis et fonctionne assez bien : c'est ce que l'on appelle l'« *experience rating* », soit la tarification en fonction de l'expérience passée. Il a été mis en place durant les années trente sous l'influence réformatrice et pragmatique de John Commons, le principal conseiller de Roosevelt en la matière.

qualité ? Certains y joignent l'hypothèse que ce qui est gagné pour les uns le sera au détriment des autres. On peut envisager d'améliorer à coups de milliards la situation de certains travailleurs défavorisés ; mais alors d'autres prendraient leur place dans le circuit des « perdants ». Défions-nous toutefois de l'image des vase communicants à laquelle semble aboutir ce raisonnement. Il n'y a pas de fatalité mécanique sur le marché du travail, et on ne peut l'assimiler à un ensemble fixé de « bonnes » et de « mauvaises » places.

Il faut éviter que les groupes ou régions riches créent et gèrent tranquillement des « transitions » de riches, cependant que les groupes ou régions « pauvres » devraient se contenter de transitions de seconde zone. Un mécanisme permet de combattre cela. Il a déjà été présenté à propos de l'assurance-chômage au chapitre 4 : c'est la péréquation nationale qui consiste à ponctionner les ressources publiques dont pourraient bénéficier des groupes ou des régions riches pour les affecter préférentiellement à des groupes ou des régions pauvres. Dans ces négociations locales au plus près des besoins ressentis et exprimés, les ressources publiques dont pourront disposer les acteurs sociaux devront donc être modulées en fonction de l'ampleur de ces besoins. Nous retrouvons ici le principe d'une appropriation locale des ressources jusqu'ici distribuées de manière plus unilatérale par les autorités gouvernementales. Cette décentralisation n'a été jusqu'à présent que très partiellement réalisée dans la plupart des grands pays européens parce qu'elle suppose des capacités d'expertise et de coordination rarement réunies au niveau régional.

Cela suppose des critères de répartition. Si les régions deviennent un des lieux centraux d'affectation des ressources finançant les « transitions », alors il serait logique que chacune d'entre elles dispose d'un observatoire des « transitions », chargé de recenser les besoins et les évaluations. Ces observatoires pourraient ainsi fournir les éléments permettant aux autorités régionales d'argumenter lors de l'attribution des fonds publics.

Il est aussi possible de proposer un critère général qui aide à hiérarchiser les urgences. En fait, nous le connaissons déjà. Il ne nous a pas beaucoup plu, mais nous pouvons le modifier et le reconsidérer ici. Dans le chapitre 2, nous avions examiné les classements qui permettaient d'appliquer la technique du « profilage ». Ils reposaient sur un modèle statistique tentant de prévoir les probabilités qu'avait une personne au chômage de retrouver un emploi. Il existe des modèles statistiques un peu plus sophistiqués, qui visent à prévoir, sur une période donnée, non pas une mais trois probabilités à la fois. La probabilité d'être ou non en emploi, la durée probable de cette présence dans l'emploi, et le gain probable qu'apporte une heure travaillée. Ces trois probabilités, considérées ensemble, définissent en fait une forme d'employabilité : c'est le gain probable qu'une personne donnée peut tirer du marché du travail pendant une période donnée. Mettons que cela soit son autonomie en tant que travailleur ou travailleuse. Un tel critère établit une hiérarchie des besoins entre les personnes qui ont le plus besoin d'être aidées et celles qui peuvent se débrouiller plus facilement. Il est parfaitement neutre, il est purement descriptif à une date donnée. Il ne dit rien sur les causes, collectives ou individuelles, du classement instauré. Appliqué isolément, ce critère reste soumis aux risques de technocratie que nous avions dénoncés dans le cas du « profilage ». Mais il peut alimenter, avec d'autres critères tels que le taux de pauvreté et de précarité et l'appréciation des trajectoires, un débat collectif sur les priorités régionales et l'affectation des ressources aux régions.

Ces mesures qui visent à « contrer » les tendances du marché du travail ne produiront pas leur effet par miracle, instantanément. Si importante soit-elle, l'action publique se heurtera à une réalité bien concrète et résistante, la balkanisation des statuts et des conditions d'emploi. La distance est grande entre un salarié d'une grande firme publique, disons pour la France EDF, et le salarié d'un artisan. Les garanties et les ressources dont ils disposent sont vraiment inégales. Les disparités peuvent être financières, bien sûr, avec d'un côté des carrières avantageuses, et de l'autre moins de stabilité et moins d'opportunités de promotion. L'essentiel est sans doute ailleurs, dans la capacité qu'ont certains employeurs à négocier et à sécuriser leurs salariés, cependant que d'autres s'en tiennent aux obligations légales et tendent à reporter l'instabilité qu'ils subissent sur leurs salariés.

La mise en route de réformes « transitionnelles » risque alors de se faire selon des lignes de progression bien différentes et inégales. D'un côté des employeurs et des syndicats disposant de ressources, pouvant négocier, voire devenant imaginatifs, et aménageant pour tous les salariés de la filière, qu'ils soient qualifiés ou non, des filières de mobilité et des droits « transitionnels ». De l'autre des enclaves dépressives. Ce risque de « dualisation » est sans doute plus important que la perpétuation d'un clivage entre travailleurs qualifiés et non qualifiés. Car on a bien vu en quoi les « marchés transitionnels » étaient conçus pour s'adresser aux moins qualifiés. Encore faut-il que ceux-ci trouvent des réseaux d'opportunités d'emplois et de mobilité qui soient de bonne qualité. Et leur répartition reste un manteau d'Arlequin.

Il n'y a là rien d'inévitable ni d'irréversible, toutefois. Dans de nombreux pays, les travailleurs du bâtiment jouissent de conditions de travail et de rémunération défavorables, et sont employés par de petites firmes peu et mal équipées. Ce n'est cependant pas du tout une fatalité. Il est remarquable qu'aux États-Unis, contrairement sans doute à l'intuition commune, ces travailleurs figurent parmi les mieux protégés et les mieux payés. Question d'organisation du secteur et de pressions syndicales... C'est pourquoi les mesures de péréquation et de « ciblage » sur les moins qualifiés doivent être complétées par au moins trois types d'actions patientes, à très long terme, qui visent à rendre plus homogènes les différentes filières et les différents secteurs du marché du travail. La première est l'effort pour combler les retards et les archaïsmes qui handicapent certains métiers ou certaines filières. Cela peut se faire en favorisant la restructuration et la modernisation des entreprises. Seconde action : le maintien de l'activité économique à un haut niveau, qui impose à toutes les firmes d'aménager, pour les travailleurs qu'elles souhaitent recruter, des conditions de carrière et de promotion intéressantes. Enfin, troisième action, plus lointaine et plus ambitieuse encore : petit à petit faire diminuer le nombre des travailleurs non qualifiés, pour les rendre rares... Il faut d'abord une intervention en amont, qui accroisse le niveau général de formation et développe, dans le système éducatif, la prise en charge des enfants les plus en difficulté. Et ensuite, il faut envisager des efforts consistants en direction des adultes : recyclages, alphabétisation… Un tel horizon semble presque inconvenant, c'est pourtant d'ores et déjà celui qu'ont affiché les autorités au Danemark !

Le blues de la star « transitionnelle »

Revenons sur la réussite de ce pays. Chaque année, 20 à 25 % des travailleuses et travailleurs danois passent par l'assurance-chômage. Ce chiffre impressionnant coexiste, on l'a vu, avec un sentiment collectif de sécurité relative, fondé sur la prise en charge en cas de non-retour rapide à l'emploi. Les gens vont à l'assurance-chômage mais n'y restent que très peu de temps. Ajoutons à des innovations comme le congé à la danoise la priorité désormais reconnue à la formation. Un autre néologisme est revendiqué dans ce pays, celui de « *learnfare* », autrement dit l'assistance par la formation ; il s'oppose évidemment au « *workfare* » anglo-saxon, qui privilégie la mise autoritaire au travail. Le tout est mis en musique et appliqué par des partenaires sociaux qui négocient sur tout ce qui concerne le travail. Le Danemark vit à l'heure du plein-emploi, voire des pénuries de main-d'œuvre.

Une société dont on rêverait un peu partout dans le monde. Et pourtant, la « star transitionnelle » n'est pas sans problèmes. Pour partie les Danois restent anti-européens, et ils ont révélé récemment une crispation anti-immigrés. L'audience de l'extrême droite s'est fortement accrue, et en 2002 un gouvernement conservateur qui s'appuie sur elle est en place. Son programme va dans deux directions. Il souhaite déréguler davantage le marché du travail en limitant la portée des accords syndicaux, notamment en ce qui concerne les protections dont bénéficie le temps partiel ; et il cherche à donner des coups de frein à la construction de l'égalité entre les hommes et les femmes. Toutefois, jusqu'à présent le patronat danois n'a pas suivi ces orientations qui remettraient en question la tradition de négociation collective.

Il n'y a pas lieu de tenter ici d'expliquer ces avatars politiques, qui se relient pour une large part à une évolution européenne plus générale faite de montée du populisme, de critique de la bureaucratie bruxelloise et de repli sur soi dans un monde de moins en moins prévisible. Il est intéressant pour notre propos de recenser et discuter quelques limites de l'expérience danoise – le paradis, mais avec quelques serpents ! Dans son expérience de création de la société de « flexicurité », le Danemark rencontre trois limites essentielles [1].

La première est la résistance des clivages antérieurs sur le marché du travail. Le dispositif de congé à la danoise a été plus utilisé par les salariés du secteur public que par ceux des PME, auxquelles il s'adressait pourtant prioritairement. Ce n'est pas tout. Initialement, les chômeurs de longue durée devaient profiter des opportunités d'embauche temporaire qu'il ouvrait. Ce type de remplacement s'étant

1. Nous nous appuyons ici sur les travaux de P.K. Madsen, « Le modèle danois de la "flexicurité" : un paradis – non sans quelques serpents », in H. Sarfati et G. Bonoli (dir.), *Mutations du marché du travail et protection sociale dans une perspective internationale. Voies parallèles ou convergentes ?*, Peter Lang, 2002, et de C. Yerochewski : « Diviser pour mieux régner », *Alternatives économiques*, juillet-août 2002.

révélé trop difficile à organiser, ce sont finalement d'autres chômeurs, plus qualifiés, qui ont profité du dispositif. Et, pour couronner le tout, le jeu des remplacements a aussi été critiqué par les féministes, la séquence la plus fréquente étant le départ en congé d'une femme et son remplacement par un homme. On doit voir dans ce triple détournement la capacité de résistance du marché du travail évoquée ci-dessus. Les nouvelles possibilités de mobilités sont surtout utilisées par les travailleurs les plus influents au détriment des autres. Il n'y a rien là de pendable, cela permet toutefois de prendre la mesure de ce qui reste à faire.

Une deuxième limite est la manière dont sont traitées les personnes qui sont en quelque sorte rejetées par le marché du travail. Leur groupe, qui comporte notamment les bénéficiaires du statut de handicapé, est quantitativement très important. Si l'on s'en tient aux adultes, la proportion des personnes vivant grâce à un revenu de transfert est passée de 15 % à la fin des années 1970 à presque 25 % à la fin des années 1990. Mais le problème n'est pas tant leur nombre (qui se retrouve dans la plupart des pays nordiques) que leur traitement « passif ». La communauté leur accorde un revenu, en échange pour ainsi dire de leur retrait de l'activité professionnelle.

Troisième limite : le palier rencontré dans la recherche de l'égalité entre les sexes. 11 % des hommes sont à temps partiel au Danemark. C'est le cas de 18 % des femmes, dont le nombre s'est toutefois réduit de moitié entre 1993 et 2001. Cette tendance à plus d'égalité risque de s'arrêter, voire d'être renversée. Le gouvernement a fait adopter en mars 2002 une loi portant le congé parental de 32 à 52 semaines, avec toute l'apparence d'une nouvelle conquête sociale. Mais les dispositions « privilégient » les mères au détriment des pères et reviennent surtout à allonger le congé de maternité. Une partie des syndicats à majorité masculine a soutenu cette loi qui laisse les mains libres aux hommes pour obtenir des heures supplémentaires et faire la preuve de leur disponibilité professionnelle.

En somme, une incertitude politique majeure et bien traditionnelle se dessine dans un contexte marqué par le retour au plein-emploi. Les Danois sont victimes de leur réussite. Ils se sont, comme la plupart des Européens, « serré la ceinture » pour faire face aux défis des années 1990, l'adaptation à la nouvelle donne mondiale et la mise en place de l'euro. Désormais, il est possible d'obtenir mieux, et surtout des augmentations de salaires comme à l'époque de la croissance rapide des années 1960, ce qui induit bien des tentations. Les intérêts des divers groupes qui composent la société danoise se mettent à diverger de manière plus visible et plus insistante. Chacun est tenté de pousser des revendications catégorielles. C'est d'autant plus vrai que le Danemark a adopté la « solution » nordique en matière d'égalité des sexes, qui est, rappelons-le, largement fondée sur la ségrégation des emplois.

Faut-il laisser s'exprimer ces divergences, au risque d'un retour en arrière ? Créer les conditions d'un « boom » permanent, c'était la recommandation de Keynes. Les « marchés transitionnels » vont évidemment dans ce sens. Mais si c'est pour arriver à un mélange de surchauffe et de surenchères, ce n'est pas la peine. Le suédois Gösta Rehn avait dès les années 1950-1960 prévu ce danger qui menace les pays trop dynamiques. Il en avait conclu que le but des politiques publiques devait être de régulariser les conditions de la croissance et de renforcer l'homogénéisation des travailleurs, non de laisser libre cours aux divergences.

Les Danois et les Suédois ont développé chacun de part et d'autre du Sund des modèles « solidaires » à la fois proches et différents. Le modèle suédois est davantage dominé par les grandes firmes et n'est pas construit sur la liberté d'embaucher et de licencier qui prévaut au Danemark. Ce qui s'exprime plus volontiers en Suède, c'est la « révolte des contribuables ». Chaque pays a bien sûr ses spécificités, sa trajectoire propre et ses propres difficultés. Mais l'avertissement de Rehn est valable dans tous les cas. Le Danemark semble rencontrer une crise de surchauffe, et celle-ci révèle quelques-uns des conflits qui le traversent. On peut penser que le pragmatisme nordique trouvera ici une fois de plus à s'exprimer et permettra de la surmonter.

Les « transitions » du Sud

Misères ce sont, mais misères de princes… Avec toutes les difficultés et les tensions que nous venons de recenser, le Danemark est l'un des pays les plus égalitaires et les plus intégrateurs du monde. L'Europe du Sud, avec ses sociétés moins homogènes et moins consensuelles, apparaît au premier abord bien loin de ces réussites. La grande force de la société danoise, par exemple, c'est la capacité qu'ont acquise les partenaires sociaux à affronter et régler par eux-mêmes les problèmes les concernant. Cette capacité de régulation autonome laisse place sur les bords de la Méditerranée au jeu d'instances de décision ou de blocages dispersées et à une implication beaucoup plus forte de l'État, souvent tenté, voire sommé d'intervenir non seulement comme arbitre, mais comme décideur au nom de la collectivité.

Ces pays ne sont cependant pas sans atouts. Prenons le cas de l'Italie. Voici un pays qui a vécu, tout comme en France, la peau de chagrin de l'emploi régulier, et qui le fait coexister avec bien des précarités et des relégations. On peut considérer la célèbre « *Cassa integrazione* » comme une tentative de « marché transitionnel » destiné aux plus sécurisés des travailleurs dans l'industrie. Durant les années 1980, par des mécanismes complexes et grâce à des financements publics, les salariés jugés redondants de l'industrie pouvaient ainsi bénéficier du maintien de leur rattachement à leur entreprise d'origine tout en ayant cessé d'y travailler. Ce dispositif coûteux a permis d'absorber une partie du choc des restructurations, mais avec la conséquence de faire monter fortement les taux d'inactivité. L'Italie, plus encore que la France, a fait le choix de limiter l'implication professionnelle des jeunes et des plus âgés. Ajoutons au tableau la forte présence de l'emploi informel et la coupure entre le Nord hyperdéveloppé et le Sud délaissé : ces caractéristiques sont loin des préconisations de notre modèle social européen !

Plusieurs expériences et réalisations vont toutefois dans leur sens, et certaines bien avant d'avoir été formulées. C'est le cas des « districts industriels » à l'italienne, souvent anciens, qui constituent une des combinaisons les plus efficaces de souplesse et de sécurité pour un groupe de travailleurs. Dans un « district » se regroupent une poussière de petites entreprises produisant le même type de produit, par exemple du textile, comme à Prato. La confection de vêtements est une activité économique très instable, avec des périodes de succès, voire d'engouement, pour certains produits, qu'il faut alors produire en très grande quantité, et toujours le risque que la gamme de vêtements retenus ne plaise pas, ou pas autant que prévu. Il faut alors traverser une brusque contraction de l'activité. Pour faire face à ces difficultés, les entreprises sont rassemblées dans un même lieu et financent, avec l'aide de la municipalité, une école professionnelle dans leur spécialité.

En cas de baisse brusque des carnets de commandes, les petites entreprises licencient leur personnel. Ces collaborateurs qualifiés demeurent dans le même lieu et travaillent pour un temps à leur propre compte. Dès que les carnets de commandes se regonflent, ils sont réembauchés, d'autant plus facilement qu'employeurs et salariés sont souvent membres d'une seule et même famille. Le jeu des solidarités repose ainsi sur la qualification des travailleurs et sur des réseaux formels et surtout informels. Les travailleurs subissent bien sûr des pertes durant les mauvaises périodes, mais ils restent dans le circuit, continuent à produire et à diversifier leur expérience professionnelle, et sont rapidement disponibles pour reprendre leur activité principale en tant que salariés.

Il y a là de toute évidence un dispositif « transitionnel » assez sophistiqué. Sa souplesse est extrême. Sa vulnérabilité essentielle est d'être placé dans la dépendance d'une mono-activité. Si le climat des affaires se dégrade durablement, alors les possibilités de reconversion massive sont faibles.

Ces « districts » ne sont en aucune manière un monopole italien. On en trouve en France, avec par exemple le district du plastique à Oyonnax, dans le Jura, celui des chaussures à Romans, dans la Drôme, ou encore les activités du décolletage dans les grandes vallées de Savoie et de Haute-Savoie. Mais l'adaptation de la société italienne aux districts est indéniable. Le rôle des réseaux y est très développé. Ils reposent ainsi sur une solidarité familiale traditionnelle entre parents proches et plus lointains (cousins), qui reste très prégnante en Italie [1].

Ce sont ainsi d'importantes caractéristiques de la société italienne, censées être archaïques, qui révèlent des vertus « transitionnelles ». En particulier les rôles conjoints des réseaux associatifs et militants et des autorités locales méritent une mention. Les politiques des temps urbains en Italie ont démarré dans les années 1985, à l'initiative de réseaux politiques, de forums et d'associations féministes. Elles érigent en problèmes publics les difficultés « privées » rencontrées par les femmes pour concilier leur vie professionnelle, familiale et personnelle. Ils sont alors pris en charge par les municipalités, qui mettent en place un bureau « temps de la ville ». Ceux-ci lancent une négociation locale et cherchent à aboutir à un « protocole d'entente » entre les grands acteurs sociaux (commune, organisations syndicales, chambre de commerce, préfet). Il en découle la révision des horaires d'ouverture des services publics, des commerces et plus généralement des horaires de travail. Cette politique a aussi pour objet de rendre la circulation plus fluide, et déborde sur l'aménagement spatial des activités et des équipements collectifs.

1. Nous ne dirons rien ici de la Mafia, dont certaines caractéristiques en font pourtant une application, certes monstrueuse, de l'économie sociale garantissant une grande sécurité à ses membres… du moins tant qu'ils se conforment à ses objectifs.

En 2001, cent soixante-dix villes avaient ainsi élaboré leur « politique des temps ». Une loi de mars 2000, la loi Turco, vise à généraliser ces expériences[1]. Tout repose en fait sur une particularité de la situation italienne : le maire italien a le pouvoir de choisir non seulement les horaires des services publics, mais aussi ceux des crèches et des commerces.

D'une manière beaucoup plus générale, les pays d'Europe du Sud ont souvent été pionniers dans le développement de l'économie privée non marchande, autrement dit des entreprises ou des organisations sans but lucratif, mais qui naissent d'initiatives privées. C'est le troisième pilier de l'économie mixte, après les entreprises privées à but lucratif et les collectivités publiques (État, régions, municipalités). Toute la palette est présente, et depuis longtemps, aux bords de la Méditerranée : coopératives de producteurs, de consommateurs, mutuelles, associations… ce « tiers secteur » est chez eux fort et diversifié. Il combine l'action de bénévoles avec celle de professionnels, il reçoit des financements publics en même temps que des contributions privées (mécénat, cotisations, dons). Il offre souvent à ses salariés des conditions de travail moins tendues que celles que l'on observe dans le privé – avec, la plupart du temps, des rémunérations plus faibles, il est vrai.

Ce « tiers secteur » n'est évidemment pas immobile, et on peut même dire qu'il est par définition sur le qui-vive. En effet, pour être efficace et légitime, il doit satisfaire des besoins sociaux pas solvables ou pas encore solvables, en quelque sorte être la pointe du combat pour une société

1. Pour plus de détails, voir Dominique Méda, *Le Temps des femmes*, *op. cit.*

meilleure. Il doit combiner innovation sociale et économique. Cette « économie sociale » s'est le plus souvent regroupée en réseaux plus ou moins serrés mettant en commun des capacités de financement et d'expertise. Un exemple fascinant d'intégration pure et simple, qui est resté isolé, est celui du réseau de coopératives Mondragon, dans le Pays basque espagnol, qui connecte à la fois des banques, des entreprises variées, des coopératives de producteurs et de consommateurs, etc.

Bien des « transitions » peuvent ainsi être organisées en liaison avec ces organismes, qui eux-mêmes pourront saisir ces occasions de se développer et de partager leurs connaissances et leur engagement. Une conclusion s'impose alors. Les pays d'Europe du Sud ont de vrais atouts à faire valoir dans le développement de nouvelles « transitions », notamment à l'échelle locale ou régionale.

Un paradoxe de la dynamique européenne

Une intégration qui marque le pas depuis l'instauration de l'euro, des institutions en crise et un programme d'élargissement à l'Est qui vient ajouter des difficultés supplémentaires : l'Europe suscite bien des inquiétudes en ce début de millénaire. L'absence de gouvernement économique et la prévalence de la discipline monétaire, l'absence d'initiatives diplomatiques et la faiblesse des moyens d'intervention font de l'Europe une réalité molle et contraignante à la fois. On se demande s'il faut chercher beaucoup plus loin les raisons de la montée du populisme et du scepticisme persistant qui entoure la construction de ce colosse économique et de ce nain géopolitique.

Ces déceptions nous empêchent de voir l'apport extrêmement positif de la zone de stabilité constituée, au prix de tant d'efforts, autour de l'euro. Les avatars de cette monnaie commune ont été nombreux depuis sa création, avec une baisse de 20 % suivie d'une remontée équivalente l'été 2002. Et ils n'ont guère été ressentis que par l'amour-propre froissé des tenants d'une monnaie forte, sans que les conséquences économiques en soient palpables, hormis la compétitivité accrue des produits européens.

L'Europe de l'emploi est encore moins bien perçue : pour le grand public, elle n'existe pas. Et pourtant, il existe une « stratégie européenne de l'emploi », établie en 1997 au sommet du Luxembourg. Elle est centrée, nous l'avons vu, sur la promotion de l'employabilité. Elle est contenue dans des « lignes directrices » organisées en quatre chapitres dont le premier porte sur l'employabilité et comporte des objectifs chiffrés. Les trois autres chapitres portent sur la promotion de l'entreprise, puis de l'adaptabilité des travailleurs, et enfin de la lutte contre la discrimination. L'Europe intervient par ailleurs sur l'emploi avec des espèces sonnantes et trébuchantes. Ce sont les sommes dépensées dans le cadre du « Fonds social européen ». Elles sont destinées essentiellement aux régions déshéritées et aux sites industriels en reconversion, où elles viennent compléter les efforts nationaux. Mais la « stratégie européenne de l'emploi » n'est faite que d'engagements nationaux et de surveillance réciproque.

Le dispositif est en quelque sorte purement déclaratif. Il repose sur une technique utilisée par les entreprises : l'étalonnage des performances, autrement dit le « *bench-*

marking ». Le principe est simple. Les entreprises observent les comportements des plus performantes d'entre elles et cherchent à les imiter. Elles instaurent des cibles à atteindre, des « *benchmarks* ». Par exemple, telle entreprise à succès a développé des pratiques ambitieuses de formation en interne, que l'on peut alors ériger en « bonne pratique », et d'autres entreprises peuvent décider de parvenir, par étapes, à des dépenses équivalentes. Avec l'espoir qu'elles les conduiront aux mêmes performances.

Le point faible du « *benchmarking* » entendu en ce sens est évident. Ce n'est pas parce que l'on a isolé et reproduit des « bonnes pratiques » que l'on va réussir. Car on a peut-être négligé le contexte et le rôle d'autres variables. Le choix de la stratégie européenne est un peu différent. Les normes correspondent effectivement à des « bonnes pratiques », par exemple faire en sorte qu'aucun jeune au chômage ne reste sans une prise en charge personnalisée au bout de six mois, laquelle doit comporter un bilan de compétences, une ou plusieurs propositions d'emploi ou de formation. Mais la suite est plus originale. Chaque pays, évidemment libre de choisir les moyens de satisfaire ces normes, doit définir son rythme et afficher ses priorités dans un « plan national d'action pour l'emploi ». Ce document annuel doit montrer quels engagements ont été tenus ou non, et expliquer pourquoi ils ne l'ont pas été.

Chaque année l'ensemble de ces « Plans » sont disséqués par les experts de différents pays, et d'autres normes sont fixées en fonction du degré d'atteinte des précédentes. C'est donc une procédure d'« examen par les pairs », les experts en provenance d'un pays examinant un autre pays que le leur. Il n'y a pas de sanction prévue aux manquements, excepté la désapprobation des autres pays…

Cette procédure a plusieurs avantages. L'un est de forcer les pays à expliciter et justifier leurs choix. L'autre est de permettre aux administrations nationales de l'emploi de prendre des mesures qui ne sont pas usuelles ou peu populaires dans leurs pays, en arguant du fait qu'elles constituent une préconisation européenne.

L'Europe a fixé une norme de taux d'emploi, soit de pourcentage de la population adulte qui doit être en emploi. Le niveau retenu est 70 %. Cette norme peut paraître injustifiable. Elle n'a évidemment aucune base scientifique. Elle vient bousculer des pays tels que l'Espagne ou l'Italie, qui sont nettement en dessous parce qu'ils ont encore un taux d'activité faible pour les femmes. Mais elle vient aussi talonner la France, qui a fait comme nous l'avons vu le choix de généraliser les préretraites et de retarder l'arrivée des jeunes dans l'emploi. Elle a ainsi l'intérêt de rappeler que ce n'est pas en éliminant les gens qui peuvent et veulent travailler qu'on lutte efficacement contre le chômage. Cette norme est compatible avec le modèle que nous prônons. Le redéploiement des « transitions » consiste d'un côté à développer des congés, de l'autre à remettre des chômeurs en emploi et à améliorer les compétences des travailleurs. Il cherche à éviter les ruptures et les relégations. Cette perspective est donc compatible avec un taux d'emploi élevé, sans toutefois en faire un objectif en soi.

Le contenu de la « stratégie européenne de l'emploi » est, par définition, consensuel et minimaliste. L'insistance sur l'employabilité centre la lutte contre le chômage sur l'amélioration de la qualification et de la motivation des chômeurs. Ce n'est de toute évidence que la moitié du programme. La « stratégie » passe sous silence l'action sur l'autre côté du marché du travail, la demande issue des entreprises, et sur la conjoncture. Elle ne propose que des actions très générales à moyen et long terme en faveur des entreprises. De telles orientations restrictives s'expliquent en partie par l'impossibilité actuelle de déclencher une relance à l'échelle européenne, et aussi par l'absence de consensus sur ce qui permet de créer plus d'emplois. C'est un programme qui semble promouvoir un modèle social néo-libéral par défaut.

Mais il a toutefois deux vertus. L'une est de demander d'associer systématiquement les partenaires sociaux à la définition et à la mise en œuvre des actions. L'autre est de laisser en pointillé des développements futurs qui sont plus ambitieux, notamment en ce qui concerne l'adaptabilité des travailleurs au sein même des entreprises. Le programme est plastique. C'est ainsi que la *qualité* de l'emploi, et non plus sa quantité, a fait son apparition dans l'agenda européen.

Si l'on interroge sur la « stratégie européenne de l'emploi » les membres des ministères nationaux qui sont chargés de tel ou tel aspect de la lutte contre le chômage, leur appréciation pourra aller dans au moins deux directions : l'agacement sur les empiètements qu'elle représente, car elle écorne les pouvoirs nationaux, et le sentiment d'un appui utile, d'un apprentissage collectif très progressif qui, loin de gommer les différences nationales, peut les consolider. Et parfois les deux. Autrement dit, la stratégie européenne fonctionne paradoxalement. Elle fait progresser les pays membres sans les rabattre sur une convergence.

Cette base de collaboration et de surveillance réciproque pourrait être utilisée pour diffuser les principes et les changements des « marchés transitionnels ». Le lien de la « stratégie européenne de l'emploi », avec par exemple le mot d'ordre de la « formation tout au long de la vie », en même temps que l'insistance mise désormais sur la qualité de l'emploi, vont dans ce sens. Mais la démarche suppose l'adhésion des gouvernements nationaux et de leurs partenaires sociaux.

Europe : la chance des régions

D'autres canaux, à l'influence plus indirecte, pourront appuyer ce mouvement et faire de la Communauté européenne elle-même un agent de diffusion du nouveau modèle social-démocrate. La caractéristique de la construction européenne est en effet de faire apparaître, dans le domaine de l'économie, un pouvoir supranational. Qu'il soit critiqué pour son illégitimité ou pour sa timidité actuelle n'y change rien. Ce pouvoir détient un certain nombre de leviers qui antérieurement étaient des leviers d'action étatique, notamment la monnaie, avec la régulation de l'émission monétaire et la fixation des taux d'intérêt, et le cours de l'euro.

L'importance de ces pouvoirs ne doit pas être minimisée. Au début des années 1980, la Suède avait rencontré des difficultés économiques, et d'abord une dégradation de ses échanges extérieurs due à des coûts de production très élevés. Ce pays avait alors fait le choix d'une dévaluation de 30 % de sa monnaie. Les conséquences ont été très positives pour la Suède : rétablissement de la compétitivité et redémarrage de l'économie. Les inconvénients s'étaient fait sentir pour ses voisins, n'arrivant plus à exporter aussi facilement et subissant un ralentissement de leurs économies. C'était avant l'euro. L'existence d'une monnaie européenne est là précisément pour éviter que les adaptations des uns ne se fassent au détriment des autres [1].

Alors, que faire lorsque les coûts dérapent et que l'on devient trop cher ? Ou lorsque la conjoncture mondiale ralentit ? Les réponses conventionnelles prévoient le recours à deux armes, l'arme monétaire et l'arme budgétaire. Il n'en reste plus qu'une, celle des finances étatiques. Elle est précisément encadrée par le fameux « traité de Maastricht ». Ce traité, qui a mobilisé tant de passion, avait sa justification lorsqu'il s'agissait de passer à l'euro en liant les monnaies les unes aux autres et en cherchant à calmer les spéculateurs. Il en a beaucoup moins une fois la monnaie unique réalisée. Et les autorités européennes ont décidé en septembre 2002 d'en différer l'application. Mais peu importe ici. L'essentiel est que la relance à l'échelle européenne ne se produira pas souvent, simplement parce que, selon les secteurs et les pays, les situations risquent d'être bien différentes. La décision sera évidemment collective et ne sera prise qu'en cas de perception claire d'un risque global pesant sur l'ensemble de la Communauté européenne.

Il en découle que, chaque État national étant partiellement impuissant, ce sont les régions qui vont supporter l'essentiel des changements et des pressions qui découlent de difficultés économiques locales ou sectorielles. Et qui

1. Sans doute cette discipline n'est-elle pas étrangère aux réticences des Suédois, dont le pays en 2002 ne faisait toujours pas partie de la zone euro !

vont récupérer une partie du pouvoir étatique. En somme, l'État national va perdre une part de sa substance par les deux bouts, le haut et le bas. Un tel processus explique sans doute une part de l'hostilité que rencontre la construction européenne dans son étape actuelle. Elle semble désarmer les institutions nationales, dans lesquelles les gens voyaient le meilleur rempart contre les coups durs de l'économie mondiale, sans montrer comment ils peuvent être affrontés dans le nouvel état des choses.

Comment une région peut-elle affronter, par exemple, la déconfiture d'une industrie anciennement implantée ? Si l'on regarde comment cela se passe aux États-Unis, où les États locaux, sans être dépourvus de pouvoirs, ne sont que de purs échelons régionaux, le poids de l'adaptation est divisé grossièrement en trois composantes d'importance comparable. Il y a d'abord l'absorption locale : les travailleurs peuvent retrouver d'autres emplois, les activités qui ferment trouvent parfois des repreneurs. Il y a ensuite les transferts en provenance de l'État fédéral : indemnisation des chômeurs, investissements compensatoires ; il y a enfin les pertes de revenus, les baisses de salaires.

Ces changements douloureux et compliqués, que les économistes appellent pieusement des « ajustements », peuvent évidemment se passer bien ou mal. Cela dépend d'abord de la richesse du tissu productif local. Mais aussi des différents « stabilisateurs » que l'on peut mobiliser, dont les principaux sont l'assurance-chômage et les politiques de l'emploi. Les « marchés transitionnels » sont justement des stabilisateurs qui pourront être utilisés par les régions. Prenons un exemple national mais que l'on peut assimiler en quelque sorte à une région, et placée de surcroît dans le cas le plus défavorable, celui d'une quasimono-activité : la Finlande et le marché du bois. L'économie de ce pays dépend fortement du marché du bois, et celle-ci connaît des retournements cycliques. La réponse des Finlandais a été, entre autres, de constituer une assurance-chômage avec des réserves accumulées dans les bonnes périodes et utilisées durant les mauvaises. C'est une réponse de type « transitionnel ».

On ne doit certes pas plaider pour des assurances-chômage régionales. En revanche, l'idée que les régions doivent disposer de davantage de leviers pour réguler leur activité et leurs emplois va faire son chemin parce qu'elle a la logique pour elle dans l'Europe qui se crée. En France, les régions sont notamment responsables des dépenses de formation continue, ainsi que de nombreuses dépenses d'infrastructures. Ailleurs aussi, elles tendent à disposer de plus en plus de pouvoir. Et finalement, un contraste clair existe depuis les années 1990 entre les petits pays européens, qui dans l'ensemble s'en sortent bien, voire très bien, et les pays de taille moyenne, tels que l'Allemagne, la France ou l'Italie, qui se heurtent à davantage de difficultés. Une hypothèse parmi d'autres est que la petite taille des premiers (en termes de population) les assimile à une région. La Suède a moins d'habitants que l'agglomération parisienne, et le Danemark moins que la région Rhône-Alpes…

Les chapitres précédents ont montré à plusieurs reprises la place centrale que doivent prendre les régions dans la mise en œuvre des « marchés transitionnels ». La dynamique européenne les y pousse aussi par elle-même, à travers la redistribution des pouvoirs au profit des échelons supranationaux et infranationaux.

Les pays membres de l'Europe sauront-ils saisir cette chance ? Les politiques de décentralisation ont des partisans et des adversaires de tous bords, à gauche comme à droite. Dans le cas des « marchés transitionnels », la décentralisation serait à la fois ambitieuse et dépendante de la solidarité nationale. Elle redonnerait beaucoup plus de pouvoir aux autorités locales ; et elle dépendrait d'une péréquation des ressources décidée au niveau national. En définitive, le clivage politique est simple. Si l'on n'instaure pas ces mécanismes d'adaptation locaux et négociés, le seul recours sera le jeu du marché que l'on cherchera à flexibiliser. C'est alors la branche néolibérale de l'alternative qui l'emporterait. Mais d'autres adaptations, plus solidaires et plus respectueuses des besoins sociaux, peuvent être organisées. C'est alors l'autre branche, celle du rebond social-démocrate.

CHAPITRE 9

FRANCE : SORTIR DU MASOCHISME

Nous avons en France d'ores et déjà plusieurs groupes de « Sublimes ». Classiquement, il y a les travailleurs de l'électronique et des biotechnologies, et les très hauts fonctionnaires qui vont de poste en poste avec la sécurité de pouvoir revenir en cas de besoin dans leur administration d'origine. Mais un groupe, apparemment très bien organisé en ce sens, défraie la chronique depuis 2002 : les intermittents du spectacle.

On en décompte 92 000 en l'an 2000. Ils ne vivent que dans des « transitions », vont en effet de spectacle en spectacle, de contrat en contrat, et sont les prototypes du travailleur par projet, à la carrière discontinue qui alterne périodes sur scène, répétitions, relâches, recherches de collaborations nouvelles... Le statut instauré en 1969 les faisait bénéficier en France d'un régime original qui construit de la continuité là où il n'y a que discontinuité. Ils sont assimilés à des salariés, et s'ils justifient durant l'année d'un nombre minimal d'heures travaillées, les fameuses 507 heures, ils ont alors droit, durant l'année suivante, à l'assurance-chômage pour leurs périodes non travaillées, ce qui leur assure un revenu complémentaire régularisant leurs ressources.

Cette conciliation de la sécurité et de l'hyperflexibilité semble avoir tout pour elle. Elle laisse les artistes et les employeurs libres de faire affaire comme ils l'entendent, tant en ce qui concerne la longueur des engagements que la nature de la tâche à réaliser. Le marché du travail artistique fonctionne à la réputation. Peu importe vos diplômes, même si vous en avez, l'important est d'être connu. L'accomplissement d'une carrière se fonde ici directement sur l'accumulation d'expériences réussies durant lesquelles un artiste s'est fait apprécier. Son « employabilité » découle d'aptitudes personnelles forgées projet par projet [1]. Le système français des intermittents complète et régularise les revenus de celles et ceux qui se sont fait engager un nombre minimum d'heures, et les protège sans les enrégimenter.

Compte tenu des risques et des contraintes spécifiques à ce groupe, les conditions d'indemnisation sont nettement plus avantageuses que le régime général auquel sont soumis les salariés du secteur privé. Les prestations versées sont massivement supérieures, de cinq à six fois selon les estimations officielles, aux cotisations encaissées, et le régime général est mis à contribution pour financer ces dépenses. Ainsi, les salariés et les entreprises du privé subventionnent les artistes en France.

Le succès récent de ce statut professionnel a de quoi donner le tournis. De 1991 à 2000, le nombre des intermittents a doublé. Que le marché de l'art soit dynamique, nul doute. Mais à ce point ! En fait, beaucoup d'autres tra-

1. Voir F. Benhamou, *L'Économie du star-system*, Odile Jacob, 2002, et P.-M. Menger, *Portrait de l'artiste en travailleur*, Seuil, 2003, pour une vue d'ensemble.

vailleurs du spectacle, qui pourraient être employés plus continûment (à la régie, aux décors...), ont pu adhérer au dispositif et en profiter. Cette croissance s'est accompagnée mécaniquement d'un accroissement du déficit, parce que plus le nombre de cotisants s'accroît, plus le chômage indemnisé s'accroît. Mais le régime des intermittents satisfait presque tout le monde, à l'exception des instances centrales du patronat français qui dénoncent le trou dans la caisse. Les artistes bénéficient d'un important transfert en provenance de la collectivité ; leurs employeurs n'ont pas à se préoccuper de l'instabilité des emplois qu'ils proposent, et peuvent même payer moins cher leurs salariés, sachant que l'assurance-chômage viendra compléter leurs revenus. C'est pourquoi ils ne soutiennent pas les instances centrales du patronat dans leur opposition au régime [1].

Voici un « marché transitionnel » très bien développé, certes controversé, et qui rencontre un grand succès. Avec les intermittents du spectacle, la France *semble* ainsi offrir un cas d'école, tout comme la rotation des emplois danoise et la fondation de travail autrichienne. Malheureusement, cette organisation des « transitions » des artistes, si intéressante soit-elle, est très loin des principes gouvernant les « marchés transitionnels ».

Parmi les critères des « transitions » réussies, le premier est l'accroissement de l'autonomie des travailleurs. De ce point de vue, le bilan est satisfaisant à court terme, le régime leur permet de gérer les contraintes de leur emploi du temps et même d'optimiser leurs choix en choisissant au mieux leurs périodes de non-travail. Second critère,

1. Voir les articles de Franck Seuret et Pierre-Michel Menger dans le numéro 201 (mars 2002) de la revue *Alternatives économiques*.

assurer une solidarité en faveur des travailleurs les moins favorisés. En l'occurrence, cela ne va pas du tout. Un mécanisme pervers s'est enclenché, qui pousse de nombreux employeurs du secteur à multiplier les spectacles et à diminuer leurs cachets, voire à payer au noir des artistes ayant déjà réalisé leurs 507 heures. Il encourage une polarisation de plus en plus forte entre les artistes vraiment reconnus, les stars, et une foule d'artistes vivotant sans perspective d'amélioration. Troisième critère, rechercher l'efficacité via des cofinancements de la part des groupes concernés. Cofinancement il y a, certes. Mais opaque et forcé, c'est le régime général qui paye le complément et tient en quelque sorte table ouverte.

Subventionner les artistes, et généreusement, est un choix à l'honneur de la France. Mais le système fourmille d'abus et d'effets pervers. Certains de ces « sublimes » mènent grande vie, une grande masse vit d'instabilité subventionnée. Dans la plupart des autres pays européens, les artistes du spectacle ne sont pas des salariés, mais des indépendants. En Allemagne, ils sont assujettis à une assurance sociale obligatoire avantageuse et spécifique. Ce qui n'est pas nécessairement mieux, mais permet de souligner la particularité française. Dans leur course aux 507 heures, les intermittents français sont les aventuriers d'un futur archaïque. Le régime date de 1969, et sa logique est d'arrimer au salariat le plus traditionnel des travailleurs qui vivent à l'opposé. Ce qui pouvait aller tant que le secteur des spectacles n'était pas devenu ce qu'il est aujourd'hui, un laboratoire de l'innovation et de l'instabilité qui a réduit l'emploi permanent comme peau de chagrin.

La réforme a fini par arriver en 2003. L'accord du 26 juin, modifié et re-signé le 13 novembre, durcit les conditions d'accès (en 2004 il faut accumuler les 507 heures en 11 mois, et à partir de 2005 en 10,5 ou 10 mois selon les catégories) et limite les montants d'indemnisation, tout en garantissant un plancher aux plus pauvres de ceux qui restent couverts. La même chose en plus restrictif. Cette réforme va réduire ou supprimer la couverture de nombreux artistes fragiles. »

Voici la recette du masochisme à la française : un système ambitieux et imaginatif dont la cohérence se défait, des blocages, des abus et des dérives, puis des reprises en main sans réformer l'institution, qui font le plus souvent retomber le poids de l'adaptation sur les moins favorisés. Au nom du maintien d'un système généreux, on le rend moins généreux pour celles et ceux qui en ont le plus besoin.

La situation de la France fait penser à une scène célèbre d'un grand classique du cinéma. Dans *La Ruée vers l'or*, Charlie Chaplin cherche à sortir d'une baraque qu'un glissement de terrain a placée près d'un gouffre. La porte donne désormais sur le gouffre, et chaque fois qu'il s'en approche, c'est la baraque entière qui commence à basculer. Ses efforts pour s'échapper rendent la situation de plus en plus précaire. La société française d'aujourd'hui évoque cette séquence d'anthologie. Solidement construite sur le principe d'une intégration par le salariat traditionnel (industrialo-masculin), elle en a largement utilisé les vertus et en expérimente aujourd'hui les limites à satiété. Il en résulte des allers-retours tendus entre la préservation, voire le renforcement, de l'existant et la tentation du saut dans le vide.

Il y a d'autres sorties que la crispation sur un acquis dont la base se réduit. Pour les intermittents, on pourrait d'abord imaginer, comme le propose Pierre-Michel Menger, de responsabiliser les employeurs avec un système de bonus-malus, leurs cotisations augmentant d'autant plus qu'ils emploient davantage d'intermittents par rapport aux salariés permanents. Ce n'est cependant qu'un point de départ. Une réforme radicale pourrait consister, outre le « bonus-malus », à mettre à contribution l'ensemble des parties prenantes à la production et à la consommation de spectacles, et pas seulement les artistes et leurs employeurs. Il faudrait inclure les circuits de diffusion et de rediffusion, et les spectateurs eux-mêmes à travers des apports de l'État – et non des autres régimes de Sécurité sociale. Dans ce cadre pourrait être établi le principe d'un cofinancement négocié des « transitions » vécues par les intermittents. Employeurs et salariés pourraient alors être associés à une démarche collective de responsabilisation et de gestion des carrières artistiques.

Réduire la chandelle par les deux bouts ?

Au regard des principes et des buts du nouveau modèle social-démocrate, la France dispose d'un ensemble d'acquis et de blocages qui semblent s'équilibrer les uns les autres. Après des années de hausse du chômage ou de maintien à un niveau dépassant les 10 %, la période 1997-2000 avait permis une baisse nette, profitant même aux chômeurs de longue durée. Le palier et les incertitudes rencontrés depuis 2001 nous font retrouver 9 % de chômeurs.

Les constantes de la stratégie française de lutte contre le chômage demeurent. Avec des taux d'activité des jeunes et des seniors parmi les plus faibles d'Europe, la France a pris le parti de ne faire travailler qu'une génération à la fois. L'accès à l'emploi traditionnel est en quelque sorte réservé à la classe d'âge des 30-50 ans, les autres attendant dans des sas leur accès soit à l'emploi soit à la retraite. C'est une caricature, dira-t-on. Oui, mais les caricatures ont du vrai. Il existe des vies qui « brûlent la chandelle par les deux bouts ». En France, on a rétréci la vie active par les deux bouts.

Les défenseurs de cet état de fait disent aujourd'hui que c'est aller au-devant d'une évolution historique inévitable, la tendance à la réduction du temps de travail tout au long de la vie. Cela permet aux travailleurs adultes d'affronter dans les meilleures conditions le défi de la compétitivité mondiale. Les jeunes se préparent au combat, et les plus âgés en sont retirés après avoir plus ou moins vaillamment servi. Ce raisonnement n'est toutefois qu'une rationalisation après coup. Les responsables du système français ont simplement voulu protéger les plus vulnérables au regard de la crise de l'emploi. Pour les jeunes, face à de grandes difficultés d'intégration, les autorités ont cherché dans la prolongation des études deux choses à la fois : gagner du temps et accroître le niveau moyen des premières candidatures sur le marché du travail. Pour les plus âgés, les mêmes buts ont été avancés et ont conduit aux préretraites : construire des passerelles entre le dernier emploi et l'arrivée à l'âge de la retraite, et mettre à l'écart les moins formés pour améliorer le niveau de qualification des salariés restant en entreprise.

À certains égards, cela a bien marché. Notre pays est resté compétitif et a largement opéré la mue de ses entreprises. Mais les cheminements des travailleurs sont devenus de plus en plus cloisonnés, et parfois sans espoir. Ce calcul a développé chez beaucoup de jeunes, et en particulier chez les faiblement qualifiés, le sentiment de leur inutilité sociale, et n'a pu empêcher qu'ils s'engagent dans une interminable série de mauvaises « transitions », alternant chômage et petits boulots sans amélioration de leurs compétences. Pour les plus âgés, il a conduit à leur relégation quand bien même ils auraient la capacité et l'envie de travailler, et il a accrédité l'idée qu'un travailleur de plus de 55 ans est un improductif. Sans parler des problèmes de retraite. L'équilibre est de plus en plus menacé, avec de moins en moins de cotisants et de plus en plus de bénéficiaires, cependant que les générations qui arrivent aujourd'hui n'accumulent le plus souvent que des droits incomplets.

Les préretraites constituent chez nous une drogue dure, elles sont considérées comme des droits par les travailleurs qui se sentent de plus en plus menacés à mesure qu'ils prennent de l'âge. La tentative de « purger » le marché du travail de salariés excédentaires et obsolètes n'a cependant pas pu empêcher l'extension du travail précaire, et elle a divisé les travailleurs pendant que se réduisait le carré des emplois protégés.

Enfin, les multiples mécanismes de réduction du coût du travail non qualifié, développés par les gouvernements aussi bien de gauche que de droite, restent dans un entre-deux de plus en plus coûteux. Les subventions à l'emploi peuvent en effet servir à deux choses : ou bien elles sont « ciblées », et par exemple compensent la faible productivité d'un groupe de travailleurs souffrant d'un handicap précis, et alors elles peuvent et doivent être massives. Elles peuvent ainsi couvrir jusqu'à 80 % et plus du coût salarial, et c'est ainsi que les utilisent les pays du nord de l'Europe. Ou bien elles sont plus générales, et elles reviennent à une tentative d'abaissement général du coût du travail non qualifié. Elles sont alors inévitablement d'un montant moindre, donc saupoudrées, et en particulier payées à des entreprises qui n'en ont pas besoin pour embaucher mais se saisissent de l'aubaine. Ce qui les rend faiblement efficaces. La France s'est engagée dans cette voie, en faisant le choix, si l'on peut dire, d'un saupoudrage massif et durable. Elle dépense beaucoup d'argent de cette manière avec un résultat effectif mais modeste, elle a réussi à enrayer la baisse de l'emploi des personnes payées autour du SMIC. Mais cette stratégie accrédite l'idée que ces travailleurs ne sont pas vraiment productifs, sans pousser à améliorer leur qualification. Elle construit peu à peu un « piège à bas salaires » dans lequel peuvent s'enfermer des salariés sans motivation ni perspective de progression.

Ces quelques traits centraux du « modèle » français actuel sont solidement ancrés sans être irréversibles. La reprise de l'emploi depuis 1997 a ainsi permis d'abaisser quelque peu l'âge moyen d'entrée des jeunes dans l'emploi, mettant fin à vingt années d'augmentation sans interruption. En dépit d'efforts méritoires d'insertion et de suivi individuel des plus défavorisés, ce sont surtout les jeunes les plus qualifiés qui en ont profité.

Les paradoxes des 35 heures

Tout et son contraire, ou presque, a pu être dit sur les lois instaurant les « 35 heures ». Qu'elles mettraient la France à genoux, qu'elles seraient l'occasion de sortir du chômage, qu'elles entraveraient définitivement les entreprises et qu'elles libéreraient les salariés... Rarement lois auront été plus violemment débattues et combattues. Elles ne méritent pourtant ni cet excès d'honneur ni cette indignité. Le but initial était double : créer des emplois par un processus de partage, et améliorer la vie quotidienne des salariés en leur permettant de mieux concilier leur vie professionnelle et leur vie familiale et personnelle. Deux lois successives ont été promulguées, et la seconde a corrigé et assoupli la première sur bien des points. Le coût immédiat de la réduction et de l'aménagement du temps de travail est partagé en trois. Un tiers est à la charge de l'État, un tiers est financé par les salariés sous forme de modération salariale, et un tiers est gagé sur les gains de productivité que font les entreprises. La contrepartie pour les entreprises est la possibilité de moduler dans de certaines limites les emplois du temps de leurs salariés, autrement dit un gain en flexibilité.

Cet échange compliqué a fait la fortune de cabinets conseil vendant de la Réduction du temps de travail – la RTT – clés en main, cependant qu'il imposait l'existence temporaire de plusieurs salaires minima. Il a exaspéré l'opposition patronale tout en favorisant une puissante vague de négociations collectives, ce qui constitue un premier paradoxe.

La RTT a créé des emplois, un nombre respectable sans être faramineux. La plupart des analyses convergent pour dire que plus de 300 000 emplois lui sont imputables entre 1997 et 2000, la plupart durant l'année 2000. Cette dernière restera dans les annales comme l'année la plus faste que la France ait jamais connue, avec 600 000 emplois créés. Durant les meilleures années de croissance forte, les « Trente Glorieuses » (1945-1975), la France n'avait créé que 300 000 emplois annuels [1].

Nous avons déjà rencontré le second paradoxe des 35 heures, qui a fini par surgir là où on ne l'attendait pas : dans une indiscutable amélioration de la vie quotidienne... des travailleurs et surtout des travailleuses qualifié(e)s. La flexibilisation des horaires a en revanche frappé les salariés les moins favorisés, qui ont dû accepter des contraintes nouvelles d'emploi du temps. Ils ont souvent subi l'intensification de leurs cadences et la suppression de pauses. En outre, les heures supplémentaires, qui leur permettaient d'arrondir leurs fins de mois, sont devenues plus rares. Les études montrent en détail comment des catégories moins vulnérables, travailleurs qualifiés, techniciens, et notamment les femmes, ont pu saisir les occasions qui leur étaient données de vivre mieux, de faire face à leurs engagements familiaux. Les cadres, quant à eux, ont fait l'objet d'un traitement à part et ont bénéficié de jours de congé, pas toujours pris, mais souvent appréciés. Le trait

1. Les deux estimations disponibles du coût de ces créations d'emplois le situent aux alentours de 10 000 euros annuels par emploi créé, ce qui se compare assez favorablement aux coûts des emplois créés par d'autres mesures de politique de l'emploi. Voir Jean-Louis Dayan, *op. cit.*, p. 209 sq., et Commissariat général du Plan, *Réduction du temps de travail : les enseignements de l'observation,* La Documentation française, juin 2001, p. 290 (évaluation d'Éric Heyer et Xavier Timbeau).

est ici encore caricatural. Mais l'évidence est désormais là, les 35 heures ont surtout bénéficié à des catégories de travailleurs bien représentées et capables de peser sur les négociations dans les entreprises.

Au regard des principes « transitionnels », leur bilan est ainsi mitigé. L'accroissement de l'autonomie individuelle n'est pas évident lorsque le raccourcissement de la journée de travail se paye par l'obligation d'accepter des horaires plus irréguliers. La solidarité est visible dans les emplois nouveaux qui ont été générés (plus par la première loi que par la seconde), et dans la limitation du nombre des heures supplémentaires… à ceci près qu'elle est forcée plus que négociée. Enfin, la logique du cofinancement est pleinement affirmée, mais sans être consensuelle. Un conflit violent s'est produit sur le financement public, le gouvernement Jospin ayant proposé de financer une part de la RTT par des ressources venues de la Sécurité sociale. Son argument, à dire vrai recevable, était que les emplois nouveaux créés généraient des recettes supplémentaires pour les caisses de Sécurité sociale. Mais les partenaires sociaux n'avaient pas été consultés. Ressemblant trop à un hold-up, l'opération n'a pu être menée à son terme.

La philosophie « transitionnelle » partage une bonne partie des préoccupations et des espoirs qui ont animé les promoteurs de la RTT en France : l'idée de parvenir à une meilleure répartition de la charge de travail et d'avancer vers davantage de temps libre, notamment. Un des prolongements des lois a été la promotion d'un outil potentiellement « transitionnel » : le compte épargne-temps, qui permet aux salariés d'accumuler des droits à congé en contrepartie d'horaires contraignants.

La démarche retenue est trop rigide en dépit des nombreux aménagements qu'elle a connus. La norme « flottante » des 30 heures s'oppose ainsi largement à la norme fixe des 35 heures, non pas tant parce qu'elle est plus basse que parce qu'elle autorise bien plus de variations selon les secteurs et selon les demandes individuelles. La méthode des 35 heures ressemblait à de l'injonction paradoxale avec l'obligation de négocier dans un cadre contraignant à court terme. Les entreprises avaient deux ans pour de toute manière aboutir à la réduction, qu'elles pouvaient seulement devancer.

En dépit de cette armature puissante, et c'est un dernier paradoxe, les négociations qui ont eu lieu ont permis aux entreprises de conquérir bien des avantages en termes de flexibilité supplémentaire, parce qu'elles ont été menées avec des syndicats affaiblis et dispersés. Le bilan final reste à dresser pour un dispositif resté incomplet et désormais réduit à une coquille vide. Sans le remettre en cause frontalement les gouvernements Raffarin ont d'abord suspendu son extension aux PME, pour ensuite, progressivement de 2002 à 2004, le vider de son contenu. La voie choisie a été l'accroissement du contingent nombre d'heures supplémentaires autorisées, la possibilité de dépasser ce contingent, et la possibilité d'utiliser le compte épargne – temps en quelque sorte à rebours, en échangeant les heures accumulées contre de l'argent.

À plus long terme, il demeure un incontestable apprentissage. Une somme considérable d'expériences et d'expertises existe désormais en ce qui concerne l'aménagement des horaires et des conditions de travail. Les syndicats et les entreprises ont appris à « mettre sur la table » ces questions pour rechercher des avantages et consentir des concessions. Ce qui pourra s'avérer un atout, car nous entrons dans l'âge des négociations sur les autres composantes de la mobilité et des carrières : congés, droits à la formation, instauration de véritables comptes-épargne-temps…

Le « PARE » et la tentation sociale-libérale

Le second dossier « chaud » est l'accord signé en 2000 entre certains syndicats[1] et le MEDEF, instaurant une importante réforme du système d'assurance-chômage. La nouvelle convention instaurant le PARE est entrée en vigueur le 1er janvier 2001. Elle comporte deux volets. Le premier prévoit une indemnisation un peu plus généreuse, avec des conditions d'éligibilité moins exigeantes et des niveaux de prestations améliorés. L'accord marque aussi la fin de la dégressivité des prestations, qui avait été instaurée en 1992. Le second volet contient la principale innovation, qui consiste à lier indemnisation et aide au retour à l'emploi avec la mise en place du Plan d'aide au retour à l'emploi, ou PARE. Il s'agit de mesures d'accompagnement des chômeurs prenant la forme d'un diagnostic individuel menant à un Projet d'action personnalisé, ou PAP. L'accord initial prévoyait des sanctions, et notamment l'interruption de l'indemnisation en cas de refus répété d'offres d'emploi.

Ce second volet a suscité des oppositions virulentes et n'est entré en vigueur, profondément modifié, que six mois

1. La CFDT, la CFTC et la CGC ont signé l'accord, alors que la CGT et FO l'ont refusé.

plus tard, au terme de négociations serrées et de l'intervention du gouvernement. Les éventuelles sanctions ne pourront être prononcées que par les autorités publiques compétentes. Et les mesures d'accompagnement seront étendues à l'ensemble des chômeurs, et ne seront pas réservées aux seuls chômeurs bénéficiaires de l'assurance-chômage, qui ne représentent (en 2000) que 42 % des demandeurs d'emploi.

Cette négociation s'était placée sous un double signe : la recherche d'autonomie des partenaires sociaux, en France très dépendants des protections et des impulsions étatiques ; et les projets réformateurs du MEDEF, avec le mouvement de la « refondation sociale » qu'il a lancé à la fin des années 1990. Pour la première fois depuis près de cinquante ans, une réforme d'une partie centrale de la Sécurité sociale était engagée par les syndicats et le patronat, sans impulsion étatique. Et le principe du PARE, qui est celui de l'activation dès l'entrée au chômage, devançait les normes de la Stratégie européenne de l'emploi. L'amélioration des conditions d'indemnisation est restée modeste, ce qui cadrait bien avec les ambitions du MEDEF, qui étaient à terme de faire baisser le montant des cotisations. Le MEDEF entendait « responsabiliser » les demandeurs d'emploi et conditionner l'indemnisation à la signature d'un contrat d'aide au retour à l'emploi.

Dans sa rédaction initiale, le PARE est ainsi très inspiré par les autres tentatives européennes de « pousser » davantage les chômeurs vers l'emploi, y compris par des sanctions en cas de refus d'offres d'emploi. Il est proche de la logique du « *New Deal* » britannique et explore une voie sociale-libérale insistant sur la responsabilité individuelle. Celle-ci a été violemment critiquée et rejetée, notamment par la CGT et FO.

L'intervention publique, qui a supprimé ce dernier point et élargi le bénéfice de l'activation à l'ensemble des chômeurs, a ainsi sauvé l'accord. On a envie de dire ici : tout est bien qui finit bien. Mais elle en a aussi changé la portée. Il a été « bouclé » sous tutelle étatique, ce qui montre que cette première initiative autonome des partenaires sociaux n'a pas vraiment abouti.

Dans sa version finale, le PARE infléchit le système français dans le sens des préconisations bruxelloises, avec des prises en charge précoces. Mais tout repose sur un processus qui démarre bien lentement : l'extension et l'amélioration des services de formation et de placement pour les chômeurs. La montée en charge des PAP s'est en effet révélée très progressive, car les Agences pour l'emploi, une fois le diagnostic individuel fait, n'ont pas trouvé suffisamment de répondants du côté des organismes de formation. Le PARE est au milieu du gué.

Le premier principe « transitionnel » n'est pas encore satisfait dans cette réforme, même si un progrès est accompli par rapport à l'existant. Pour accroître l'autonomie des demandeurs d'emploi, le diagnostic précoce n'est rien sans une palette développée de services pour tous, qui suppose elle-même une infrastructure longue à mettre en place. La solidarité quant à elle a pris la forme restreinte d'une admission prévisible de 50 000 chômeurs de plus au régime d'assurance[1]. Les cofinancements, eux,

1. La solidarité a été ultérieurement malmenée par le protocole d'accord du 20 décembre 2002. Au nom de l'équilibre budgétaire, celui-ci a raccourci la durée de l'indemnisation du chômage. Il a été appliqué, rétroactivement en quelque sorte, à 300 000 à 600 000 chômeurs ayant signé le PAP antérieurement, qui se sont découverts radiés et brutalement sans ressources. Par une intervention de l'État, ces chômeurs « recalculés » ont été réintégrés dans leurs droits à la fin du printemps 2003.

sont plus efficaces qu'avant, car un des principes de base de l'activation est appliqué ici : ne pas gérer séparément les prestations et le retour à l'emploi et lier les deux, pour les institutions comme pour les personnes. Ce qui rendait les sanctions inefficaces, et même insupportables, c'est leur apparition dans un contexte où l'on peut douter que les services et les opportunités offerts aux chômeur seront suffisants.

Intermittents du spectacle, 35 heures et PARE, ces trois dossiers sont bien différents. Dans le cas des intermittents, la réforme se fait indéfiniment attendre ; une réforme a minima a été imposée dans la douleur, en attendant la réorganisation du financement des activités culturelles. L'expérience des 35 heures, impulsée par l'État, a été massive, complexe, conflictuelle et inachevée. En ce qui concerne l'assurance-chômage, une initiative des partenaires sociaux a été rattrapée par les cheveux, et elle ne pourrait être opérationnelle qu'avec une meilleure organisation de l'accès à la formation. Mais ce qui est commun, c'est la difficulté à protéger et à promouvoir les plus faibles alors même qu'une institution, ou sa réforme, ont été établies dans ce but précis. Un dispositif de protection sociale est là d'abord pour celles et ceux qui ne peuvent se défendre tout seuls. La tendance des « transitions » à se polariser entre des gagnants et des perdants se révèle particulièrement claire et cruelle en France. Elle définit en creux le défi auquel le nouveau projet social-démocrate doit répondre.

Le « jeu des trois coins »

La polarisation des trajectoires sur le marché du travail témoigne, sans nul doute, de la pesanteur de la « machine à trier » dans le cas français. Elle était construite sur une coupure persistante entre travail manuel et travail intellectuel, et sur l'intégration des non-qualifiés dans les « marchés internes » des grandes firmes. Aujourd'hui, celles-ci recrutent moins et recherchent des jeunes qualifiés. Mais la distance entre les gagnants et les perdants est creusée aussi par les résultats des négociations sur la défensive menées par des syndicats faibles et divisés.

Voici un sujet qui fâche : la situation et les stratégies des syndicats en France. Il doit être abordé sans fausse pudeur si l'on entend développer des négociations, et en particulier au niveau régional. À ce niveau, la dispersion des syndicats français fait que leur représentation est extraordinairement inégale. Dans certaines régions, certains syndicats peuvent être faibles, voire quasi absents. Ils préfèrent spontanément envisager les niveaux sectoriel et national, pour lequel les appareils disposent d'experts et de négociateurs, et pour lequel ils peuvent mieux mobiliser leurs troupes.

La France a, comme on l'a vu, la proportion de syndiqués la plus faible des pays développés. Même les États-Unis, dans l'ensemble peu favorables, c'est le moins qu'on puisse dire, à l'action organisée des salariés, font mieux que nous. Rappelons les taux de syndicalisation en 2000 : France, 9,1 % ; États-Unis, 13,5 % ; Allemagne, 29,7 % ; Pays-Bas, 27 %, et dans les pays nordiques entre 70 et 85 %. Il n'est pas si facile de récuser ce hit-parade. On peut dire que les adhésions sont mal mesurées, et surtout que les chiffres nordiques correspondent à des situations où les salariés, s'ils veulent être protégés, doivent adhérer au syndicat. Ce ne sont donc pas des militants, à la différence des maigres troupes françaises. Nous compenserions par la qualité ce que nous n'avons pas par la quantité… Ce n'est pas diminuer le mérite des militants syndicaux français que de constater leur isolement. Les pays nordiques ont à la fois des militants actifs et des syndiqués plus passifs qui ont adhéré parce que c'est leur avantage personnel et que le système les y pousse.

Les conditions de représentativité et d'action des syndicats en France sont certes particulières. Dans une branche, un accord signé avec les syndicats est étendu aux entreprises qui n'ont pas signé cet accord. Dès lors, à quoi bon militer, puisqu'au bout du compte on profitera de l'action menée par d'autres ? Ce problème classique de « passager clandestin » ou de resquilleur (qui profite du train sans payer le billet) se double chez nous d'une représentation par voie d'élection qui fait des délégués syndicaux des sortes de députés, pour lesquels les salariés votent et à qui ils laissent le soin de les représenter. Ce système de représentation et d'extension des conventions collectives et des accords de branche n'est toutefois pas propre à la France. Il est possible que l'explication joue, et que ce système de représentation doive être réformé. Mais elle ne joue que partiellement.

Une troisième explication tient dans la division syndicale en France. D'autres pays ont des syndicats divisés, et selon des lignes politiques ou religieuses qui sont précisément celles qui prévalent en France : syndicats d'origine révolutionnaire ou d'orientation réformiste, syndicats chrétiens… C'est notamment le cas de l'Espagne et de l'Italie, qui comptent pourtant davantage de syndiqués que nous (respectivement 15,5 et 35,4 %). Cette caractéristique n'intervient donc pas isolément. Il faut que cette division, jouant dans un contexte particulier, affaiblisse les syndicats. La concurrence à laquelle ils se livrent doit en quelque sorte produire des effets négatifs et décourager les adhésions. Ce contexte particulier est très probablement le poids de l'État, plus important en France qu'en Espagne et en Italie. Il existe dans notre pays un lieu de coordination et de confrontation : les organismes paritaires, qui associent les partenaires sociaux à la gestion et à la réforme de la protection sociale. À la tête des différents régimes de la Sécurité sociale, a été instaurée une répartition du pouvoir qui associe de manière égale l'État, les syndicats de salariés et le patronat. Cela fait des institutions paritaires un terrain privilégié d'action et d'influence, et aussi de collecte de ressources financières. La confrontation avec le patronat se double ainsi d'une lutte entre syndicats pour occuper des positions de pouvoir. Mais le tout est sous l'influence et le contrôle de l'État.

Dans les négociations sur les salaires, l'emploi et les conditions de travail, les centrales peuvent alors se répartir les rôles. Trois sont possibles. Le premier est la négociation à tout prix. Avant 1995, cette recherche du « grain à moudre » correspondait à la position classiquement adoptée par FO. Un second rôle est d'assurer la fonction tribunitienne, autrement dit la contestation du système. On refuse alors de signer les accords et on en appelle à la rue, en tout cas à la création de rapports de forces hors de l'arène des négociations. La CGT, forte de son passé anarcho-syndicaliste et de ses liens privilégiés avec le Parti communiste, avait revendiqué cette position. Enfin, une troisième posture est intermédiaire, et consiste à dire que l'on ne signera les accords qu'à certaines conditions. Cette position a longtemps été celle de la CFDT, partagée entre des courants autogestionnaires et radicaux, et d'autres nettement plus réformistes et proches du Parti socialiste.

Mais les tentatives de réforme de l'Assurance-maladie ont mis en 1995 une bonne part de la France dans la rue, et contraint le gouvernement Juppé à la démission. Elles ont surtout été l'occasion d'une permutation, tout à fait comme dans un jeu de rôles. FO a perdu la direction de la Caisse d'assurance-maladie auparavant assurée par un de ses représentants, et a largement adopté l'attitude protestataire ; pendant ce temps la CFDT, qui a bénéficié du transfert de pouvoir, s'est rabattue sur la position de la négociation permanente, et a été violemment critiquée pour ce revirement ; et la CGT a saisi l'occasion de laisser la position contestataire externe pour occuper une position intermédiaire.

Cette permutation est troublante, l'opinion publique comme les travailleurs n'y ont pas compris grand-chose. Il y a en fait dans la France des syndicats un « jeu de trois coins », fait d'opportunités et de contraintes. Celui-ci est indiscutablement pervers. Il conduit selon les configurations à diaboliser les uns au détriment des autres. Les uns – et pas toujours les mêmes ! – « vont à la soupe » cependant que les autres – et pas toujours les mêmes ! – « sont des irresponsables ». Il n'est pas question de réduire les stratégies syndicales en France à ces affrontements qui sont stériles et largement illisibles. Les luttes sur le terrain, les projets de société des uns et des autres et l'influence de divers courants politiques et sociaux sont autrement plus importants. Mais, sauf à postuler un mystère français, on peut légitimement se demander si la faiblesse des syndicats en France ne s'alimente pas à ces tactiques stéréotypées et réversibles, elles-mêmes suscitées par les règles et les enjeux actuels de la concurrence entre organisations.

L'unification de l'action syndicale

Disons-le frontalement. Le rebond du syndicalisme en France et la possibilité de développer rapidement un nouveau modèle social-démocrate passent par l'unité d'action voire l'unification pure et simple de plusieurs grandes centrales. Peu importent les modalités. Ma conviction est que des gestes forts vers l'unification et la réunification sont aujourd'hui nécessaires et possibles. Ce n'est pas utopique. Par exemple, lors des négociations de 2001 et de 2003 pour réformer la Formation continue, un front syndical uni a été constitué, qui est parvenu à des positions communes. Il était en train d'obtenir des avancées substantielles avant que la négociation ne capote à l'initiative des représentants du patronat.

Il ne s'agit pas de parvenir à des niveaux d'effectifs de type nordique, ni de postuler une identité de vues qui n'existe pas, mais de prendre acte des avantages qu'apporte l'action commune dans le contexte du début du XXIe siècle. Avec l'effondrement de l'alternative communiste, les projets de société des uns et des autres se sont parfois repositionnés. Ils ne se sont pas unifiés pour autant et ils parcourent un large spectre qui va de la réforme de détail à la remise en cause radicale du capitalisme. Mais le remarquable est que certains projets de société sont désormais plus différents à l'intérieur d'une même centrale qu'entre les centrales. Cette tendance à l'émiettement finit du reste par donner lieu à des sécessions, qu'elles aient un contenu stratégique, comme dans le cas de SUD, issu de la CFDT jugée trop négociatrice, ou plus tactique, comme dans le cas de la décomposition du syndicalisme des enseignants.

La grande homogénéité du mode de vie des ouvriers durant les trois premiers quarts du XXe siècle avait considérablement simplifié la tâche des syndicats. Pour surmonter les tendances actuelles à la différenciation croissante, et donc à l'émiettement, les syndicats sont engagés un peu partout dans le monde dans une remise en question de leur mode de fonctionnement et d'action. Nous sommes à l'heure du syndicat électronique, avec les réseaux d'informations, d'expertises et de services en ligne. Ceux-ci permettent une grande rapidité de réaction et de diffusion, et sont particulièrement adaptés aux travailleurs du tertiaire. À travailleurs divers, services nombreux et personnalisés. La recherche de convergence sur les objectifs et sur l'action doit passer de plus en plus par la diffusion d'analyses et un effort éducatif. Là encore, les réseaux électroniques apportent des moyens nouveaux.

Ces nouveautés, peu exploitées pour l'instant en France, peuvent évidemment renforcer les effets pervers de la concurrence actuelle. Le « e-syndicat » peut se réduire à une tour de Babel de tribunes et de réseaux. Ces occasions de renouvellement sont toutefois des chances à saisir si elles sont associées à une réflexion d'ensemble sur les canaux d'intervention. Aujourd'hui, la dispersion syndicale est démotivante, et de moins en moins lisible. Elle ne permet pas de peser efficacement dans les négociations où s'expriment les tendances à la déréglementation et à la « flexibilisation ». Il est vrai que les sillons sont tracés séparément depuis longtemps. La force des identités puise dans l'Histoire, et elle est reproduite dans des cultures d'interprétation et d'action. Chacun observe l'autre et se positionne par rapport à lui. Le masochisme français est aussi syndical. Il ne faut pas attendre un coup de tonnerre comme la Grande Crise des années 1930 et l'élection de Roosevelt[1]. Mettons l'unité d'action syndicale à l'ordre du jour.

Desserrer l'étau

Nous faisons face à un cercle vicieux malthusien. En France, la base des prélèvements finançant la protection sociale est faite des emplois réguliers, dont le nombre s'est réduit. Pour protéger celles et ceux qui en sont exclus, des prélèvements supplémentaires sont organisés, qui s'alourdissent à mesure que la précarité et la relégation tendent à s'étendre. Notre système est ainsi particulièrement vulnérable à la conjoncture. Si celle-ci s'améliore, les ressources des cotisations sociales rentrent en même temps que les emplois se créent. Si elle se dégrade, il protège de plus en plus mal ceux qui ne bénéficient pas des emplois réguliers.

Pour rompre ce cercle vicieux, il est nécessaire d'allonger la chandelle par les deux bouts, et de favoriser l'activité des jeunes comme celle des travailleurs seniors. Et celle des femmes. C'est du reste la seule stratégie qui permette d'affronter la question du financement des retraites. Cette réorientation ne peut évidemment pas se faire par décret, on a montré qu'elle devait s'appuyer sur de très nombreuses initiatives différentes : fin de l'usage des préretraites totales et promotion des préretraites partielles ou progressives, efforts d'intégration des jeunes, par exemple

1. Qui avait permis, sous l'impulsion de John Lewis, l'unification des deux centrales AFL et CIO.

dans les réseaux associatifs, mesures permettant aux femmes d'avoir accès plus aisément à l'emploi...

Elle pourra, en France, prendre appui sur trois grands groupes d'acteurs traditionnellement forts. Tout d'abord, les grandes firmes. Celles-ci ont largement structuré l'emploi et disposent de ressources considérables dont certaines peuvent être mobilisées à l'avantage de tous. Prenons un exemple tiré de l'actualité récente[1]. Renault s'implique aujourd'hui de manière très « transitionnelle » dans la formation de jeunes peu qualifiés. Le point de départ est classique. L'État et Renault ont reconduit au début de 2002 un accord sur l'insertion professionnelle de jeunes. Renault offre un parcours en alternance d'une durée d'environ 2 ans. Il est sanctionné par un diplôme reconnu par l'Éducation nationale, un CAP d'exploitant d'installations industrielles. Les jeunes diplômés (2 000 par an) sont 73 % à avoir obtenu un emploi dans l'année. Cette démarche a en outre été adoptée par 150 entreprises travaillant dans d'autres secteurs.

L'originalité a été apportée par Renault Douai. L'établissement a mis en place un cursus court, de 5 mois, de préqualification. Il permet à des jeunes particulièrement peu qualifiés d'accéder au parcours en alternance. Ces jeunes en préqualification travaillent deux jours par semaine en intérim, sont alors payés comme des intérimaires, et sont en stage les autres jours. Par ce complément, Renault assume à nouveau une partie des fonctions d'intégration qui étaient les siennes à l'époque de gloire des « marchés internes ». La grande différence est qu'aujourd'hui cela passe par de multiples accords extérieurs à l'entreprise. Le

1. *Entreprises et Carrières*, n° 611 et 612, février-mars 2002.

partenariat entre l'État et le constructeur automobile a d'abord été expérimental, avant de devenir pérenne et largement repris par d'autres entreprises. La relation d'origine associe une entreprise, la formation initiale (les collèges et lycées professionnels) et l'État (aides à l'emploi des moins de 26 ans). Cette relation d'origine est enrichie par l'arrivée d'autres entreprises dans le système, soit pour reproduire le processus, soit pour embaucher les jeunes à l'issue de leur formation. L'extension à la préqualification a fait également intervenir une agence d'intérim et une collectivité territoriale, la Région.

La fonction publique (l'État, mais aussi les collectivités locales) constitue elle aussi un des points les plus forts du système d'emploi français, et peut, à terme, contribuer puissamment à promouvoir des pratiques et une culture « transitionnelles ». Son rôle intégrateur demeure très important, car elle recrute une proportion importante de jeunes à la sortie de leurs études. Elle a déjà accumulé une très vaste expérience dans la gestion à long terme des carrières et dans la garantie de droits aux travailleurs. La possibilité de travailler à 80 ou 90 % de son temps est très développée, elle permet de mieux concilier le travail et la vie familiale lorsqu'on a de jeunes enfants ; les fonctionnaires peuvent demander leur mutation dans un vaste réseau, notamment s'il s'agit de suivre un conjoint ; ils ont souvent accès à un vaste éventail de formations, etc. Toutefois, l'ensemble donne encore l'impression d'être figé. Le défi est double. Il s'agit d'abord de sortir du cycle infernal des auxiliaires précaires indéfiniment renouvelés. Ils jouent un rôle fonctionnel par la souplesse qu'ils apportent, et ils viennent compenser la rigidité des carrières traditionnelles des fonctionnaires. Mais la pratique des auxiliaires reprend, exacerbés, les travers du marché du travail en général. Cette précarité entretenue par l'État décourage à longueur de temps les auxiliaires, et les autorités se résignent, devant le scandale et les besoins, à intégrer de temps à autre ceux qui ont eu la patience d'attendre. Le second défi est lié au premier. Il s'agit de mettre en mouvement des carrières qui sont trop souvent restées figées dans des filières étanches. Les deux réponses devraient se renforcer l'une l'autre. Sortir des carrières cloisonnées, en permettant des cheminement transversaux, permet d'éviter le recours aux facilités des auxiliaires corvéables à merci et d'accueillir des collaborateurs aux qualifications plus variées, susceptibles d'évoluer.

Un troisième groupe d'acteurs est tout à fait significatif en France, et sa mobilisation pourrait être renforcée. Ce sont les associations et les entreprises à but non lucratif. On a vu que celles-ci sont nombreuses, organisées en réseaux, mais aussi très hétérogènes, et très inégalement professionnalisées. Elles représentent dans notre pays une chance majeure d'échapper au dilemme du tout-État ou du tout-à l'entreprise privée. La priorité est ici de les structurer davantage, et de développer la formation et le professionnalisme des entrepreneurs de ce secteur.

Un exemple remarquable, qui a été primé par la Fondation du Crédit coopératif[1], montre ce qui peut être fait. L'URSCOP Limousin-Berry, réseau de coopératives basé à Limoges, a en effet créé une entreprise, Caféine, qui est une « couveuse d'activités ». Cet outil de conseil et d'accompagnement de créateurs d'entreprise a pour but d'aider des chômeurs à tester la viabilité économique d'un

1. Conseil d'administration du 10 septembre 2002.

projet d'entreprise. Les projets susceptibles d'être aidés ne doivent pas demander de lourds investissements. Les activités sont en général dans le tertiaire, l'artisanat, l'aide à la personne. Les créateurs commencent leur parcours en tant que stagiaires non rémunérés de la formation professionnelle, sur une durée maximum de six mois. Ils deviennent salariés sous contrat à durée déterminée, éventuellement à temps partiel, puis en contrat à durée déterminée, dès que l'activité devient suffisamment rentable. Le volume horaire et donc la rémunération dépendent du chiffre d'affaires réalisé. 10 % de celui-ci sont prélevés en contrepartie de la prise en charge de la gestion comptable, fiscale et juridique, et pour les charges directes. Tout au long de cette période dite d'hébergement, les chômeurs créateurs d'entreprise bénéficient d'une couverture sociale et d'une assurance : maintien des revenus sociaux, risque accident du travail et responsabilité civile professionnelle. La sortie de la couveuse peut se traduire soit par la création d'une entreprise selon les règles de droit commun, soit par la poursuite de l'activité au sein d'une coopérative d'emploi. Quelle que soit la décision finale de la personne, elle n'a aucun engagement vis-à-vis de Caféine.

À l'été 2002, vingt personnes ont ainsi bénéficié d'une convention d'accompagnement et entrepris de réaliser les projets dont elles sont porteuses. Cet exemple est intéressant à plus d'un titre. Caféine n'est pas une « pépinière », elle ne fournit ni locaux, ni financements, ni secrétariat. Elle se centre sur un public en difficulté, des chômeurs indemnisés ou non, des bénéficiaires du RMI. Du statut de stagiaire à celui d'indépendant, en passant par le salariat de court et de long terme, elle leur construit une série de transitions qui leur apportent une sécurité et une progression dans la réalisation de leur projet. Cette démarche n'est possible que grâce à l'expérience et au soutien technique d'un réseau d'entrepreneurs coopératifs. Elle bénéficie en outre d'une série de subventions publiques. De telles initiatives locales montrent comment divers acteurs peuvent coopérer et baliser des trajectoires nouvelles d'insertion sociale et professionnelle.

Sans doute la grande entreprise et l'économie non marchande ont-elles, dans notre pays, une longueur d'avance parce qu'elles ont pu s'adapter plus rapidement. Le changement des pratiques et des mentalités risque de prendre plus de temps dans la Fonction Publique.

Desserrer l'étau, c'est aussi réhabiliter les dépenses « passives » qui sont consenties pour indemniser les chômeurs ou pour assurer le maintien du revenu de personnes temporairement privées d'emploi, telles que les bénéficiaires du chômage partiel. La mode est à l'« activation » des politiques de l'emploi, souvent non sans raisons. Mais on a poussé le balancier beaucoup trop loin. Le mot d'ordre « *making transitions pay* » vient rappeler que les « transitions » doivent s'accompagner d'un revenu correct. Par exemple, des chômeurs correctement indemnisés cherchent mieux du travail. Ils ne sont pas confrontés à l'effondrement de leurs conditions de vie, maintiennent leurs consommations, leurs relations sociales. La menace de leur couper les fonds est un stimulant passager et limité.

Un redéploiement des transitions actuellement organisées, avec la promotion de préretraites à temps partiel ou progressives, l'établissement d'un programme de rotation des emplois à la danoise, l'extension de la formation en alternance, et un ensemble de subventions massives et ciblées en faveur de l'embauche et de la formation des moins qualifiés, tels sont les ingrédients d'une première démarche « transitionnelle » visant à desserrer l'étau dans lequel la France s'est enfermée. La recension fine des besoins et des opportunités devra s'appuyer sur la mobilisation d'acteurs locaux et sur le renforcement des partenariats existants, préparant les initiatives et les négociations régionales en matière d'emploi et de formation. Devant l'enlisement dans la croissance ralentie qui menace l'Europe au début de ce siècle, retrouver le chemin de la croissance demeure évidemment une priorité absolue. Mais tout aussi nécessaire est la mobilisation d'acteurs nombreux et puissants en faveur de l'emploi et de la lutte contre l'exclusion. Celle-ci pourrait bien être une des conditions du retour à la confiance.

Reconstruire la « seconde chance »

La réforme de la Formation continue était l'un des chantiers prioritaires de la « refondation sociale » voulue par le MEDEF. Les négociations lancées en 2001 n'ont pas abouti, mais l'urgence demeure. À l'égard des travailleurs faiblement qualifiés, l'édifice construit par la loi Delors ne remplit pas ses fonctions[1]. Il privilégie les besoins immédiats des entreprises, qui elles-mêmes privilégient les salariés déjà les mieux formés et les plus compétents.

En France, la « seconde chance » n'existe quasiment pas. Pour une personne initialement mal formé(e), ce désavantage de départ se répercute sur toute sa carrière, sans cor-

1. Cf. le chapitre 5.

rection possible en dehors de quelques cas isolés, tels que les actions de requalification engagées par quelques grandes firmes. Deux voies ont été envisagées pour recentrer le dispositif sur celles et ceux qui en ont besoin. La première consiste à prendre acte de la tendance, après tout logique, des entreprises qui sélectionnent les formations directement utilisables par elles, et les salariés a priori les plus capables, qui sont déjà bien formés. La conséquence est alors d'effectuer hors de l'entreprise, par exemple à l'université, les formations nécessaires.

Une autre voie a été partiellement explorée par l'accord national interprofessionnel de septembre 2003, lui-même repris et prolongé par la loi de mai 2004. Elle consiste à créer un « droit individuel à la formation », actuellement de 20 heures par an cumulables sur 6 ans, encadré par des garanties collectives. Celles-ci peuvent prendre la forme de procédures de validation et de certification négociées par les partenaires sociaux. Ces procédures rendent les acquis de la formation plus visibles et transférables, autrement dit elles donnent la possibilité aux salariés de mieux négocier l'accroissement de leurs compétences. Au bout du compte, elles instaurent dans le choix des formations que reçoivent les adultes une logique de plus long terme et moins prisonnière des besoins d'une seule entreprise. Ces deux voies sont en fait complémentaires. Il est souhaitable d'ouvrir l'université et de rééquilibrer les rôles des partenaires sociaux dans le pilotage du dispositif. Mais on doit surtout se demander si cela sera suffisant.

Reprendre une formation est une véritable épreuve pour les personnes qui sont sorties du système scolaire initial en situation d'échec. Pour aider véritablement les moins formés à affronter cette remise en cause, et rompre ainsi les trajectoires déqualifiées, une démarche rusée et volontariste est nécessaire.

Démarche rusée, d'abord. Le terme peut surprendre. Il faut pourtant le reconnaître, l'univers de la formation est fortement dérangeant pour toute personne qui a vécu longtemps sans le pratiquer, voire en l'évitant. Tester ses aptitudes, même si c'est pour les améliorer, c'est d'abord faire apparaître des lacunes, et ceci est humiliant. Ce l'est d'autant plus que ces lacunes concernent des nécessités de base de la vie sociale. L'illettrisme, par exemple, est assez répandu parmi les travailleurs les moins qualifiés. Beaucoup le cachent avec succès, et déploient des stratégies parfois sophistiquées qui consistent à éviter les situations faisant apparaître les déficiences. La ruse, bien innocente, consiste alors à proposer à ces salariés des formations complémentaires, non pas d'alphabétisation, mais de « culture générale ».

Ainsi le directeur d'une fonderie, une PME du Cher, s'est-il heurté à de très fortes difficultés de rédaction chez ses salariés, alors qu'il souhaitait moderniser son entreprise et notamment introduire de nouveaux matériaux[1]. La solution qu'il a retenue a été de proposer des cours d'initiation à l'informatique, *accompagnés* de cours de français et de mathématiques. Derrière la vitrine de l'informatique, l'accès discret à des remises à niveau de culture générale. Un peu comme certains magasins de bijoux conduisent, par un jeu de vitrines successives, le promeneur à l'intérieur de la boutique… face à un vendeur. Cette démarche permet de conduire en douceur à la table d'école des sala-

1. C. Berkovicius, « Des sociétés du Cher luttent contre l'illettrisme », *Le Monde*, 6 août 2002.

riés au savoir-faire conséquent mais qui risquent de rester les exclus de la formation continue. L'enjeu était important pour le bassin d'emploi lui-même, marqué par un faible dynamisme, et vulnérable au départ des plus qualifiés. Le stratagème permet de garder et promouvoir des salariés peu qualifiés, et les responsables locaux de l'emploi et de la formation tentent d'étendre ce premier succès.

Cette initiative, qui correspond à l'intérêt bien compris d'une entreprise ou d'un bassin d'emploi, appelle des relais pour ne pas rester isolée. On n'évitera pas dans ce domaine l'affirmation d'une démarche volontariste plus globale. Une idée intéressante avait été avancée lors des négociations de 2001 : la création d'un « droit à la formation qualifiante différée ». Il s'agit d'un chèque-formation financé par l'État, mais avec une originalité décisive : son montant est inversement proportionnel au diplôme initial. Le « droit de tirage social » ainsi constitué a deux vertus. D'abord, il rend manifeste le contenu de la « seconde chance » ; ensuite, il s'abaisse automatiquement avec l'élévation des qualifications moyennes du pays. Il instaure le seul horizon qui vaille à très long terme : un marché du travail dans lequel l'immense majorité des travailleurs sont qualifiés.

Investir dans les enfants

Plus on étudie les trajectoires de vie, plus on fait le tour des tentatives de les infléchir ou d'en neutraliser les ruptures, plus on se rend compte qu'elles dépendent d'un amont décisif : la petite enfance. L'héritage social est extrêmement bien transmis dans nos sociétés. Il se forme et se transmet dans les toutes premières années de la vie. Toutes les études sur la question le confirment.

Dès lors la seconde chance n'en est pas facilement une, parce que tout vient trop tard. C'est le cas bien sûr de la formation continue. Il faut la développer et la faire profiter aux moins favorisés. Il y a là une question de justice et de cohésion sociale ; mais ce sera très dur parce que la base même est à reprendre. La même remarque vaut pour les « politiques actives de l'emploi », dont le grand public attend tant de choses. Au lieu de laisser les chômeurs à eux-mêmes, donnons-leur des services, motivons-les… Même si on les présente comme des initiatives, les politiques « actives » interviennent par définition trop tard. Le désavantage est non seulement créé mais confirmé. Les conclusions du prix Nobel James Heckman, spécialiste de l'évaluation des politiques de l'emploi, rappellent ici des évidences trop souvent oubliées : « Investissez dans les très jeunes enfants, améliorez leurs aptitudes à apprendre et à vivre en commun ; subventionnez les plus âgés et les personnes qui ont des handicaps sévères, afin des les attacher à l'économie et plus généralement à la société[1]. »

Au regard de ces évidences, l'expérience française est riche et ambiguë. Elle part d'une vieille tradition nataliste, qui s'est longtemps matérialisée par des allocations familiales généreuses. De ces politiques visant à favoriser les familles quelles qu'elles soient, un résidu encombrant subsiste : le quotient familial qui permettait à des familles nombreuses riches de bénéficier de fortes réductions

1. Heckman J., 1999, « Policies to foster human capital », *NBER Working Paper*, n° 7288, août, p. 6.

d'impôts. Le système est aujourd'hui très largement plafonné et neutralisé. Les caisses d'allocations familiales se sont recentrées sur la pauvreté, elles gèrent le RMI et d'autres minima sociaux. Dans la tradition française, on trouve aussi une méfiance à l'égard du temps partiel, censé enfermer les femmes dans un circuit protégé et dévalorisé d'emplois sans responsabilités et sans perspectives de promotions. Le dispositif des 35 heures témoigne lui aussi de la recherche d'une autre voie, plus égalitaire.

Depuis une dizaine d'années, une autre perspective s'est toutefois fait jour, qui consiste à favoriser l'inactivité des mères les moins qualifiées tant qu'elles ont des enfants en bas âge, suivie d'une demi-activité par l'extension du temps partiel. Logique qui consiste à aménager des « transitions » à vocation protectrice, mais ici encore critiquable du point de vue des « marchés transitionnels ». L'allocation parentale d'éducation, qui finance assez généreusement un congé maternel de trois années, a ainsi largement montré qu'elle « débranchait » du marché du travail ses bénéficiaires lorsque celles-ci sont initialement au chômage. Celles-ci ont les pires difficultés à retrouver un emploi à l'issue du congé. L'autonomie n'est donc pas garantie à terme par le dispositif, qui ressemble fort, pour ces chômeuses, à une mise à l'écart.

Quelles que soient ces ambiguïtés, avec un réseau de crèches insuffisant mais toutefois significatif, et une forte armature d'aide financière aux mères, la France a réussi à préserver un taux de natalité plus élevé que ceux de la plupart des pays européens. Les « performances des Françaises », sans permettre à l'heure actuelle le renouvellement des générations, montrent l'amorce d'une voie conciliant maternité et conquête du marché du travail. La question est de savoir comment la prolonger, notamment pour les enfants issus des ménages les moins qualifiés.

Sur ce point, le débat, ancien, n'est pas tranché. D'où provient la transmission de génération en génération de la pauvreté ou du handicap ? Les uns incriminent la responsabilité individuelle et familiale, d'autres le simple manque de revenus, et d'autres enfin des handicaps sociaux et culturels, la responsabilité devenant collective. Les analyses les plus récentes sur les trajectoires d'échec scolaire apportent ici un éclairage très concret. Elles montrent le rôle très important du revenu, à travers les conditions de logement[1]. À niveau de diplôme égal des parents, les enfants qui habitent des logements surpeuplés ont beaucoup plus de risques d'accuser un retard scolaire. Il y a ici de toute évidence une chaîne causale à raffiner et à relier aux contraintes et aux choix de vie des parents.

Mais l'égalisation des chances scolaires, si difficile soit-elle à obtenir, ne suffira même pas. Un contre-exemple est simplement la situation actuelle comparée des hommes et des femmes. On sait que désormais les filles « marchent » mieux à l'école et sortent en moyenne plus diplômées que les garçons. Il n'en résulte pas, tant s'en faut, que les conditions d'emploi et de rémunération soient identiques. En France, elles ont tendu à se rapprocher durant les années 1990, elles tendent depuis peu à diverger, encore au profit des garçons.

Il paraît illusoire de s'en remettre au jeu spontané des solidarités des familles, même subventionnées et mieux logées. La famille est bien, comme le soutient le MEDEF, un lieu de gestion et de partage des risques. Simplement,

1. Éric Maurin, *L'Égalité des possibles*, Seuil, 2002, p. 45 sq.

lorsqu'elle n'est pas épaulée par un réseau d'institutions et de droits, cette gestion propage les handicaps sociaux. Les solidarités familiales jouent un rôle à la fois protecteur et enfermant, notamment pour les femmes. Cette double caractéristique s'observe aussi en ce qui concerne les personnes âgées dépendantes et va très probablement prendre de plus en plus d'importance. Le poids de leur soin tend à reposer trop facilement sur leurs filles, qui dès lors ne peuvent plus accéder à l'autonomie et à de véritables carrières.

Comment concilier la promotion de l'activité professionnelle des mères et l'investissement dans les enfants ? Les mesures isolées ou séparées peuvent aboutir au contraire de l'effet escompté. Le chemin de l'enfer est ici pavé de bonnes intentions. En voici deux exemples. Il s'agit de deux initiatives d'entreprises pour aider leurs employées à mieux concilier emploi et maternité. D'un côté, les entreprises de la grande distribution expérimentent, sur quatre sites, des crèches dont le fonctionnement est adapté aux horaires de travail de leurs salarié(e)s [1]. Cette expérimentation est organisée par une convention-cadre entre l'État et les employeurs du commerce et de la distribution « pour le développement de l'accueil collectif de la petite enfance dans les zones d'activité ». Trois objectifs sont poursuivis. Une meilleure conciliation entre les activités professionnelles et les contraintes familiales, ce qui améliore les conditions de vie et de travail et peut diminuer le stress ; un renforcement de l'attractivité du secteur, lui permettant d'attirer de futures employées ; et enfin la création d'emplois supplémentaires dans les crèches. Celles-ci auront à ouvrir durant des plages horaires plus

1. *Entreprises et carrières*, n° 611, février-mars 2002.

vastes, de manière à accueillir les enfants des parents qui travaillent tôt le matin ou tard dans la soirée.

Le risque de favoriser des horaires à la « flexibilité » de moins en moins contrôlée apparaît clairement dans cette expérience et en constitue la principale limite. Elle revient largement à pérenniser tout en les rendant un peu plus acceptables des horaires atypiques et fluctuants. D'autre part, bien des salarié(e)s habitent loin de leur lieu de travail, et ces crèches peuvent imposer des trajets importants à de très jeunes enfants.

Le second exemple, très différent, est celui d'un cabinet de consultants qui souhaite mieux organiser les carrières de ses salariées consultantes[1]. Elles sont presque aussi nombreuses que les hommes à être recrutées initialement. Mais, au bout de cinq ans, leur nombre chute fortement. Cela correspond à la période des maternités et du soin aux petits enfants. Pour réagir et conserver son personnel, l'entreprise a lancé un vaste programme en trois axes : rendre l'environnement de travail plus accueillant pour les femmes, avec des possibilités de temps partiel, de télétravail, de services quotidiens tels que le pressing… ; mettre en place un accompagnement et un appui particulier pour la carrière des femmes ; développer des modes de fonctionnement en réseau. Les services à domicile offerts par l'entreprise peuvent faire appel à des partenariats avec des entreprises d'insertion.

Voilà donc des « transitions » bien aménagées, de manière à rendre la carrière des femmes plus attractive. Mais on perçoit vite le talon d'Achille du dispositif : la distance qui se creuse entre les femmes, spécifiquement pro-

1. *Entreprises et carrières*, n° 624, juin 2002.

tégées, et les hommes. Les statistiques du cabinet de consultants sont éloquentes : 40 % des consultants juniors sont des femmes, elles ne sont plus que 20 % à devenir manager, 5 % à devenir associées. Voici une fois de plus la « course de rats ». Si la disponibilité des femmes est moindre, dans cette profession sous pression, elles resteront derrière. Même et surtout si c'est l'entreprise qui l'autorise.

Dans ces deux amorces d'initiatives « transitionnelles », ce qui semble manquer est d'abord la concertation avec les salariés. Nous avons remonté une chaîne qui semble sans fin. Derrière les enfants, les familles et les mères ; derrière les mères, les contraintes des horaires et le jeu de la concurrence entre les hommes et les femmes… En France comme ailleurs, trancher ce nœud gordien sera la grande affaire de notre siècle. On conçoit bien qu'il faille intervenir sur tout : sur les parcours scolaires des enfants les plus pauvres, sur les carrières des parents, sur la structuration du marché du travail. Il faudra aussi que les mesures soient comprises et soutenues politiquement. La démarche « transitionnelle », qui cherche à agir sur l'éventail des « transitions » et apporte des droits aux hommes et aux femmes, offre un point d'attaque encore insuffisamment exploité en France : agir sur les pères et faire bouger les hommes.

CONCLUSION

Le programme que nous avons présenté repose sur l'affirmation et le développement de droits nouveaux pour les travailleurs. Ceux-ci accompagnent, sécurisent et fluidifient les mouvements entre emplois rémunérés et tâches sociales utiles, ainsi que les carrières professionnelles d'un poste à l'autre et d'une entreprise à l'autre.

Accompagner, sécuriser, fluidifier : au regard de la violence aujourd'hui subie par les personnes qui sont licenciées, déplacées ou rejetées par le marché du travail, ces termes peuvent à bon droit être ressentis comme des euphémismes masquant et acceptant en fin de compte une réalité de plus en plus inquiétante, celle de la précarité. Le monde du travail avait des règles et des garanties rassurantes il y a trente ans, lorsque l'embauche dans une grande firme valait emploi à vie, et lorsque les avantages sociaux conquis par les plus favorisés des travailleurs étaient étendus aux autres par l'intervention de l'État et des conventions collectives.

Nous surestimons sans doute la qualité des emplois d'autrefois, par un effet d'idéalisation rétrospective. La hantise de la précarité nous les fait voir comme des emplois sûrs que l'on doit regretter. Les « bons vieux temps » d'avant les chocs pétroliers étaient des périodes de forte croissance, certes, ce qui permettait un chômage très faible et l'espoir d'un enrichissement continu. Mais la société française des années 1970 était aussi caractérisée par une faible mobilité sociale et des stratifications passablement étanches. Sur certains points, cela n'a guère changé. Il est aujourd'hui par exemple toujours aussi difficile pour un fils d'ouvrier d'accéder à l'université. Sur beaucoup d'autres, en revanche, la société d'aujourd'hui a progressé ou commence à le faire. L'organisation de cheminements professionnels pour les salariés comme pour les indépendants, la possibilité d'alterner divers rythmes de travail en fonction des âges de la vie, l'aide apportée à la décision individuelle par des bilans de compétences et des services d'orientation et de placement... sont autant d'acquis devenus des évidences.

La qualité d'un emploi est désormais autant dans les futurs qu'il ouvre que dans les tâches et les rémunérations qu'il propose aujourd'hui. Certains jeunes travaillent pendant deux ans, accumulent un peu d'argent, puis partent six mois en Australie pour faire du surf. D'autres envisagent de prendre un congé pour se consacrer à la première année de leur enfant. D'autres encore vont de projet en projet. Ils le font sans y voir une conquête, mais parce qu'ils estiment y avoir droit. Cette maturation tranquille coexiste avec des résistances farouches, des exclusions durables et de véritables descentes aux enfers. La sécurisation des itinéraires de vie devient ainsi la grande affaire de notre temps, et elle dépasse très largement la sécurité de l'emploi traditionnel.

Cette perspective est à la fois excitante et angoissante. Autrefois, dans l'imaginaire collectif, l'ouvrier était un ouvrier, le menuisier un menuisier, un professeur devait le rester, et même (pensait-il) garder indéfiniment son emploi du temps. Or tout se met à bouger, ce qui rapproche à bien des égards ces trajectoires initialement étrangères les unes aux autres. On demande à l'opérateur (euphémisme pour ouvrier ?) de prendre des initiatives et de faire progresser ses compétences, l'indépendant est pris dans des réseaux professionnels et des regroupements qui peuvent en faire un quasi-salarié, le professeur lui-même peut devenir psychologue ou journaliste… L'angoisse de la précarité peut ici se doubler d'une seconde source d'inquiétude, qui porte sur la dissolution des identités. Nous pourrions ainsi perdre sur tous les tableaux, être exclu ou dominé, et en plus déraciné, sans repères. En effet, ces érosions des différences entre statuts professionnels ne réduisent pas la distance entre les groupes sociaux, par exemple entre les « manipulateurs de symboles » et les exécutants. Elles peuvent même l'accroître, comme on le voit aux États-Unis.

Les transformations actuelles ouvrent pourtant l'opportunité d'une redistribution plus égalitaire des rôles et des statuts dans notre société. C'est ainsi que la promotion de l'égalité entre les hommes et les femmes conduit à « masculiniser » les carrières féminines, et, nous l'avons vu, à « féminiser » les carrières masculines. La trajectoire unisexe comme solution ? Bien évidemment non, simplement les différences sont à reconstruire, loin des stéréotypes inégalitaires.

L'image qui s'impose ici est celle de la famille recomposée. La fréquence des divorces a pu faire penser un moment que la dissolution des liens familiaux était porteuse de l'isolement croissant d'individus égoïstes. Finalement, selon des modalités très diverses, les liens familiaux se sont reconstruits, avec par exemple des couples stables dans lesquels chaque conjoint « apporte » en quelque sorte un ou plusieurs enfants résultant d'une union antérieure. Il est ainsi possible d'imaginer que l'emploi recomposé pourra peu à peu poser des balises et reconstituer les solidarités actuellement bouleversées.

Mais cette évolution n'a rien d'automatique ni de garanti. Nous retrouvons ici la grande alternative dont nous étions partis. On peut laisser faire les décisions individuelles telles qu'elles s'expriment spontanément sur les marchés existants, avec les risques d'inégalités et d'exclusion que cela implique. On peut aussi organiser les solidarités en s'appuyant sur les interdépendances qui unissent les trajectoires professionnelles et personnelles des uns et des autres. Cette seconde option peut s'appuyer sur toutes les bonnes idées et les « bonnes pratiques » qui tendent à se diffuser en Europe et que nous avons passées en revue. Mais elle ne pourra constituer une alternative crédible qu'en affichant ses choix, en « changeant de braquet » et en devenant explicitement un modèle de société. Nous en avons montré quelques composantes centrales, en présentant le type d'actions auxquelles il conduit en ce qui concerne le travail et la protection sociale.

Nous ne sommes pas condamnés à gérer l'existant par des adaptations gestionnaires aux contraintes des marchés. Les expériences de certains pays européens montrent d'ores et déjà qu'il est possible de sécuriser sur des bases nouvelles les trajectoires des travailleurs et des familles. Mieux gérer les temps du travail et du loisir, combattre l'exclusion par l'affirmation et la mise en application de nouveaux droits, inciter les institutions autant que les personnes à faire des choix en faveur de l'emploi « soutenable », telles sont quelques-unes des composantes du programme social-démocrate renouvelé. Il y a désormais un choix entre le social-libéralisme et une social-démocratie renouvelée, fondée sur les valeurs de solidarité et d'initiative, et sur la négociation collective. Ce choix est d'abord politique.

ANNEXE

UNE LISTE D'OUTILS « TRANSITIONNELS »

Pour rassembler une liste à peu près complète des transitions et des démarches « transitionnelles » susceptibles de donner lieu à des droits et des négociations, il suffit de reprendre les différents champs de transitions identifiés dans les chapitres 4 à 6, et de recenser les programmes et instruments qui les affectent. Ceux-ci ont été le plus souvent déjà expérimentés dans les pays développés, mais de manière séparée et lacunaire.

Les transitions au sein de l'emploi (entre différents statuts d'emploi ou combinant différents statuts) peuvent être gérées par les instruments suivants :

– les limitations apportées aux horaires instables ou imprévisibles, et l'instauration d'un temps minimum de travail
– le droit (plus ou moins conditionnel) de passer à temps partiel et de revenir à temps complet
– les « groupements d'employeurs » qui permettent de consolider les emplois avec plusieurs employeurs
– le maintien des allocations chômage en cas d'échec de tentative de mise à son compte

– la « négociation concessive » (« *concession bargaining* ») par laquelle un syndicat échange des garanties d'emploi ou de mobilité contre de la modération salariale.

Ces différentes formules partent de dispositifs améliorant directement la maîtrise des travailleurs sur leurs horaires. Ensuite, il s'agit de construire de nouvelles continuités entre des positions ou des statuts d'emploi qui s'écartent du temps complet stabilisé. Finalement, la logique de cofinancement trouve son application dans une démarche très générale de négociation collective. Sécurité, continuité, cofinancement constituent ainsi la base de ces instruments.

Le traitement des *transitions entre le chômage et l'emploi* peut mobiliser les instruments suivants :

– les dispositifs traditionnels de chômage partiel
– l'instauration de droits strictement proportionnels au nombre d'heures travaillées
– des allocations chômage pour le chômage à temps partiel
– le cofinancement négocié des politiques de l'emploi
– des fondations de travail telles que la Voest-Alpine Stalhstiftung en Autriche
– l'instauration de liens entre allocation-chômage et activités sociales utiles ; par exemple, le paiement de certaines allocations liées à l'exécution de tâches telles que la prise en charge d'enfants
– les allocations chômage peuvent être converties en bons donnant droit à des expériences de travail ou à des subventions à l'embauche

– des « entreprises d'insertion » fournissant des formations, des services de placement et des expériences professionnelles aux chômeurs.

Sécurité, continuité et cofinancement sont à nouveau les préoccupations de départ. Elles se combinent toutefois à une autre exigence, celle de la neutralité des droits au regard des expériences d'emploi. Et le domaine de la lutte contre le chômage inclut des dispositifs d'activation des politiques de l'emploi. Non pas ceux qui cherchent à pousser autoritairement les chômeurs hors des listes du chômage, mais ceux qui valorisent leurs apports et leurs initiatives.

Pour les *transitions entre formation initiale et continue et emploi rémunéré* :

– les programmes d'apprentissage
– la conversion d'allocations chômage en bons de formation
– les dispositifs de congés avec remplacement, à l'instar des congés danois
– des comptes épargne-formation, qui peuvent bénéficier d'abondements et de subventions
– des bilans périodiques de compétences, faisant de la formation une obligation réciproque pour la firme et les travailleurs.

Les programmes d'apprentissage instaurent une continuité entre la formation et l'exercice professionnel, et les autres outils combinent la recherche de l'activation avec le développement de sécurités supplémentaires.

En ce qui concerne *les transitions entre les activités domestiques, socialement utiles, et l'emploi* :

– le développement des congés parentaux sur des périodes plus longues
– l'octroi de jours supplémentaires lorsque les deux parents prennent le congé conjointement
– des droits à congés parentaux flexibles, pouvant être pris dans un délai à la convenance des parents
– le développement de l'infrastructure et des services en faveur des enfants et des personnes dépendantes (garderies, etc.)
– le développement des congés sabbatiques qui peuvent être cofinancés par le travailleur et son employeur
– le développement de comptes épargne-temps.

Les préoccupations de neutralité rencontrent ici la question de l'inégale implication des parents, et la solution proposée est de valoriser des initiatives prises par les deux conjoints.

Enfin, *les transitions entre la retraite (ou l'inactivité due à un handicap) et l'emploi :*

– mettre fin au « privilège » d'un départ à la retraite plus précoce pour les femmes
– mettre fin au calcul des retraites calé sur les seules dernières années d'emploi
– garantir des droits à retraite individualisés à chaque adulte
– limiter les préretraites à temps complet aux cas sociaux

– créer des « emplois de transition » (« *bridging jobs* ») bénéficiant de subventions publiques ou d'exonérations de charges sociales

– développer le transfert de travailleurs vieillissants vers des emplois qui leur sont adaptés, tels que le commerce de détail, le conseil financier, le soin d'enfants

– mieux intégrer les risques de discontinuité de carrière dans la gestion des cotisations retraite, notamment en créant des « droits virtuels » apportant le maintien de l'accumulation des droits durant les périodes de rupture de carrière

– convertir des allocations-chômage en droits à la préretraite progressive

– promouvoir la préretraite progressive et réversible

Les transitions vers l'inactivité posent d'abord un problème de neutralité, puis il s'agit de reconstruire les bases d'une continuité mise à mal par les ruptures qu'organisent les préretraites totales. Mais la démarche s'intéresse d'abord aux conditions du maintien dans l'emploi, qu'il s'agisse des handicapés ou des travailleurs « seniors ».

REMERCIEMENTS

Pour la rédaction de cet ouvrage, j'ai bénéficié de nombreux appuis que je ne peux tous citer ici. Je souhaite notamment remercier de leur aide : Édith Archambault, Jean-Claude Barbier, Françoise Benhamou, Hugues Bertrand, Françoise Bouygard, Helen Burzlaff, Pierre Courtioux, Jean-Louis Dayan, Christine Erhel, Annie Fouquet, Jérôme Gautié, Julie Gazier, Danièle et Daniel Kamelgarn, Monique Labrune, Dominique Méda, Jean-Pierre Le Padellec, Bernard Simonin, Julie Valentin.

TABLE

SCIENCES HUMAINES

ABRAHAM Nicolas, TOROK Maria
- L'Écorce et le noyau. *n° 353*
- Le Verbier de l'homme aux loups. Précédé de « Fors » par Jacques Derrida. n° 425

ADORNO Theodor
- Notes sur la littérature. *n° 430.*

ALAIN
- Idées. Introduction à la philosophie de Platon, Descartes, Hegel, Comte. *n° 126*

AMSELLE Jean-Loup
- Vers un multiculturalisme français. L'empire de la coutume. *n° 476*

ANATRELLA Tony
- L'Église et l'amour. *n° 458*
- Non à la société dépressive. *n° 321*
- Le Sexe oublié. n° 278

ARNAULD Antoine, NICOLE Pierre
- La Logique ou l'Art de penser. *n° 40*

ARNHEIM Rudolf
- La Pensée visuelle. *n° 374*

AUBERT Nicole
- Le Culte de l'urgence. *n° 573*

AUGÉ Marc
- Anthropologie des mondes contemporains. *n° 373*

AXLINE Virginia (Dr)
- Dibs. *n° 16*

BADINTER Élisabeth
- L'Amour en plus. Histoire de l'amour maternel (XVIIe-XXe siècle). *n° 100*

BAVEREZ Nicolas
- Raymond Aron. *n° 332*
- Les Trente Piteuses. *n° 412*

BECK Ulrich
- La Société du risque. Sur la voie d'une autre modernité. *n° 546*

BENJAMIN Walter
- Le Concept de critique esthétique dans le romantisme allemand. *n° 494*
- Origine du drame baroque allemand. *n° 455*

BENSLAMA Fethi
- La Psychanalyse à l'épreuve de l'islam. *n° 569*

BERNARD Claude
- Introduction à l'étude de la médecine expérimentale. *n° 137*

BIARDEAU Madeleine
- L'Hindouisme. Anthropologie d'une civilisation. *n° 325*

BODEI Remo
- La Philosophie au XXe siècle. *n° 416*

BORCH-JACOBSEN Mikkel
- Lacan. Le maître absolu. *n° 314*

BRILLAT-SAVARIN
- Physiologie du goût. *n° 109*

CHAGNOLLAUD Dominique, QUERMONNE Jean-Louis
- La Ve République.
  T. I. Le régime politique. *n° 457*
  T. II. Le pouvoir exécutif et l'administration. *n° 473*
  T. III. Le pouvoir législatif et le système des partis. *n° 474*
  T. IV. L'État de droit et la justice. *n° 475*

CHOMSKY Noam
- Langue, linguistique, politique. Dialogues avec Mitsou Ronat. *n° 261*
- Réflexions sur le langage. *n° 46*

CHUVIN Pierre
- La Mythologie grecque. *n° 392*

COHEN Daniel
- Nos Temps modernes. *n° 498*
- Richesse du monde, pauvretés des nations. *n° 415*

COHEN Jean
- Structure du langage poétique. *n° 30*

COLLECTIF
- Le Français dans tous ses états. *n° 502*

DANIÉLOU Alain
- Mythes et dieux de l'Inde. *n° 309*

DARAKI Maria
- Dionysos et la déesse Terre. *n° 311*

DAVY Marie-Madeleine
- Initiation à la symbolique romane (XIIe siècle). *n° 19*

DE WAAL Frans
- De la réconciliation chez les primates *n° 467*

DELEUZE Gilles, PARNET Claire
- Dialogues. *n° 343*

DELUMEAU Jean (collectif présenté par)
- Le Savant et la foi. *n° 248*

Achevé d'imprimer en février 2005
sur les presses de l'imprimerie Maury Eurolivres
45300 Manchecourt

N° d'éditeur : FH011902.
Dépôt légal : février 2005.
N° d'impression : 05/02/112664.

Imprimé en France